U0838337

管理会计六维法则

一本书读懂财务百万年薪必备六大技能模块

刘 毅【著】

中国商业出版社

责任编辑：蔡　凯
图书策划：王管谈

图书在版编目（CIP）数据

管理会计六维法则 / 刘毅著. -- 北京 : 中国商业出版社, 2017.4
ISBN 978-7-5044-9824-3

Ⅰ. ①管… Ⅱ. ①刘… Ⅲ. ①管理会计—研究 Ⅳ. ①F234.3

中国版本图书馆 CIP 数据核字(2017)第 078907 号

书　　名：管理会计六维法则
作　　者：刘　毅
出版发行：中国商业出版社出版发行
经　　销：北京发行所经销
印　　刷：廊坊市旭日源印务有限公司
版　　次：2017 年 6 月第 1 版　2017 年 6 月第 1 次印刷
开　　本：710×1000 毫米　1/16　印张：21
字　　数：151 千字
定　　价：39.8 元

地址：北京广安门报国寺 1 号邮编：100053
电话：010-63180647　网址：www.c-cbook.com

（如有印装质量问题可更换）

前言
PREFACE

近年来，我国经济增速持续放缓，产能过剩严重，为优化产业结构所采取的去产能、去库存、去杠杆、降成本、补短板等供给侧结构性改革措施，在优化经济结构、提升经济运行质量的同时也增大了结构性失业的问题，加之进入新的一年近 800 万高校毕业生也使之成为一个很严峻的问题。但据《中国会计报》等权威机构的调查报告显示：会计、主管会计类每年缺口达 800 万人以上，且每年还在以 10%的需求增长；会计主管缺口 500 万人以上，且每年以 15%的需求增长；财务经理缺口 200 万以上，且每年以 24%的需求增长；财务总监缺口 50 万以上，每年则以 15%的需求增长。这说明了什么？说明中国会计人才市场需求旺盛，缺口巨大。

一方面是市场对会计人才的强劲需求，另一方面则是企业真正需要的会计人才供给不足。深入思考，出现财务人才断层这种窘境的情况也是由于国内大多数大中专院校，重理论、轻实训，造成了大批的会计专业毕业生毕业后根本上不了会计岗，有的甚至连出纳都当不了。与此同时，在众多财务就业薪资待遇上也呈现出冰火两重天的情况，有年薪百万的高级财务管理人员，有月薪一万以上的财务主管，也有月薪三五千的小会计。如果你接触多了这些财务人员，会慢慢发现，那些月薪超过一万的财务人要比月薪三五千的小会计能力强得多，那些月薪万元以上的会计人凭什么拿到高薪？这其中有没有一定的规律和章法可循，并且有无捷径可尽快让初入职场的财务小白迅速蜕变提升的秘籍？答案是肯定的，本书所写的内容目的即是如此！也希望能够帮助这些困扰怀揣高薪财务就业梦想多时且无计可施的人们，从而揭开这高速成长的神秘面纱。

本书分为六大技能模块来讲述此万能成长定律，深入浅出地剖析财务真正拿高薪的核心原因。在众多高薪财务中，可分为三个典型类别，其分别为：脚踏实地型、忠诚型、特殊优势型。

脚踏实地型为数众多，都是从基层干起的，很少走所谓的“捷径”，很少在公开场合抱怨，吃苦耐劳，情商很高，逆商更强，实力在一次次积累和历练中养成。

忠诚型一般很少跳槽，很可能在初创期就加入了企业，伴随着企业的发展而发展，倘若碰到的是一个好老板，自然也就实现了财务自由。

特殊优势型，比如我认识的一个高级财务总监，年轻、机智或许是外人对他本人的评价，但真正了解和熟知他的人对他的评价是先知。为何称之为“先知”？原因就是他总是能想在老板前面，预先判断事件，规避风险，做他人所不及的事情。这就是特殊优势型的一个完美写照，而如果你想迅速、快速地加入到这高薪财务的队列中，那特殊优势型将是你不二的选择！

在职场可分为三等人，一等人为在老板还未交待工作时即完成了工作；二等人为在老板交待完工作后勉强完成了工作；三等人为在老板交待完工作后未能达成的工作者。这三种表现也制约着这三类人的薪资构架。其实，取得高薪就是与老板博弈的过程，如果你能顺利滴征服老板，那恭喜你，月薪过万甚至于年薪过百万将是信手拈来的事情。但如果你未能征服老板，那只能抱歉地告诉你，你只能徘徊于小会计的世界里，每个月拿着那微薄的收入来度过你的余生。本书的写作愿景就是教会初入职场或者在职场奋斗多年但并未起势之人如何征服老板，让老板愿意给我们高薪之道！

目　录

CONTENTS

第一章 你追求高薪财务之路的捷径在哪里

Chapter 1

第一节　财务岗位高薪定位，解密财务人员价值何在

财务人员可以创造价值，可以拿高薪的理由,很多人喜欢把财务和销售、研发一起对比，销售可以卖东西，立竿见影地制造利润，研发可以设计新品，上市后能够创造利润。而财务，对于一般企业的老板来说无非是记账、出几张报表，再厉害一点的财务可以向老板提供“无关痛痒”的经营分析。简言之，财务创造的价值老板看不见或者说没有创造价值。而其实,财务是隐形的翅膀!

作为一个老板，可以不看自己企业的财务报表，但是却不能不关注央行的利率及财政政策的方向。

作为一个老板，可以没学过经济学，但是他清楚地知道，利率的高低、积极或紧缩的财政政策直接影响到社会的 GDP 的增长速度。

但是认为财务没有创造价值的老板,没啥疑惑吗？这个央行的人没有直接生产东西也没有直接卖东西啊？这个财政局的人也没研发新的产品啊？为啥这个社会的收入就增加了呢？

作为一个老板，即便是没有天天看新闻，但是也应知道，只要是央行或财政局的新政策必定会出现在新闻的头条。

一个老板，即便是天天看新闻，也发现不了自己很重视的研发和销售部门为啥国家对他们没啥新的指示（顶多出一些行业的技术标准）。在国家层面，相信财务政策比这些更加重要直接，那么对于一个企业集团来讲也是如此。相信有很多老板会如是说：我们是一个小企业，没所谓的。

对于一个小企业更是如此，因为一个没有财务支持的决策，会直接导致企业的破产。

对于一个小企业，财务负责人更加重要，他可以不进行复杂的分析，不做出复杂的决策，但是他的职业敏感、他的财务视野往往会救企业于危难之间。我就曾亲见一个企业出口赊销不懂得买保险，结果金融危机来了，直接就破产了。

其实，财务可以通过远期结算、资金头寸管理、货币保值、税务筹划、境外贷款等等。直接创造价值，这个就不多说了。其实，财务创造价值是通过财务杠杆！

对于国家如此，对于企业也是如此，财务系统在一个企业相当于央行和财政局，通过隐形的财务杠杆去撬动销售。试想一下，公司财务试行的是积极的财务政策和宽松的资金管理。如财务延长销售账期，那么销售收入会立竿见影地上去。如财务加大经销商返利空间，那么经销商会竭力完成年度的销售任务。如财务增加研发预算，那么新品出来得会更多。如财务立即支付供应商的货款，那么供应商的采购价格会下降，供应品质也会提高。

到这里，一般的老板会承认财务杠杆的作用，但是他还是会说：这个财务杠杆操作起来很简单嘛，所以随便在人力市场上找个财务，随便支付点薪水就行啦，这个是财务薪水不高的根源。相信这么说财政局长和央行行长会很生气的，因为他们即便是把利率提高了 0.5 个点，也是通过 N 个月的辛苦调研，通过无数的模型模拟分析，听取了众多专家的意见，才谨慎小心地做出了这样一个决定。那么，对于企业的财务又何尝不是如此呢？

为了做出一个激励政策，为了给企业争取资金，财务考虑了多少风险因素呢？为了验证政策的效果，为了降低资金的利息，财务又做了多少次分析与假设，又总结了多少经验呢？为了这个财务杠杆能够合理地刺激销售、增加利润，从采购供应商、采购入库、来料检测、仓库管理、车间领料、制造加工、成品入库、物料报废、订船订柜、发货收款、经销商管理，财务有哪一个环节不清楚、不了解的呢？为了控制一下成本，从标准成本法、作业成本法、目标成本法，从采购价格控制，车间损耗率、仓库库龄管理，财务又尝试了多少方法呢？为了增加一点效率，财务对订单评审、报销速度、报表速度，又付出了多少呢？为了控制一点风险，财务对客户的应收核算已经细到了每一次出货、每一单发票，你知道这有多麻烦吗？为了能够让业务部门多了解信息，便于支持他们的业务，财务开发了多少系统，做了多少报表呢？为了企业能够持续发展、保持活力，从销售预算、采购预算、制造预算、资金预算、投资规划等等，哪项工作不是为了完成企业的战略目标、年度责任制？为了支持企业的变革，从内部结算、价值链管理、绩效管理，有哪一项不是财务付出得更多？

如果了解到了这些，又有哪个老板不愿意支付薪水呢？我们公司财务总监的待遇只会仅次于总经理，而集团的财务总监应该身家几个亿了——传言哈，呵呵。

重视研发、销售没有错，但是企业的核心竞争力是在商业模式，懂得了这个的老板不会“一条腿走路”。财务管理在商业模式中扮演着重要角色，财务管理搭建着企业商业模式的基础平台。有了这个平台，就意味着信息畅通，就意味着资金无忧，就意味着内控合理。

那么，公司就可以在这个平台搭建高楼大厦，也可以放心地组建扁平的矩阵架构，可以充分地授权、分权，激发、激励任何一个业务单元的活力。每年我们的财务系统都会投资上亿元，我们的财务架构会随着公司的发展进行不断的优化，我们的财务管理模式也在不断推陈出新，我们可以轻松地拆分任何一个事业部，我们可以随地组建一个多事业部的营销公司，我们搭建的平台完全可以满足业务部门随意的唱戏。这就是财务高薪的原因！

乘风破浪会有时，直挂云帆济沧海！

财务高薪路可能会障碍重重，但只要我们目标明确，不断前行，就终有一天会乘长风破万里浪，挂上云帆，横渡

沧海，到达理想的彼岸。

——刘毅

第二节　财务人员职能定位，解密财务人员功能何在

如果将企业比作一辆在路上行驶的汽车，企业的管理者就是这部车的驾驶员，那么，财务部门在这辆汽车中充当什么部件呢？

财务部门存在的三大职能作用是： 1、导航仪。2、大油箱。3、刹车器。

1、如果把公司比作是一辆汽车，那么对于驾驶这量汽车的“老板”来讲最需要的是车中的仪表盘，仪表盘显示非常重要的数据，下面我们一一进行分析：

历史：这个车已经跑了多少公里，这个车还剩下多少汽油（提供历史的财务数据，显示公司运营成果）。

分析：这个车的性能怎么样？最高时速显示的是多少？现有的汽油还能跑多少公里？（对现状进行分析和准确的判断）

规划：这个汽车的目的地是哪里？需要多长时间到达目的地？过程中有多少个加油站可以利用？路程中可以加多少油？（配合公司老板进行战略规划，计算达成目标需要使用多少钱？我们有几个银行可以借钱？准备借多少？）

预警：还有多少公里到达第一个目标，车上的油还能用多久？前面多少米有障碍物？旁边有多少障碍物？前面多少米有车祸？（在公司运营的过程中，做预算执行。提前显示出公司运营的困难。及对资源的消耗，对可能撞车（经营风险）的提醒）。

2、有了仪表盘还是不够的，这个车还得及时加油，需要一个油箱。很多人都有一种误区，认为一个企业的油箱属于企业的生产部门和销售部门，此话是不全面的，对于当下“低盈利、高风险” 时代的来临，很多企业需要的是更直接的燃料，很迅速的能量，那么，此时财务部作为资源的引流者就充当着极其重要的作用，我们来看看对于这个资源财务是如何起作用的：

资源：如何配备一个大的油箱，以便可以方便的加油，同时里面装着合理的够用的油（如何向上市融资、借款，为公司争取到可以快速发展的资源，对于财务部门也很重要。当然，里面的油不是越多越好，多了是资金利用效率低，少了则资金有缺口，这个就要看财务的资金规划能力了）。

3、有了油箱还不行，最后还需要一个刹车器。尤其是对于一辆高速行驶的汽车，刹车系统可以说是关系到车中驾驶员生死的一个关键部件，那么我们来看看作为财务部门是如何控制企业对外及对内的刹车作用的。

对外:在行驶的过程中，如何保证遵守交通规则，如何听交警的指挥(按照上市公司标准、国际内控标准、各项法则，进行账务处理，进行流程控制，在公司业务部门强力踩油门的时候，财务总监能及时地踩踩刹车，控制风险）。

对内：啥时候买油便宜，同时监控着不要漏油了，或发动机响着干耗油（成本控制，全面成本分析，凡是资源的价格都必须合理，资源的分配也必须合理，如果比较“牛”，也可以对油（原材料）的价格运用财务的套期保值等方式实现财务的增值）

人生的价值，并不是用时间，而是用深度量去衡量的。

——列夫·托尔斯泰

第三节　财务岗位平衡定位，解密财务平衡三角定律

现在的很多老板由于缺乏财务意识，故而在战略上的定位是容易出现定位错误的，这种错误甚至于会给企业带来灭顶之灾。例如，很多老板在年初的动员大会上会向员工讲道：今年我们公司利润增长将达 10%，销售收入增长 20%，同时要把生产成本降低 15%！而与此同时，公司的大多数员工出于趋炎附势的心态会积极应和老板的倡议。但试问这三个指标能不能实现呢？这就是老板缺乏财务意识的典型案例。这三个是违背财务规律的，在财务平衡三角定律中指出：企业要生存是企业的盈利能力，企业要发展是企业市场份额的增长水平能力，企业要为明天着想发展未来就是企业现金流不能中断的能力。在企业资源有限的情况下，三个指标不可能同时做到最好，必须要有所侧重，通俗来讲：鱼和熊掌不可兼得！三个指标必须要寻求平衡点！

市场份额/销售收入（增长性）

净利润/毛利率（盈利性）　　**净现金流/现金存量（流动性）**

（财务平衡三角定律）

为什么说财务平衡三角定律中三个指标不可能同时做到最好，我们简单拿增长优先型举例，如果一个企业想要扩大市场份额，那势必会做两件事：第一、降价。但此行为必然会导致利润减少，也会导致现金流减少，而同时更会导致企业没有后续资金发展售后研发，最终影响企业的长期发展。第二、降低赊销信用。比如原先需要采购商 30%首付款方可提货，现在降低 10%甚至更低，这样将导致现金减少，应收账款增加，甚至会出现坏账，这也是企业出现三角账的原因！而与此同时，纵观我国企业 500 强和世界 500 强的本质区别也在于此，中国 500 强企业更多的是注重增长优先型发展战略，而世界 500 强则是注重利润优先型发展战略。例如知名手机品牌三星，三星手机在战略定位上就充分体现了此点，在三星手机刚刚发布时，他们会留出降价空间，使得价格最大化，同时采取市场份额逐步增长的方式，形成成本领先，这样就有了抗击打能力，留出了降价空间！

天地无穷极。阴阳转相因。

天地万物皆有相关规律，万事万物均遵循各自的法则！财务亦如此，只有

真正遵循财务平衡三角定律，企业才可基业长青。

——刘毅

第四节　财务岗位价值定位，解密财务六大技能模块特性

作为企业的财务人员，创造价值的载体，必须要帮助企业定位，找寻高薪方向。一个好的财务必须贯穿于企业的各个环节中，财务人员绝不能孤守日常原始凭证登记记账凭证、填制现金日记账、银行日记账、汇总填制报表、登记明细账、总账等日常基础财务工作。如果这样下去，日复一日，年复一年，最后摆在你面前的就只会有四个字："账房先生"。这种窘境是害了很多财务人员一生的价值定位，人们都说：会计行业是越老越吃香。这句话不知道害了多少人?殊不知，如果你只是个"账房先生"的话，你的价值不会伴随时间的增长而增长！那么，如何真正做到财务人员"越老越吃香"呢？只有自己创造价值的财务才会达到此效果。那么，一个创造价值的高薪财务人员究竟需要具备哪些技能模块特性才能保障我们能够创造价值，真正做到"越老越吃香"呢？接下来我们就一一给大家解密这高薪财务必备的六大技能模块特性：

第一，具有分析和优化各项财务报表的能力。月薪三五千的小会计和月薪过万的高薪财务的首要区别就是报的表分析能力，很多小会计只是停留在会填制报表上，而不会分析报表，就更不要提及通过报表找问题，提前预警和调整企业整体运营了。而现在由于很多企业的会计未具备此种能力，导致企业真正出问题的时候才后悔莫及，但其实是为时已晚。

第二，具有税务筹划，合理节税能力。作为低薪小会计的——软肋税务筹划是他们要逾越的第二个鸿沟。其实，在我接触众多的财务人员中，这个方面

的能力还是很缺乏的，我经常对他们讲，其实企业现在还不奢求你们能节多少税，其实只要是不多交税，不交冤枉税就不错了。中国税法之复杂可能是很多初入职场的财务小白要面临的最大挑战。反之，如果能够具备此能力，对于创造价值方面将会立竿见影地体现出来。

第三，具备成本控制、资金把控能力。现代企业尤其是进入到互联网+时代下的企业，对于成本控制和资金的把控可能是决定生死的关键因素。而对于现代企业中的利润和现金流两大财务组成部分，后者会更为重要，因为现在很多企业其实不是死在没有利润上，而是死在了资金链断裂上。

第四，具备税务风险管控能力。说到这个能力由不得让我想起很多老板和公司财务在面对铁窗时那迷茫的眼神，曾经的他们是多么风光无限，但由于没有好好把控好税务风险问题，导致最终落入牢狱之灾。其结果是惨痛的，但须知如果在一开始设置规避财务风险的砝码上多增加一些，或许这些情况都可以避免掉。

第五，具备应对税务稽查及处理紧急公关的能力。伴随着 2016 年全国税务总局的全面改革，全国实施营改增、金税三期全面上线、国地税分设等诸多改革措施后国家必然会加大对税务稽查工作的力度，严厉打击各项税务犯罪问题。那问题就来了，税务局为什么会查我们？税务局来了怎么查，用什么手段查？税务局具体查什么？税务局查完了怎么办？这四大问题必然会摆在我们财务人员面前，那么我们又该如何应对呢？

第六，具备自我包装的能力。以上阐述的这五大技能能力是一个月薪过万的高薪财务所必备的财务技能，但在我经历的很多财务面试中发现了一个奇怪的问题，那就是很多财务人员具备这些能力吗？可能具备，或者说是部分具备，但由于他们不会表达，有的由于简历不会包装，甚至于连初试的机会都不会拥有。这让人不禁感觉很可悲、可怕、可怜。是的！就是由于不会包装、不会表达，很多企业就会拒你于千里之外，这就是自我包装能力的重要性。

以上所述的六大财务高薪技能模块，在本书的后六章里会分章节教会大家如何迅速掌握，其实高薪的财务没有那么难，也没有你们想象中那么远，你们只需一个方法而已。本书也希望借此六大财务技能模块可以帮助更多的人迅速达到高薪财务的就业标准。

上古沓默无人声，日月山河岂待平。荷天倚剑颂石斩，动地挥鞭烈马奔。纵是泰山强压顶，怎奈鹏鸟早飞腾。借得雄风成亿兆，何惧万里一征程。

——王安石

第二章 分析、优化企业财务报表

教你一分钟看透三大财务报表

Chapter 2

第一节　财务报表意义非凡
解密三大报表真正的核心区别何在

报表作用更像是医院的检验报告，医生会根据各项检验报告来判断患者的病情，并以此来出相应的处方。同样，作为企业财务也具有像医生一样的职能，那就是通过报表来检验开公司运行是否正常。众多周知，财务工作中有三大报表必不可少，其分别为：《资产负债表》、《损益表》、《现金流量表》。

资产负债表是反映企业财务状况的报表。企业财务状况的好坏，有多方面因素的影响。如企业控制的经济资源产生现金和现金等价物的能力、市场环境等。

损益表是反映企业的经营业绩，获利能力的报表。企业经营业绩，判断企业可能控制的经济资源的潜在能力和新增资源利用程度的能力的资料。

现金流量表是利用收付实现制为基础编制的反映企业现金流量的报表。通过反映企业现金流量的资料，了解企业取得现金和现金等价物的方式以及现金流出的合理性。

三个报表其实是从三个方面反馈不同的意义。资产负债表反馈是企业财务状况，损益表是企业的经营成果，现金流量表是企业的现金流量。说白一点就是，资产负债表是要搞清楚我目前有多少钱和欠人家多少钱，损益表是要搞清楚我这一段时间是赚了是赔了，如果是赚了，赚多少？如果是赔了，赔多少？现金流量表是要搞清楚这一段时间从我手头上经手了多少实实在在的票子，收了多少票子，支出去了多少票子。通过资产负债表预计企业的综合能力，包括盈利、运营、偿债、发展能力等。通过损益表预计未来可能产生的现金流量，判断企业可能控制的经济资源的潜在能力和新增资源利用程度的能力，企业对所控制的经济资源的利用程度。通过现金流量表了解企业在某一期间内的经营活动、投资活动和筹资活动对现金流量影响，加强对企业资金链的管控。总结一句话就是，资产负债表是底子，利润表是面子，而现金流量表是过日子！那么，家底好不好，面子足不足，日子怎么样？就是摆在我们财务人员面前的问题。那么，接下来就让我们详细剖析一下公司的“底子”、“面子”和“日子”。

第二节　企业如何把家底搞好，解密资产负债表其中奥秘

一、资产负债表各项目的填列

年初数字填列报表中的“年初数”栏内各项数字，根据上年末资产负债表“期末数”栏内所列数字填列。如果本年度资产负债表各个项目的名称和内容同上年度不相一致，则应对上年末资产负债表各项目的名称及数字按照本年度的口径进行调整，填入报表中的“年初数”栏内。

二、报表其他各项目的内容和填列方法：

1、“货币资金”项目，反映企业库存现金、银行结算户存款、外埠存款、

银行汇票存款、银行本票存款和在途资金等货币资金的合计数。

2、“投资项目”，反映企业购入的各种能随时变现，持有时间不超过 1 年的有价证券以及不超过 1 年的其他投资。

3、“应收票据”项目，反映企业收到的未到期收款也未向银行贴现的应收票据，包括商业承兑汇票和银行承兑汇票。

4、“应收帐款”项目，反映企业因销售产品和提供劳务等而应向购买单位收取的各种款项。

5、“坏帐准备”项目，反映企业提取尚未转销的坏账准备。

6、“预付帐款”项目，反映企业预付给供应单位的款项。

7、“应收补贴款”项目，反映企业应收的各种补贴款。

8、“其它应收款”项目，反映企业对其他单位和个人的应收和暂付的款项。

9、“存货”项目，反映企业期末在库、在途和在加工中的各项存货的实际成本，包括原材料、包装物、低值易耗品、自制半成品、产成品、分期收款发出商品等。

10、“待摊费用”项目，反映企业已经支付但应由以后各期分期摊销的费用。企业的开办费、租入固定资产改良及大修理支出以及摊销期限在 1 年以上的其他待摊费用，应在本表“递延资产”项目中加以反映，不包括在该项目数字之内。

11、“待处理流动资产净损失”项目，反映企业在清查财产中发现的尚待转销或作其他处理的流动资产盘亏、毁损扣除盘盈后的净损失。

12、“其他流动资产”项目，反映企业除以上流动资产项目外的其他流动资产的实际成本。

13、“长期投资”项目，反映企业不准备在1年内变现的投资。长期投资中将于1年内到期的债券，应在流动资产类下“一年内到期的长期债券投资”项目单独反映。

14、“固定资产原价”项目和“累计折旧”项目，反映企业的各种固定资产原价及累计折旧。融资租入的固定资产在产权尚未确定之前，其原价及已提折旧也包括在内。融资租入固定资产原价并应在本表下端补充资料内另行反映。

15、“固定资产清理”项目，反映企业因出售、毁损、报废等原因转入清理但尚未清理完毕的固定资产的净值，以及固定资产清理。

资产负债表是反映公司某一特定日期(月末、年末)全部资产、负债和所有者权益情况的会计报表。它的基本结构是“资产=负债+所有者权益”。不论公司处于怎样的状态，这个会计平衡式永远都是恒等的。左边反映的是公司所拥有的资源，右边反映的是公司的不同权利人对这些资源的要求。债权人可以对公司的全部资源有要求权，公司以全部资产对不同债权人承担偿付责任，偿付完全部的负债之后，余下的才是所有者权益，即公司的资产净额。

我们利用资产负债表的资料，可以看出公司资产的分布状态、负债和所有者权益的构成情况，据以评价公司的资金营运、财务结构是否正常、合理；分析公司的流动性或变现能力，以及长、短期债务数量及偿债能力，评价公司承担风险的能力；利用该表提供的资料还有助于计算公司的获利能力，评价公司的经营绩效。在分析资产负债表要素时，我们应首先注意到资产要素分析，其具体包括：

1、流动资产分析。分析公司的现金、各种存款、短期投资、各种应收应付款项、存货等。流动资产比往年有所提高，说明公司的支付能力与变现能力在增强。

2、长期投资分析。分析一年期以上的投资，如公司控股、实施多元化经营等。长期投资的增加，表明公司的成长前景看好。

3、固定资产分析。这是对实物形态资产进行的分析。资产负债表所列的各项固定资产数字，仅表示在持续经营的条件下，各固定资产尚未折旧、折耗的金额并预期于未来各期间陆续收回，因此，我们应该特别注意，折旧、损耗是否合理将直接影响到资产负债表、利润表和其他各种报表的准确性。很明显，少提折旧就会增加当期利润。而多提折旧则会减少当期利润，有些公司常常就此埋下伏笔。

4、无形资产分析。主要分析商标权、著作权、土地使用权、非专利技术、商誉、专利权等。商誉及其他无确指的无形资产一般不予列账，除非商誉是购入或合并时形成的。取得了无形资产后，应登记入账并在规定期限内摊销完毕。

其次，要对负债要素进行分析，包括两个方面：

1、流动负债分析。各项流动负债应按照实际发生额记账，分析的关键在于要避免遗漏，所有的负债均应在资产负债表中反映出来。

2、长期负债分析。包括长期借款、应付债券、长期应付款项等。由于长期负债的形态不同，因此，应注意分析、了解公司债权人的情况。

最后是股东权益分析，包括股本、资本公积、盈余公积和未分配利润四个方面。分析股东权益，主要是了解股东权益中投入资本的不同形态及股权结构，了解股东权益中各要素的优先清偿顺序等。看资产负债表时，要与利润表结合起来，主要涉及资本金利润和存货周转率，前者是反映盈利能力的指标，后者是反映营运能力的指标。

三、资产负债表的 11 条投资密码

1、没有负债的企业才是真正的好企业

好公司是不需要借钱的。如果一个公司能够在极低的负债率下还拥有比较亮眼的成绩，那么这个公司是值得我们投资的。投资时，一定要选择那些负债率低的公司，也要尽量选择那些业务简单的公司——业务虽然简单，但却做得不简单的公司。

2、现金和现金等价物是公司的安全保障

自由现金流是否充沛，是衡量一家企业是否于伟大的主要标志之一。自由现金流比成长性更重要。对于公司而言，通常有三种途径来获取自由现金：A、发行债券或股票；B、出售部分业务或资产；C、一直保持运营收益现金流入大于运营成本现金流出。

3、债务比例过高意味着高风险

负债经营对于企业来说犹如带刺的玫瑰，如果玫瑰上有非常多的刺，你怎么能够确信自己就能小心不被刺扎到呢？最好的方法就是，尽量选择没有刺或很少刺的企业，这样，我们的胜算才会大一些。

4、负债率依行业的不同而不同

在观察一个企业的负债率的时候，一定要拿它和同时期同行业的其他企业的负债率进行比较，这才是合理的。虽然好的企业负债率都比较低，但不能把不同行业的企业放在一起比较负债率。

5、负债率的高低与会计准则无关

不同的会计准则能够把同一份数据计算出相差甚远的结果来。所以，在分析要投资的企业时，一定要尽量了解该公司使用的是哪个会计准则。如果该公司有下属公司，那么一定要注意该公司报表中是不是把所有子公司的所有数据都包含在内了。

6、并不是所有的负债都是必要的

在选择投资的公司时，如果从财报中发现公司是因为成本过高而导致了高负债率，那么你一定要慎重对待它。毕竟，不懂得节约成本的企业，如何能够产出质优价廉的商品？如果没有质优价廉的商品，如何能够为股东赚取丰厚的回报？

7、零息债券是一把双刃刀

零息债券是个有用的金融工具，既可以节税，也可为投资者带来收益。但投资风险也是存在的。在购买零息债券时，一定要时刻提防不能按期付现。仔细观察该企业的信誉如何，不要被企业的表象所欺骗。零息债券就是一把双刃刀，它可以救人也可以伤人，要努力让零息债券成为自己的帮手而不是敌人。

8、银根紧缩时的投资机会更多

不要把所有鸡蛋都放到一个篮子里，应保持充沛的资金流，这样，当银根紧缩时，就不会望洋兴叹错过良好的投资机会了。

9、固定资产越少越好

在选择投资的企业时，尽量应选择生产那些不需要持续更新产品的企业，这样的企业就不需要投入太多资金在更新生产厂房和机器设备上，相对地就可以为股东们创造出更多的利润，让投资者得到更多的回报。

10、无形资产属于不可测量的资产

11、企业的无形资产和有形资产一样重要，投资者在挑选投资的企业时，也要多了解一下企业的声誉如何。很显然，靠10元钱有形资产产生1元钱利润和靠1元钱有形资产产生1元钱利润的企业当然是不同的，无形资产作祟也。

12、优秀公司很少有长期贷款。

长期贷款对优秀的企业来说是没有必要的，但并不是说具有高额长期贷款的公司都不是好公司，要分析考虑其负债原因，看是不是杠杆收购的缘故。

第三节 企业如何把面子做足，解密利润表其中奥秘

一、通常，利润表依据“收入-费用＝利润”来编制，主要反映一定时期内公司的营业收入减去营业支出之后的净收益。通过利润表，我们一般可以对上市公司的经营业绩、管理的成功程度做出评估，从而评价投资者的投资价值和报酬。利润表包括两个方面：一是反映公司的收入及费用，说明公司在一定

时期内的利润或亏损数额，据以分析公司的经济效益及盈利能力，评价公司的管理业绩；另一部分反映公司财务成果的来源，说明公司的各种利润来源在利润总额中占的比例，以及这些来源之间的相互关系。对利润表进行分析，主要从两方面入手：

1、**收入项目分析。**公司通过销售产品、提供劳务取得各项营业收入，也可以将资源提供给他人使用，获取租金与利息等营业外收入。收入的增加，则意味着公司资产的增加或负债的减少。记入收入账的包括当期收讫的现金收入，应收票据或应收账款，以实际收到的金额或账面价值入账。

2、**费用项目分析。**费用是收入的扣除，费用的确认、扣除正确与否直接关系到公司的盈利。所以，在分析费用项目时，应首先注意费用包含的内容是否适当，确认费用应贯彻权责发生制原则、历史成本原则、划分收益性支出与资本性支出的原则等。其次，要对成本费用的结构与变动趋势进行分析，分析各项费用占营业收入百分比，分析费用结构是否合理，对不合理的费用要查明原因。同时对费用的各个项目进行分析，看看各个项目的增减变动趋势，以此判定公司的管理水平及财务状况，预测公司的发展前景。

看利润表时要与上市公司的财务情况说明书联系起来。它主要说明公司的生产经营状况；利润实现和分配情况；应收账款和存货周转情况；各项财产物资变动情况；税金的缴纳情况；预计下一会计期间对公司财务状况变动有重大影响的事项。财务情况说明书为财务分析提供了了解、评价公司财务状况的详细资料。

二、利润表的 8 条投资密码

1、好企业的销售成本越少越好

只有把销售成本降到最低，才能够把销售利润升到最高。尽管销售成本就其数字本身并不能告诉我们公司是否具有持久的竞争力优势，但它却可以告诉我们公司的毛利润的大小。通过分析企业的利润表就能够看出这个企业是否能够创造利润，是否具有持久的竞争力。企业能否盈利仅仅是一方面，还应该分析该企业获得利润的方式，它是否需要大量研发以保持竞争力，是否需要通过财富杠杆以获取利润。通过从利润表中挖掘的这些信息，可以判断出这个企业的经济增长原动力，因为利润的来源比利润本身更有意义。

2、长期盈利的关键指标是毛利率

企业的毛利润是企业的运营收入之根本，只有毛利率高的企业才有可能拥有高的净利润。我们在观察企业是否有持续竞争优势时，可以参考企业的毛利率。毛利率在一定程度上可以反映企业的持续竞争优势如何。如果企业具有持续的竞争优势，其毛利率就处在较高的水平，企业就可以对其产品或服务自由定价，让售价远远高于其产品或服务本身的成本。如果企业缺乏持续竞争优势，其毛利率就处于较低的水平，企业就只能根据产品或服务的成本来定价，赚取微薄的利润。如果一个公司的毛利率在40%以上，那么该公司大都具有某种持续竞争并优势；毛利率在40%以下，其处于高度竞争的行业；如果某一个行业的平均毛利率低于20%，那么该行业一定存在着过度竞争。

3、特别关注销售费用

企业在运营的过程中都会产生销售费用，销售费用的多少直接影响到企业的长期经营业绩，关注时可与收入进行挂钩来考核结构比的合理性。另外，对于固定性的费用可变固定为变动来进行管控。

4、衡量销售费用及一般管理费用的高低

在公司的运营过程中，销售费用和一般管理费用不容轻视。我们一定要远离那些总是需要高额销售费用和一般管理费用的公司，努力寻找具有低销售费用与一般管理费用的公司。一般来说，这类费用所占的比例越低，公司的投资回报率就会越高。如果一家公司能够将销售费用和一般管理费用占毛利润的比例控制在 30%以下，那就是一家值得投资的公司。但这样的公司毕竟是少数，很多具有持续竞争优秀的公司其比例也在 30%至 80%之间，也就是说，如果一家或一个行业的这类费用比例超过 80%，那就可以放弃投资该家或该类行业了。

5、远离那些研究和开发费用高的公司

那些必须花费巨额研发开支的公司都有在竞争优势上的缺陷，这使得其将长期经营前景置于风险中，投资他们并不保险。那些依靠专利权或技术领先而维持竞争优势的企业，其实并没有拥有真正持续的竞争优势，因为一旦过了专利权的保护期限或新技术的出现替代，这些所谓的竞争优势就会消失。如果企业要维持竞争优势，就必须花费大量的资金和精力在研发新技术及新产品上，也就会导致净利润的减少。

6、不要忽视折旧费用

折旧费用对公司的经营业绩的影响是很大的，在考察企业是否具有持续竞争优势的时候，一定要重视厂房、机器设备等的折旧费。

7、利息支出越少越好

和同行业的其他公司相比，那些利息支出占营业收入比例最低的公司往往是最具有持续竞争优势的。利息支出是财务成本，而不是运营成本，其可以作为衡量同一行业内公司的竞争优势，通常利息支出越少的公司，其经营状况就越好。

8、计算经营指标时不可忽视非经常性损益

在考察企业的经营状况时，一定要排除非经常性项目这些偶然性事件的收益或亏损，然后再来计算各种经营指标。毕竟，这样的非经常性损益不可能每年都发生还要考虑所得税的影响以分析净利率。

第四节　企业如何把日子过好，解密现金流量表其中奥秘！

一、现金流量表是反映上市公司现金流入与流出信息的报表。这里的现金不仅指公司在财会部门保险柜里的现钞，还包括银行存款、短期证券投资、其他货币资金。现金流量表可以告诉我们公司经营活动、投资活动和筹资活动所产生的现金收支活动，以及现金流量净增加额，从而有助于我们分析公司的变现能力和支付能力，进而把握公司的生存能力、发展能力及适应市场变化的能力。

上市公司的现金流量具体可以分为以下 5 个方面：

1、**来自经营活动的现金流量：**反映公司为开展正常业务而引起的现金流入量、流出量和净流量，如商品销售收入、出口退税等增加现金流入量，购买原材料、支付税款与人员工资增加现金流出量，等等；

2、来自投资活动的现金流量：反映公司取得和处置证券投资、固定资产和无形资产等活动所引起的现金收支活动及结果，如变卖厂房取得现金收入，购入股票与债券等对外投资引起现金流出等；

3、来自筹资活动的现金流量：是指公司在筹集资金过程中所引起的现金收支活动及结果，如吸收股本、分配股利、发行债券、取得借款和归还借款等；

4、非常项目产生的现金流量：是指非正常经济活动所引起的现金流量，如接受捐赠或捐赠他人，罚款现金收支等；

5、不涉及现金收支的投资与筹资活动：这是一类对股民非常重要的信息，虽然这些活动并不会引起本期的现金收支，但对未来的现金流量会产生甚至极为重大的影响。这类活动主要反映在补充资料一栏里，如以对外投资偿还债务，以固定资产对外投资等。

二、对现金流量表主要从 3 个方面进行分析：

1、现金净流量与短期偿债能力的变化。如果本期现金净流量增加，表明公司短期偿债能力增强，财务状况得到改善；反之，则表明公司财务状况比较困难。当然，并不是现金净流量越大越好，如果公司的现金净流量过大，表明公司未能有效利用这部分资金，其实是一种资源浪费。

2、现金流入量的结构与公司的长期稳定。经营活动是公司的主营业务，这种活动提供的现金流量可以不断用于投资，再生出新的现金来，来自主营业务的现金流量越多，表明公司发展的稳定性也就越强。公司的投资活动是为闲置资金寻找投资场所，筹资活动则是为经营活动筹集资金，这两种活动所发生的现金流量都是辅助性的，服务于主营业务的。这一部分的现金流量过大，表明公司财务缺乏稳定性。

3、投资活动与筹资活动产生的现金流量与公司的未来发展。股民在分析投资活动时，一定要注意分析是对内投资还是对外投资。对内投资的现金流出量增加，意味着固定资产、无形资产等的增加，说明公司正在扩张，这样的公司成长性较好；如果对内投资的现金流量大幅增加，意味着公司正常的经营活动没有能够充分吸纳现有的资金，资金的利用效率有待提高；对外投资的现金流入量大幅增加，意味着公司现有的资金不能满足经营需要，从外部引入了资金；如果对外投资的现金流出量大幅增加，说明公司正在通过非主营业务活动来获取利润(对内投资的现金流出量增加，意味着固定资产、无形资产等的增加，说明公司正在扩张，这样的公司成长性较好；如果对内投资的现金流量大幅增加，意味着公司正常的经营活动没有能够充分吸纳现有的资金，资金的利用效率有待提高；对外投资的现金流入量大幅增加，意味着公司现有的资金不能满足经营需要，从外部引入了资金；如果对外投资的现金流出量大幅增加，说明公司正在通过非主营业务活动来获取利润。)

财务报表是企业所有经济活动的综合反映，提供了企业管理层决策所需要的信息。认真解读与分析财务报表，能够帮助我们剔除财务报表的“粉饰”，公允地评估企业的决策绩效。

三、现金流量表的9条投资密码

1、自由现金流充沛的企业才是好企业

就像如果树林里没有鸟，你捕不到鸟一样，如果企业根本不产生自由现金流，投资者怎么能奢求从中获利呢？获利的只可能是那些利用市场泡沫创造出泡沫的公司而已。只有企业拥有了充沛的自由现金流，投资者才能从投资中获得回报。

2、有雄厚现金实力的企业会越来越好

这样不仅可以让我们的生活安稳一些，也可以避免我们碰到合适的投资机会却没有钱进行投资。

3、自由现金流代表着真金白银

投资者在选择企业时要注意：如果一个企业能够不依靠不断的资金投入和外债支援，光靠运营过程中产生的自由现金流就可以维持现有的发展水平，那么就是一个值得投资的好企业，千万不要错过。这样，宏观经济形势就显得不那么重要了。

4、伟大的公司必须现金流充沛

自由现金流非常重要，在选择投资对象的时候，我们不要被成长率、增长率等数据所迷惑，只有充裕的自由现金流才能给予我们投资者真正想要的回报。

5、有没有利润上交是不一样的

如果企业把大部分利润上交给母公司后，在账面上还有和同行业相同的业绩表现，那么你就可以选择投资它。

6、资金分配从实质上来说是最重要的管理行为

最好的资金分配方式就是把利润返还给股东，这里主要有两种方式：一是提高股息，多分红；二是回购股票。

7、现金流不能只看账面数字

不要完全信赖企业的会计账目，会计账目并不能完全体现整个企业的经营全貌。

8、利用政府的自由现金流盈利

利用国家货币的升值或贬值，为自己寻找更多的投资机会。

9、自由现金流有赖于优秀经理人

对于一个企业来说，持续充沛的自由现金流不仅依赖于所从事的业务，在很大程度上也依赖于企业管理层的英明领导。所以，在选择投资的企业时，关注一下企业经理人的表现也是非常重要的。

第五节　财务报表三大核心
解密财务报表背后的企业玄机

一、财务报表三大核心之一——财务报表到底看什么？

要读懂财务报表，除了应有基本的财务会计知识外，还要掌握以下方面以看清隐藏在财务报表背后的企业玄机：

- 浏览报表，探测企业是否有重大的财务方面的问题

拿到企业的报表，首先不是做一些复杂的比率计算或统计分析，而是通读

三张报表，即利润表、资产负债表和现金流量表，看看是否有异常科目或异常金额的科目，或从表中不同科目金额的分布来看是否异常。比如，在国内会计实务中，“应收、应付是个筐，什么东西都可以往里装”。其他应收款过大往往意味着本企业的资金被其他企业或人占用甚至长期占用，这种占用要么可能不计利息，要么可能变为坏账。在分析和评价中应剔除应收款可能变为坏账的部分，并将其反映为当期的坏账费用以调低利润。

● 研究企业财务指标的历史长期趋势，以辨别有无问题

一家连续赢利的公司业绩一般来讲要比一家前3年亏损，本期却赢利丰厚的企业业绩来得可靠。我们对国内上市公司的研究表明：一家上市公司的业绩必须看满5年以上才基本上能看清楚，如果以股东权益报酬率作为绩效指标来考核上市公司，那么会出现一个规律，即上市公司上市当年的该项指标相对于其上市前3年的平均水平下跌50%以上，以后的年份再也不可能恢复到上市前的水平。其解释只有一个：企业上市前的报表“包装”得太厉害了。

● 比较企业的利润水平是否与其现金流量水平相一致

有些企业在利润表上反映了很高的经营利润水平，而在其经营活动中所产生的现金流量方面却表现贫乏，那么我们就应该提出这样的问题：“利润为什么没有转化为现金？利润的质量是否有问题？”银广夏在其被曝光前一年的赢利能力远远超过了同业的平均水平，但是其经营活动产生的现金流量净额却相对于经营利润水平较贫乏，事后证明该公司系以其在天津的全资进出口子公司虚做海关报关单，然后在会计上虚增应收账款和销售收入的方式吹起利润的

"气球"。而这些子虚乌有的所谓应收账款是永远不可能转化为经营的现金的，这也就难怪其经营活动产生的现金流量如此贫乏了。

● 将企业与同业比较

将企业的业绩与同行业指标的标准进行比较也许会给我们带来更深阔的企业画面：一家企业与自己比较也许进步已经相当快了，比如销售增长了20%，但是放在整个行业的水平上来看，可能就会得出不同的结论：如果行业平均的销售增长水平是50%，那么低于此速度的、跑得慢的企业最终将败给自己的竞争对手。

二、财务报表三大核心之一——小心报表中的"粉饰"

财务报表中粉饰报表、制造泡沫的一些手法，对企业决策绩效的评估容易产生偏差甚至完全出错的现象。

● 以非经常性业务利润来掩饰主营业务利润的不足或亏损状况

非经常性业务利润是指企业不经常发生或偶然发生的业务活动产生的利润，通常出现于投资收益、补贴收入和营业外收入等科目中。如果我们分析中发现企业扣除非经常性业务损益后的净利润远低于企业净利润的总额，比如不到50%，那么我们可以肯定企业的利润主要不是来源于其主营的产品或服务，而是来源于不经常发生或偶然发生的业务，这样的利润水平是无法持续的，也并不反映企业经理人在经营与管理方面提高的结果。

● 将收益性支出或期间费用资本化以高估利润

这是中外企业"粉饰"利润的惯用手法，比如将本应列支为本期费用的利润表项目反映为待摊费用或长期待摊费用的资产负债表项目。在国内的房地产开发行业中，我们可以经常看到企业将房地产项目开发期间发生的销售费用、管理费用和利息支出任意地及长时间地“挂账”于长期待摊费用科目，这样这些企业的利润便被严重地高估了。

● 以关联交易方式“改善”经营业绩

采用这一手法的经典例子是目前已经不存在的“琼民源”公司。为了掩盖亏损的局面不惜采用向其子公司出售土地以实现当期利润，而下一年再从该子公司买回土地的伎俩，后来“东窗事发”，遭到财政部和证监会的严厉惩处。所以，我们在分析中应关注企业关联方交易的情况，研究其占企业总的销售、采购、借款以及利润的比例，并应审查这些交易的价格是否有失公允。

● 通过企业兼并“增加”利润

某些企业在产品或服务已经尚失赢利能力的情况下，采用兼并其他赢利企业的手段来“增加”其合并报表的利润。这些企业的会计高手利用国内尚未有合并会计报表的会

计准则及目前合并报表暂行规定中的“漏洞”，将被兼并企业全年的利润不合适地并入合并报表中。在分析中应特别注意企业的收购日期，收购前被兼并企业的利润水平，在合并利润表的利润总额及净利润之间有无除所得税和少数股东收益以外的异常科目出现。

● 通过内部往来资金粉饰现金流量

有的企业在供、产、销经营活动产生的现金流量不足，便采用向关联企业内部融通资金，并把这些资金的流入列为“收到的其他与经营活动有关的现金”的手法使现金流量表中经营活动产生的现金流量看起来更好。

三、财务报表三大核心之一——不夸大财务报表的作用

对财务报表进行分析，有助于我们全面地把握公司的财务情况和评估决策绩效，但是也应清醒地认识到财务报表分析的局限性：

首先，企业的资产以及利润表中的产品销售成本是按资产或存货获得时所支付的金额记录的，因此资产和销售成本不是按资产或存货现行价值反映的。在通货膨胀的情况下，有可能引起资产报酬率或权益报酬率的高估。另外，历史成本的原则还导致同业新老企业比较的困难。比如，假设甲、乙两家企业生产完全同样的产品，生产能力一样，本年销售收入也完全一样，都是 1 亿元，甲企业是 10 年前成立的企业，由于固定资产购建比较早，因此当初的成本比较便宜，再由于使用中折旧的缘故，故其固定资产的账面值较低，仅为 2000 万元；而乙企业是刚刚成立 3 年的企业，固定资产的购建成本较高，累计提取的折旧较少，所以其账面值较高，为 6000 万元。我们计算甲、乙两家企业的固定资产周转率可得：甲企业为 10000/2000=5（次），而乙企业为 10000/6000=1.67（次）。若我们将两家企业的周转率相比，则会得到乙企业的周转率仅仅为甲企业的 1/3，乙企业的资产管理效率似乎远远不如甲企业的结论。但是，这样的结论显然是有失公允的。解决这一局限性的方法是在企业内部考核中采用资产的现行价值来计量资产的价值，比如甲乙企业的对比中，我们可以按固定资产重新购建的成本——重置成本来替换其账面值。

其次，会计方法选择和会计估计的普遍存在。财务会计准则和制度中常常允许对相同的业务采取多个可选择的方法之一，即使对同类固定资产都采用直

线法折旧，不同企业对资产的使用年限、使用年限未能够在市场上可变卖的价值（残值）的估计也可能是不一样的。克服这些问题的方法有：其一，在企业集团内部的绩效考核之前，应该按行业统一企业会计制度，尽可能地减少或甚至禁止对同一类经济业务的不同会计处理方法。其二，作为分析人员，应采用一些剔除由于会计政策不一致对财务指标的影响。

另外，财务指标也具有局限性。企业的内部控制程序是否有效以及企业作为组织的创新与学习能力怎样等是财务指标所不能反映或不能完全反映的，必须要借助于其他的非财务指标，甚至是难以量化的指标来考核。

世上本没有报表，需要的人多了，也就有了报表。

——刘毅

第三章 税主沉浮

原来税务处理、合理节税是这么简单

Chapter 3

第一节 中国七大税法体系解读
解密中国税法不为人知的秘密

随着经济全球化、信息化步伐的加快和产品生命周期的缩短等经济环境的剧烈变化，企业面对更加激烈的市场竞争环境，利润空间也逐渐萎缩，企业举步维艰。而对当今的企业，生存的优势分为三类，第一、品牌优势。第二、技术优势。第三、成本优势。而对我国的大部分企业，尤其是中小企业来讲前两点优势几乎没有优势可谈。那摆在这些企业面前的就只有成本优势可谈了，而“税”是每一个企业、每一个老板都绕不开的一个槛儿，或者说税是当今大部分企业最大的成本。如何让企业基业长青，从税方面就是财务必须要下手解决的一个问题。同时在众多财务面对税务问题的时候就会发现，我国的税是极其复杂的。这就造成了许多企业在雇佣了一些经验不足的小会计后出现多交税、交冤枉税的情况。为了让大家更好地掌握税务筹划技能模块，首先应把中国七大税收体系详细分解一下。

一、**流转税类：**包括增值税、消费税、营业税（2016 年全面实现营改增后已取消）和关税 4 种。

这些税种通常是在生产、流通或者服务领域中，按照纳税人取得的销售收入、营业收入或者进出口货物的价格（数量）征收的。

（1）增值税按照企业年销售的不同分为小规模与一般纳税人。年销售额具体规定为生产企业：年销售额 50 万；贸易公司：年销售额 80 万；服务行业：

年销售额 500 万。小规模税率为 3%；一般纳税人为：0%、3%、6%、11%、13%、17%。

（应交增税收金额=销项-进项）

（2）消费税，共有 13 个档次的税率，最低 3%，最高 56%；

（3）关税

①按照征收的对象或商品流向分类，可分为进口税、出口税、过境税。

②按照征税的目的分类，可分为财政关税、保护关税。

③按照差别待遇和特定的实施情况分类，可分为进口附加税(反补贴税、反倾销税)、差价税、特惠税、普遍优惠制。

④按照征税的一般方法或征税标准分类，可分为从量税、从价税、复合税、选择税。

⑤按照关税保护的程度和有效性分类，可分为名义关税、有效关税。

二、所得税类：包括企业所得税（适用于国有企业、集体企业、私营企业、联营企业、股份制企业等各类内资企业）、外商投资企业和外国企业所得税、个人所得税 3 种。这些税种是按照生产、经营者取得的利润或者个人所得的收入征收的。

（1）企业所得税的税率为 25%

（2）外商投资企业和外国企业所得税(这个 2008 年取消了），原本是在中国设立经营机构或场所的 33%，没有设立的 20%；

（3）个人所得税，扣除标准 3500 元/月（2011 年 9 月 1 日起正式执行）

三、资源税类：包括资源税和城镇土地使用税两种。这些税收是对从事资源开发或者使用城镇土地者征收的，可以体现国有资源的有偿使用，并对纳税人取得的资源级差收入进行调节。

（1）中国资源税目前的征税范围包括矿产品和盐两大类。

●矿产品

原油 8-30 元/吨、天然气 2-15 元/千立方米、煤炭 0.3-5 元/吨或者立方米资源税其他非金属矿原矿 0.5-20 元/吨、黑色金属矿原矿 2-30 元/吨、有色金属矿原矿 0.4-30 元/吨

●盐

固体盐 10-60 元/吨、液体盐 2-10 元/吨

（2）城镇土地使用税按实际占用的土地面积缴纳（各地规定不一，XX 元/平方米，20~50 元/平方米）

四、财产税类：包括房产税、城市房地产税和遗产税（其中遗产税没有立法开征）3 种。

（1）房产税，按房产余值计征的，年税率为 1.2%；按房产出租的租金收入计征的，税率为 12%。但对个人按市场价格出租的居民住房，用于居住的，可暂减按 4%的税率征收房产税。

婚前加名税：4%

（2）城市房地产税的计税依据和税率有两种，属于非出租的房产，以标准房价计征，年税率为 1.2%；属于出租的房产，以租收入计征，年税率为 12%。

五、特定目的税类：包括城市维护建设税、耕地占用税、固定资产投资方向调节税（固定资产投资方向调节税目前暂停征收）、土地增值税、车辆购置税、燃油税和社会保障税（社会保障税没有立法开征）7 种。这些税收是为了达到特定目的，对特定对象
进行调节而设置的。

（1）城市维护建设税，税率按纳税人所在地分别规定为：市区 7%，县城和镇 5%，乡村 1%。大中型工矿企业所在地不在城市市区、县城、建制镇的，税率为 5%。

（2）耕地占用税，5 至 50 元/平方米

①全县人均耕地不超过 1 亩的，单位税额为每平方米 10 至 50 元；

②全县人均耕地在 1 亩至 2 亩之间的，单位税额为每平方米 8 至 40 元；

③全县人均耕地在 2 亩至 3 亩之间的，单位税额为每平方米 6 至 30 元；

④全县人均耕地超过 3 亩的，单位税额为每平方米 5 至 20 元。

（3）土地增值税是以转让房地产取得的收入，减除法定扣除项目金额后的增值额作为计税依据，并按照四级超率累进税率进行征收。

①增值额未超过扣除项目金额 50%部分，税率为 30%；

②增值额超过扣除项目金额 50%，未超过扣除项目金额 100%的部分，税率为 40%；

③增值额超过扣除项目金额 100%，未超过扣除项目金额 200%的部分，税率为 50%；

④增值额超过扣除项目金额200%的部分，税率为60%；

（4）车辆购置税，征税范围为汽车、摩托车、电车、挂车、农用运输车，税率为10%；

（5）燃油税，30%至50%，无详细公布；

（6）中国还没有开征社会保障税，但征收养老保险、医疗保险、失业保险、工伤保险和生育保险，相当于国外社会保障税承担的职责；

六、附加费类：包括教育费附加税、地方教育附加税、文化事业建设费。

（1）教育附加税，一般是按照实际交纳的增值税、消费税、营业税的3%交纳。是一种不是税收的税收，是一种附加在税收上的收费。

（2）地方教育附加税，则由各省、自治区、直辖市根据实际情况自行决定是否征收及确定各自的征收标准，1%至2%。

（3）文化事业建设费，按收入3%征收，主要针对特殊行业，例如：广告业、娱乐业。

第二节 中国税的产生与中国纳税环境

解密税产生过程中的惊人误区

在了解了我国的税法体系后，什么是税务筹划呢？税务筹划是指在纳税行为发生之前，在不违反法律、法规（税法及其他相关法律、法规）的前提下，通过对纳税主体（法人或自然人）的经营活动或投资行为等涉税事项做出事先安排，以达到少缴税或递延纳税目标的一系列谋划活动。

在正式讲解税务筹划之前，我们先要指明一个误区，包括很多老板都不明白：税是怎么来的？当被问到此问题的时候，很多老板张口就讲：税是财务人员算出来的！那实际上是这样的吗？财务人员没有这么大本事，交税多少跟财务人员没有直接的关系，因为税是国家规定的。税的产生是因为有了交易，交易不同税就不同。所以，我们通常说的税务筹划，其实不是对税进行筹划，而是对交易进行筹划。比如说采购原材料就有两种模式，一种是让厂家送货上门，另外一种是让专门的运输公司来送货。从管理者的角度可能考虑的是花的钱是一样的，只要把货送到了不就可以了吗？如果从税的角度这两种情况会出现不同的效果，对于这种混合销售，在上面税法体系已经提及到了增值税应交所得额=销项-进项，如果采取厂家送货上门方式的话，那材料钱和运货钱将会开在一张发票上，但如果是采用运输公司来送货的话，那材料钱和运货钱将会开在两张发票上，一票制和两票制最后在核算税上必然是有所不同的。再比如，每个人都会接触到的发工资的问题，如果给一个人发年薪 48 万的工资，采取每个月发 4 万和每个月发 2 万然后到年底发 24 万年终奖，那个人所得税也想当然不一样。

总结起来税的产生唯独跟财务部门没有关系，但是跟公司的其他所有部门都是有关系的，例如采购部、行政部、市场部等等部门都是有着千丝万缕的联系，而一旦交易完成了，税也就产生了。这才是税产生的真正原因！

而我们明白税的产生后接下来了解一下我国纳税环境及存在的一些问题，这些问题也是我们国家现在开始已经慢慢改善、解决的，下面我们先总结一下现有税收的问题点：

一、税收政策环境方面的问题

1．税收负担缺乏公平性

税负公平是各个国家在各个时期制定税收政策的基本要求和准则之一，它包括税收的横向公平和纵向公平。我国现行税收制度和税收政策是在社会主义市场经济建立初期形成的，税收负担在当时虽存在某些不公平现象，但矛盾并不显得十分突出。随着市场经济逐步走向成熟及对外开放程度的扩大，宏观经济环境发生了重大变化，而我国现行税收政策却未能适应这一要求，做出相应调整不公平性的矛盾日益突出。

生产型增值税造成资本有机构成不同的企业税收负担不同，由于生产型增值税对企业购进的固定资产所含进项税额不予抵扣，使资本有机构成越高企业税收负担也就越重，严重阻碍了高新技术产业的发展，影响了我国产业结构的调整。

内外两套所得税制度并存，使内资企业在国内外的市场竞争中处于极为不利的地位，民族工业的发展受到了阻碍。

个人所得税的分类课税模式及不合理的费用扣除制度，难以发挥税收的收入分配作用，致使收入分配差距拉大分配不公的矛盾突出。

多层次税收优惠政策不仅杂而乱，而且也加大了地区之间经济的不平衡发展。

2．税收政策缺乏相对稳定性

这主要表现在税收政策在制定过程中由于对经济形势估计不足，缺乏深入调查研究和论证，常常是一个政策刚出台不久，不仅纳税人甚至税务机关还未见到正式的红头文件，政策又被重新调整，令人们措手，不及应接不暇。另一方面就是头痛医头、脚痛医脚现象比较突出。

二、税收管理环境方面的问题

1．税收征管手段落后，信息化建设水平低

税收制度和税收政策对宏观经济调控的有效性在相当大的程度上取决于税收征管水平的高低，而征管水平又取决于信息化技术的运用程度，信息化技术有助于加强税务机

关与协税护税单位的信息交流，与共享形成税收管理合力，实现对税源的严密监控和管理。目前我国税收信息化建设比较落后，一是税收信息化水平低、税收征管信息化含量不高、借助信息技术进行税收管理的比例偏低；二是税收信息网络化水平低，税务与银行、工商、国土等部门普遍未实现联网，税收信息渠道单一，信息系统开放性差，但自2016年金税三期建立后，此问题已得到了强有力的解决。

2．社会化税收监控体系不完善

严密的税收监控体系是保证税收制度实现的关键。虽然我国也很重视社会协税护税网络建设，但是很少从立法的角度明确规定各协税护税单位的责任与义务。因此，许多部门和单位往往因自身利益需要不愿意承担协税护税的义务。同时，我国市场机制不完善，个人信用制度还未建立，银行结算相对落后，司法保障体系还未形成，难以实现对个人收入的监控与制约。

3．税务代理业发展缓慢，代理行为不规范

从其他国家的经验可以看出，在市场经济条件下，税务代理是税收管理的必然延伸和有益补充，是影响及制约税收管理效能的重要外部环境。我国的税务代理业虽经过多年探讨与发展，但税务代理的市场规模仍然狭小，税务代理的行为极不规范，税务代理人员的素质也难以适应代理业务的需要。

三、税收法治环境方面的问题

1．税收立法不完善

尽管目前税收立法有了长足进步，但也应看到，现行工商税制在立法上还存在法律级次低、法律效率不高的问题。除《税收征管法》、《外商投资企业和外国企业所得税法》、《个人所得税法》经过全国人大常委会正式立法外，其他的均还停留在行政法规层次上。

2．税收计划与税收考核工作制度存在缺陷

长期以来，我国税收计划的编制不是根据ＧＤＰ的发展变化来确定的，而是采取按上年完成的收入基数加上计划期增长量来确定的方式。因此，这种计划指标往往与经济发展的实际情况偏差很大，而考核工作又是以税收计划完成情况论功行赏、以收入论英雄，没有把执行税法和征管质量的情况作为考核工作的重要标准，导致地方政府事实上以计划为依据进行征税活动，某些地方政府为了完成收入任务弄虚作假、虚报浮夸，收过头税，收入空转，严重影响了税法的严肃性。

以上提到的诸多问题，其实从 2016 年 5 月 1 日正式实行营改增，后续的金税三期工程，另外还有 2017 年两会的举办，我国政府正在积极解决与改善以上问题，相信在不久的将来以上问题会逐步解决。那么，我国在积极改善税收，作为各企事业单位是不是也要与时俱进地积极改善一下我们的税收筹划，合理节税，好让我们的企业更好更快地发展，这样就需要我们对税进行规划和筹划，但此问题可能就是困扰许多老板及财务的问题，其实，税务的筹划绝对不是简简单单对一个事件进行筹划，而是从公司设立伊始就要开始进行筹划，然后是公司的采购环节、销售环节、经营环节等诸多环节上都要进行税务筹划，这才是一个完成的税务筹划过程。税务筹划是长期的、连贯的，具有纵深性的整体过程，那么接下来的几个章节我们就对期间的各个环节筹划进行依次说明。

第三节　企业设立过程中的纳税筹划
原来企业设立中还存在这么多玄机

一、企业设立地点的纳税筹划

（一）筹划原理

企业设立地点对税收负担的影响主要是企业所得税方面，也有部分营业税的优惠。企业设立在不同地区，税收优惠政策是有差异的，税收征管也不同，从而影响到了税负的不同。

在地区的选择上，还有不同地区非优惠原因形成的税率差别，造成的税负也是不同的，如市区和县城的城建税税率就不同。

设立环节由于未开始经营，不产生收入，筹划产生的税收利益并不是在设立环节就能显现的，它的税收利益会后延到企业真正开始经营获得收入和利益的经营核算期间。

（二）**政策基础**

- 地区性税收优惠政策
- 地区税率差政策

〈一〉地区性税收优惠政策

1、二十一个城市技术先进型服务企业减按15%征企业所得税

根据《关于技术先进型服务企业有关企业所得税政策问题的通知》，自2010年7月1日 起至2013年12月31日止，在北京等21个中国服务外包示范城市，对经认定的技术先进型服务企业，减按15%的税率征收企业所得税。

经认定的技术先进型服务企业发生的职工教育经费支出，不超过工资薪金总额8%的部分，准予在计算应纳税所得额时扣除；超过部分，准予在以后的纳税年度结转扣除。

符合以下条件：从事一种或多种技术先进型服务业务，采用先进技术或具备较强的研发能力；企业的注册地及生产经营地在示范城市内；企业具有法人资格，近两年在进出口业务管理、财务管理、税收管理、外汇管理、海关管理等方面无违法行为；

具有大专以上学历的员工占企业职工总数的50%以上；从事技术先进型服务业务取得的收入占企业当年总收入的50%以上；从事离岸服务外包业务取得的收入不低于企业当年总收入的50%。

从事离岸服务外包业务取得的收入，是指企业根据境外单位与其签订的委托合同，由本企业信息技术外包服务、技术性业务流程外包服务和技术性知识流程外包服务，而从上述境外单位取得的收入。

2、经济特区和上海浦东新区所得税税收优惠

对经济特区和上海浦东新区内在 2008 年 1 月 1 日（含）之后完成登记注册的国家需要重点扶持的高新技术企业，在经济特区和上海浦东新区内取得的所得，自取得第一笔生产经营收入所属纳税年度起，第 1 年至第 2 年免征企业所得税，第 3 年至第 5 年按照 25%的法定税率减半征收企业所得税。

经济特区和上海浦东新区内新设高新技术企业同时在特区和新区以外的地区从事生产经营的，应当单独计算其在特区和新区内取得的所得，并合理分摊企业的期间费用；没有单独计算的，不得享受企业所得税优惠。

特区和新区内新设高新技术企业在享受过渡性税收优惠期间，由于复审或抽查不合格而不再具有高新技术企业资格的，从其不再具有高新技术企业资格年度起，停止享受过渡性税收优惠；以后再次被认定为高新技术企业的，不得继续享受或者重新享受过渡性税收优惠。

3、西部地区所得税税收优惠

自 2011 年 1 月 1 日至 2020 年 12 月 31 日，对设在西部地区的鼓励类产业企业减按 15%的税率征收企业所得税。

上述鼓励类产业企业是指以《西部地区鼓励类产业目录》中规定的产业项目为主营业务，且其主营业务收入占企业收入总额 70%以上的企业。

4、新疆地区所得税税收优惠

2010年1月1日至2020年12月31日，对在新疆困难地区新办的属于《新疆困难地区重点鼓励发展产业企业所得税优惠目录》范围内的企业，自取得第一笔生产经营收入所属纳税年度起，第一年至第二年免征企业所得税，第三年至第五年减半征收企业所得税。属于目录范围内的企业是指以目录中规定的产业项目为主营业务，其主营业务收入占企业收入总额70%以上的企业。

5、民族自治地方所得税优惠

民族自治地方的自治机关对本民族自治地方的企业应缴纳的企业所得税中属于地方分享的部分，可以决定减征或者免征。自治州、自治县决定减征或者免征的，须报省人民政府批准。

对民族自治地方内国家限制和禁止产业的企业，不得减征或者免征企业所得税。

6、福建省平潭综合实验区营业税优惠

注册在平潭的航运企业从事平潭至台湾的两岸航运业务取得的收入免征营业税。

注册在平潭的保险企业向注册在平潭的企业提供国际航运保险服务取得的收入免征营业税。

注册在平潭的企业从事离岸服务外包业务取得的收入免征营业税。

7、深圳营业税优惠

为了促进深圳前海现代服务业的发展，经国务院批准，自2011年1月1日起，对注册在深圳市的保险企业向注册在前海深港现代服务业合作区的企业提供国际航运保险业务取得的收入免征营业税。

〈二〉地区税率差政策

1、营业税浮动税率

营业税暂行条例规定，娱乐业适用5%~20%的浮动税率。

娱乐业的税率也是现行营业税税率中唯一一个由省、自治区、直辖市人民政府自行决定的税率。

2、城建税地区差别税率

纳税人所在地为市区的，税率为7%；

纳税人所在地为县城、镇的，税率为5%；

纳税人所在地不在市区、县城或者镇的，税率为1%。

（三）纳税筹划思路

企业设立环节地点的筹划，就是选择有利的地区，取得区域税收利益。这种筹划简单易行，筹划方便，主观性因素产生的涉税风险基本上不存在。

选择低税率地区，必须要准确获取地方政府发布的最新文件，并通过和地方税务机关沟通进行确认，防止因政策把握不准确而造成选址的失误。

确定了投资区域后，要注意在经营过程中和其他高税负娱乐项目区分核算，防止因核算不清而导致娱乐业从高适用税率。

【案例2-1】王某和几个好朋友均系营销专业的硕士研究生，毕业后准备进入KTV产业，打造中国的KTV品牌连锁经营企业，项目投资总额达3000万元，预计KTV年度经营收入1500万元，选址已经进入实施阶段，王某向现任某集团公司财务总监的大学同学张兵寻求帮助，要求提供初设时期的营业税税负对投资地点选择的影响分析方案，作为项目选址可行性分析的一部分。

【案例筹划分析】娱乐业属于营业税征收范围，税率为5%-20%。KTV行业各省税率如下：广东15%，广西、陕西、重庆、辽宁10%，福建、江苏、山东、安徽、河南、上海5%，新疆维吾尔自治区规定，对乌鲁木齐市区的税率为15%，各地、州、市所在地为12%，各县区以下为10%。

二、企业设立时的行（产）业纳税筹划

（一）筹划原理

我国在经济发展中，除了对地区进行倾斜扶持外，也针对符合国民经济发展需要的产业给予相应的税收政策倾斜。企业在投资时可直接选择国家扶持的产业项目，适用产业税收优惠，获得税收收益。

对于产业的扶持，会涉及严格的条件限制，所以，企业一定要结合实际，认真研究政策适用条件，进行适当的安排，以与产业优惠的限定条件相符合。

有的产业扶持项目，对企业享受优惠设置的门槛比较高，甚至还有其他附加条件，所以，进入这个产业能否真正获得税收利益还是存在一定风险的。

比如，国家规划布局内重点软件企业和集成电路设计企业在满足规定条件的基础上，“由发展改革委、工业和信息化部、财政部、税务总局等部门根据国家规划布局支持领域的要求，结合企业年度集成电路设计销售（营业）收入或软件产品开发销售（营业）收入、盈利等情况进行综合评比，实行总量控制、择优认定”，这样就造成人为主观的风险系数增加很多。

（二）政策基础

● 动漫产业的税收优惠政策

- 集成电路产业的税收优惠政策
- 软件产业税收优惠政策
- 再生资源产业税收优惠政策
- 饲料产业的税收优惠政策
- 自产农产品的税收优惠政策
- 离岸服务外包业务的税收优惠政策
- 家政服务产业的税收优惠政策
- 伤残人员专门用品产业的税收优惠政策
- 农、林、牧、渔业产业的税收优惠政策
- 节能服务产业税收优惠政策
- 技术先进型服务产业的税收优惠政策

〈一〉动漫产业的税收优惠政策

1、关于增值税

对属于增值税一般纳税人的动漫企业销售其自主开发生产的动漫软件，按17%的税率征收增值税后，对其增值税实际税负超过3%的部分，实行即征即退政策。

2、关于营业税

对动漫企业为开发动漫产品提供的相关配套劳务，以及动漫企业在境内转让动漫版权交易收入（包括动漫品牌、形象或内容的授权及再授权），减按3%税率征收营业税。

〈二〉集成电路产业的税收优惠政策

1、营业税

对符合条件集成电路设计企业从事软件开发与测试，信息系统集成、咨询和运营维护，集成电路设计等业务，免征营业税，并简化相关程序。

2、所得税

对集成电路线宽小于 0.8 微米（含）的集成电路生产企业，经认定后，自获利年度起，第一年至第二年免征企业所得税，第三年至第五年按照 25%的法定税率减半征收企业所得税。

对集成电路线宽小于 0.25 微米或投资额超过 80 亿元的集成电路生产企业，经认定后，减按 15%的税率征收企业所得税，其中经营期在 15 年以上的，自获利年度起，第一年至第五年免征企业所得税，第六年至第十年按照 25%的法定税率减半征收企业所得税。

对我国境内新办集成电路设计企业和符合条件的软件企业，经认定后，自获利年度起，享受企业所得税“两免三减半”的优惠政策。经认定的集成电路设计企业及符合条件的软件企业的进口料件，符合现行法律法规规定的，可享受保税政策。

为完善集成电路产业链，对符合条件的集成电路封装、测试、关键专用材料企业以及集成电路专用设备相关企业给予企业所得税优惠。

3、政策适用

国家对集成电路企业实施的所得税优惠政策，根据产业技术进步情况实行动态调整。符合条件的软件企业和集成电路企业享受企业所得税“两免三减半”、“五免五减半”优惠政策，在2017年12月31日前自获利年度起计算优惠期，并享受至期满为止。符合条件的软件企业和集成电路企业所得税优惠政策与企业所得税其他优惠政策存在交叉的，由企业选择一项最优惠政策执行，不叠加享受。

（三）软件产业税收优惠政策

1、增值税一般纳税人销售其自行开发生产的软件产品，按17%税率征收增值税后，对其增值税实际税负超过3%的部分实行即征即退政策。

软件产品，是指信息处理程序及相关文档和数据。软件产品包括计算机软件产品、信息系统和嵌入式软件产品。嵌入式软件产品是指嵌入在计算机硬件、机器设备中并随其一并销售，构成计算机硬件、机器设备组成部分的软件产品。

即征即退税额=当期软件产品增值税应纳税额-当期软件产品销售额×3%

2、增值税一般纳税人将进口软件产品进行本地化改造后对外销售，其销售的软件产品可享受上述规定的增值税即征即退政策。

本地化改造是指对进口软件产品进行重新设计、改进、转换等，单纯对进口软件产品进行汉字化处理不包括在内。

3、纳税人受托开发软件产品，著作权属于受托方的征收增值税，著作权属于委托方或属于双方共同拥有的不征收增值税；对经过国家版权局注册登记，纳税人在销售时一并转让著作权、所有权的，不征收增值税。

4、对符合条件的软件企业从事软件开发与测试，信息系统集成、咨询和运营维护，集成电路设计等业务，免征营业税。

5、对增值税一般纳税人随同计算机硬件、机器设备一并销售嵌入式软件产品，如果适用上述规定按照组成计税价格计算确定计算机硬件、机器设备销售额的，应当分别核算嵌入式软件产品与计算机硬件、机器设备部分的成本。凡未分别核算或者核算不清的，不得享受上述规定的增值税政策。

〈四〉再生资源产业税收优惠政策

1、对销售下列自产货物实行免征增值税政策：

- 再生水。
- 以废旧轮胎为全部生产原料生产的胶粉。
- 翻新轮胎。
- 生产原料中掺兑废渣比例不低于30%的特定建材产品。

2、对污水处理劳务免征增值税。

3、对销售下列自产货物实行增值税即征即退的政策：

- 以工业废气为原料生产的高纯度二氧化碳产品。
- 以垃圾为燃料生产的电力或者热力。
- 以煤炭开采过程中伴生的舍弃物油母页岩为原料生产的页岩油。
- 以废旧沥青混凝土为原料生产的再生沥青混凝土。废旧沥青混凝土用量占生产原料的比重不低于30%。

4、销售下列自产货物实现的增值税实行即征即退 50%的政策:

- 以退役军用发射药为原料生产的涂料硝化棉粉。

- 对燃煤发电厂及各类工业企业产生的烟气、高硫天然气进行脱硫生产的副产品。

- 以废弃酒糟和酿酒底锅水为原料生产的蒸汽、活性炭、白炭黑、乳酸、乳酸钙、沼气。

- 以煤矸石、煤泥、石煤、油母页岩为燃料生产的电力和热力。

- 利用风力生产的电力。

- 部分新型墙体材料产品。

5、对销售自产的综合利用生物柴油实行增值税先征后退政策。

- 综合利用生物柴油,是指以废弃的动物油和植物油为原料生产的柴油。废弃的动物油及植物油用量占生产原料的比重不低于 70%。

6、对增值税一般纳税人生产的粘土实心砖、瓦，一律按适用税率征收增值税，不得采取简易办法征收增值税。自 2008 年 7 月 1 日起，以立窑法工艺生产的水泥（包括水泥熟料），一律不得享受增值税即征即退政策。

〈五〉饲料产业的税收优惠政策

免税饲料产品范围包括:

- 单一大宗饲料。

- 混合饲料。

- 配合饲料。

- 复合预混料。
- 浓缩饲料。

新办的饲料生产企业,应凭省级税务机关认可的饲料质量检测机构出具的饲料产品合格证明，向所在地主管税务机关提出免税申请，经省级国家税务局审核批准后，由企业所在地主管税务机关办理免征增值税手续。

〈六〉自产农产品的税收优惠政策

农业生产者销售的自产农业产品，免征增值税。具体是指直接从事植物的种植、收割和动物的饲养、捕捞的单位和个人销售的注释所列的自产农业产品；对上述单位和个人销售的外购的农业产品，以及单位与个人外购农业产品生产、加工后销售的仍然属于注释所列的农业产品，不属于免税的范围，应当按照规定税率征收增值税。农业产品是指种植业、养殖业、林业、牧业、水产业生产的各种植物、动物的初级产品。

〈七〉离岸服务外包业务的税收优惠政策

自 2010 年 7 月 1 日起至 2013 年 12 月 31 日，对注册在北京、天津、大连、哈尔滨、大庆、上海、南京、苏州、无锡、杭州、合肥、南昌、厦门、济南、武汉、长沙、广州、深圳、重庆、成都、西安等 21 个中国服务外包示范城市的企业从事离岸服务外包业务取得的收入免征营业税。

〈八〉家政服务产业的税收优惠政策

自 2011 年 10 月 1 日至 2014 年 9 月 30 日，对家政服务企业由员工制家政服务员提供的家政服务取得的收入免征营业税。家政服务企业，是指在企业营业执照的规定经营范围中包括家政服务内容的企业。

员工制家政服务员，是指同时符合下列三个条件的家政服务员：（1）依法与家政服务企业签订半年及半年以上的劳动合同或服务协议，且在该企业实际上岗工作；（2）家政服务企业为其按月足额缴纳了企业所在地人民政府根据国家政策规定的基本养老保险、基本医疗保险、工伤保险、失业保险等社会保险。

（3）家政服务企业通过金融机构向其实际支付不低于企业所在地适用的经省级人民政府批准的最低工资标准的工资。

家政服务企业依法与员工制家政服务员签订半年及半年以上的劳动合同或服务协议，应当在合同签订后三个月内到当地营业税主管税务机关进行备案，经过备案的企业方可申请营业税优惠政策。

〈九〉伤残人员专门用品产业的税收优惠政策

生产和装配伤残人员专门用品的居民企业，可在2015年底以前免征企业所得税。

符合下列条件的居民企业，可在2015年底以前免征企业所得税：
生产和装配伤残人员专门用品，且在民政部发布的《中国伤残人员专门用品目录》范围之内；

（2）以销售本企业生产或者装配的伤残人员专门用品为主，且所取得的年度伤残人员专门用品销售收入（不含出口取得的收入）占企业全部收入的60%以上；

（3）企业账证健全，能够准确、完整地向主管税务机关提供纳税资料，且本企业生产或者装配的伤残人员专门用品所取得的收入能够单独、准确核算；

（4）企业拥有取得注册登记的假肢、矫形器（辅助器具）制作师执业资格证书的专业技术人员不得少于 1 人；其企业生产人员如超过 20 人，则其拥有取得注册登记的假肢、矫形器（辅助器具）制作师执业资格证书的专业技术人员不得少于全部生产人员的 1/6；

（5）企业取得注册登记的假肢、矫形器（辅助器具）制作师执业资格证书的专业技术人员每年须接受继续教育，制作师《执业资格证书》须通过年检；

（6）具有测量取型、石膏加工、抽真空成型、打磨修饰、钳工装配、对线调整、热塑成型、假肢功能训练等专用设备和工具；

（7）具有独立的接待室、假肢或者矫形器（辅助器具）制作室和假肢功能训练室，使用面积不少于 115 平方米。

〈十〉农、林、牧、渔业产业的税收优惠政策

从事农、林、牧、渔业项目，享受免征或减半征收企业所得税。

企业委托其他企业或个人从事实施农、林、牧、渔业项目取得的所得，可享受相应的税收优惠政策。

企业购买农产品后直接进行销售的贸易活动产生的所得，不能享受农、林、牧、渔业项目的税收优惠政策。

〈十一〉节能服务产业税收优惠政策

符合条件的节能服务公司实施合同能源管理项目，取得的营业税应税收入，暂免征收营业税。

节能服务公司实施符合条件的合同能源管理项目，将项目中的增值税应税货物转让给用能企业，暂免征收增值税。

对符合条件的节能服务公司实施合同能源管理项目，符合企业所得税税法有关规定的，自项目取得第一笔生产经营收入所属纳税年度起，第一年至第三年免征企业所得税，第四年至第六年按照25%的法定税率减半征收企业所得税。

对符合条件的节能服务公司，以及与其签订节能效益分享型合同的用能企业，实施合同能源管理项目有关资产的企业所得税税务处理按以下规定执行：

①用能企业按照能源管理合同实际支付给节能服务公司的合理支出，均可以在计算当期应纳税所得额时扣除，不再区分服务费用和资产价款进行税务处理；

②能源管理合同期满后，节能服务公司转让给用能企业的因实施合同能源管理项目形成的资产，按折旧或摊销期满的资产进行税务处理，用能企业从节能服务公司接受有关资产的计税基础也应按折旧或摊销期满的资产进行税务处理；

③能源管理合同期满后，节能服务公司与用能企业办理有关资产的权属转移时，用能企业已支付的资产价款，不再另行计入节能服务公司的收入。享受优惠的企业应当具有独立法人资格，注册资金不低于100万元，且能够单独提

供用能状况诊断、节能项目设计、融资、改造（包括施工、设备安装、调试、验收等）、运行管理、人员培训等服务的专业化节能服务公司；

〈十二〉技术先进型服务产业的税收优惠政策

对经认定的技术先进型服务企业，减按15%的税率征收企业所得税。

经认定的技术先进型服务企业发生的职工教育经费支出，不超过工资薪金总额8%的部分，准予在计算应纳税所得额时扣除；超过部分，准予在以后的纳税年度结转扣除。

（三）纳税筹划思路

投资时，应选择国家鼓励投资的产业，通过一定的安排，达到产业优惠的认定条件，积极争取以获取认定证书或批文，从而获得税收利益，这是利用产业政策进行筹划获取税收利益的思路相对于利用地区优惠筹划来说，利用产业优惠筹划有一定的系统性风险，进入鼓励行业，要对享受优惠的条件和限制性规定做客观的分析，结合自身条件及企业资源进行安排，同时要注意，产业纳税筹划，对企业处理和政府公共关系的能力有较高的要求，否则可能会功亏一篑。

【案例2-2】北京华威投资公司现准备寻找一个投资项目进行长期投资，投资预算为3000万元。经多方考察，现有三个备选方案，基本资料如下：

方案一，投资兴办一个中型机械加工厂，年销售额3200万元，购进原料2400万元，均为含税价。人工及各项管理费用260万元（假定购进的原料均取得了合法的增值税专用发票）。

方案二，投资兴办一座酒楼，年营业额3100万元，原料成本2100万元，人工及各项管理费用230万元。

方案三，投资兴建一个花卉种植农场（以种植为主，经过繁育种子、幼苗等过程，培育出成品花卉销售），花卉年销售收入2600万元，种子、农药、化肥等购进金额1000万元，人工及各项管理费用200万元。

【案例筹划分析】三个方案的投资行（产） 业不同，相关税种及行业性税收待遇不尽相同，税后收益存着在很大的差别。

方案一：

应缴增值税：3200/（1+17%）×17%-2400/（1+17%）×17%=116.24（万元）

应缴城市维护建设税及教育费附：116.24×（7%+3%）=11.62（万元）

企业利润：3200/（1+17%）-2400/（1+17%）-11.62-260=412.14（万元）

应缴企业所得税：412.14×25%=103.04（万元）

企业税后利润：412.14-103.04=309.10（万元）

年投资利润率：309.10÷3000×100%=10.3%

方案二：

应缴营业税：3100×5%=155 （万元）

应缴城市维护建设税及教育费附加：155×（7% +3%）=15.5（万元）

企业利润：3100-155-15.5-2100-230=599.5（万元）

应缴企业所得税：599.5×25%=149.88（万元）

企业税后利润：599.5-149.88=449.68（万元）

年投资利润率：449.62÷3000×100%=14.99%

方案三:

其生产经营内容属于《增值税暂行条例》第十五条所称的农业生产者销售的自产农业产品，投资后经申请可获得免征增值税待遇。《企业所得税法》及其实施条例规定:企业从事花卉、茶以及其他饮料作物和香料作物的种植取得的所得，减半征收企业所得税。

应缴企业所得税:（2600-1000-200）×25%×50%=175（万元）

企业税后利润:2600-1000-200-175=1225（万元）

年投资利润率:1225÷3000×100%=40.83%

对三个方案进行比较分析，不难看出，税收政策对不同行业投资税后利润影响十分明显。在流转环节既要考虑不同行业收入适用税种不同导致的税负差异，如方案一中加工制造业适用增值税，而方案二中酒楼餐饮业适用营业税。即使适用同一税种，也存在税收待遇的差别，如方案一中，一般加工制造业需全面缴纳增值税，而方案三中花卉种植收入可以享受免税待遇。在所得税环节，不同行业投资税收待遇差异更大。

【操作提示】此类筹划主要是投资设立阶段，要结合投资方向，选择向国家有产业优惠的项目进行投资。同时，注意享受此类产业优惠的限制条件，力争通过安排，向优惠政策靠拢。

对于需要政府或其他职能部门认定获批准的产业优惠，企业应该组织力量和资源，积极与此类部门沟通协商，以取得批准或资质，千万不能认为法律已经规定优惠了，就会想当然地认为企业享受优惠是铁板钉钉的。

三、企业设立时纳税身份的纳税筹划

（一）筹划原理

在企业的税收立法中，对不同纳税人界定身份不同，适用的税收政策诸如征税对象及范围、适用税率、纳税计算方法、甚至税种等就可能不同，从而导致税负存在差异。

在企业所得税中，有居民纳税人和非居民纳税人之分，小型微利企业的认定；有母公司和子公司、总公司和分公司的区分；还有法人制公司和个人独资和合伙企业的区分。

所得税对此类纳税人给出了不同的所得税征收政策和税率，针对不同政策，不同纳税人的税负就会产生差异，这就为所得税纳税人提供了设立时通过确定纳税身份进行纳税筹划的可能。

在增值税中，有一般纳税人和小规模纳税人之分。《增值税暂行条例》对一般纳税人和小规模纳税人各自规定了不同的税收政策及税率，这就为增值税纳税人通过身份认定进行纳税筹划提供了空间。

（二）筹划政策依据和筹划思路的选择

- 居民纳税人和非居民纳税人的形式选择
- 法人企业和个人独资企业和合伙企业身份的选择
- 子公司和分公司身份的选择
- 增值税纳税人身份认定的选择

〈一〉居民纳税人和非居民纳税人的形式选择

企业所得税的纳税人分为居民企业和非居民企业，这是根据企业纳税义务范围的宽窄进行的分类方法，不同的企业在向中国政府缴纳所得税时，纳税的义务不同。

- 居民企业，是指依法在中国境内成立，或者依照外国（地区）法律成立但实际管理机构在中国境内的企业。

- 非居民企业，是指依照外国（地区）法律成立且实际管理机构不在中国境内，但在中国境内设立机构、场所的，或者在中国境内未设立机构、场所，但有来源于中国境内所得的企业。

在划分非居民纳税人身份时所称机构、场所，是指在中国境内从事生产经营活动的机构、场所，包括：

1、管理机构、营业机构、办事机构。

2、工厂、农场、开采自然资源的场所。

3、提供劳务的场所。

4、从事建筑、安装、装配、修理、勘探等工程作业的场所。

5、其他从事生产经营活动的机构、场所。

非居民企业委托营业代理人在中国境内从事生产经营活动的，包括委托单位或者个人经常代其签订合同，或者储存、交付货物等，该营业代理人视为非居民企业在中国境内设立的机构、场所。

居民企业应就来源于中国境内、境外的所得作为征税对象。

非居民企业在中国境内设立机构、场所的，应当就其所设机构、场所取得的来源于中国境内的所得，以及发生在中国境外但与其所设机构、场所有实际联系的所得，缴纳企业所得税。

从上述征税对象看，身份不同，征税的对象或范围就不同。

我国企业所得税的基本税率为25%、低税率为20%。基本税率25%，适用于居民企业和在中国境内设有机构、场所且所得与机构、场所有关联的非居民企业。低税率20%，适用于在中国境内未设立机构、场所的，或者虽设立机构、场所但取得的所得与其所设机构、场所没有实际联系的非居民企业。但实际征税时适用10%的税率。

从上述税率差异看，身份不同，适用的税率必然不同。

小型微利企业减按20%的税率征收企业所得税。小型微利企业的条件如下:

1. 工业企业，年度应纳税所得额不超过30万元，从业人数不超过100人，资产总额不超过3000万元、（2017年两会后改为50万元）

2. 其他企业，年度应纳税所得额不超过30万元，从业人数不超过80人，资产总额不超过1000万元、（2017年两会后改为50万元）

上述“从业人数”按企业全年平均从业人数计算，“资产总额”按企业年初和年末的资产总额平均计算。

小型微利企业，是指企业的全部生产经营活动产生的所得均负有我国企业所得税纳税义务的企业。

自2012年1月1日至2015年12月31日，对年应纳税所得额低于6万元（含6万元）的小型微利企业，其所得减按50%计入应纳税所得额，按20%的税率缴纳企业所得税。

居民企业应缴纳所得税额等于应纳税所得额乘以适用税率，基本计算公式为：应纳税额=应纳税所得额×适用税率-减免税额-抵免税额

对于在中国境内未设立机构、场所的，或者虽设立机构、场所但取得的所得与其所设机构、场所没有实际联系的非居民企业的所得，转让财产所得等于收入全额减除财产净值后的余额，其他所得为收入全额。

从上述计税依据、税率和方法来看，选择成为居民纳税人还是非居民纳税人，各自适用不同的计税依据及方法，甚至在优惠政策的选择上也会不同，最终导致税负不同。

在设立经济主体时，综合考虑，从居民纳税人和非居民纳税人的形式选择上进行一定的筹划安排，可以给企业或投资者带来不一样的纳税筹划效果。

对于选择作为居民纳税人还是非居民纳税人，一般适用于企业对外投资，设立新实体环节的考虑。

〈二〉法人企业和个人独资企业及合伙企业身份的选择

【政策规定】除个人独资企业、合伙企业不适用企业所得税法外，凡在我国境内的企业和其他取得收入的组织（以下统称企业）为企业所得税的纳税人，依法缴纳企业所得税。

个人所得税的纳税义务人，包括中国公民、个体工商业户、个人独资企业、合伙企业投资者、在中国有所得的外籍人员（包括无国籍人员，下同）及香港、澳门、台湾同胞。

股息、红利所得，除另有规定外，都应当缴纳个人所得税。

自然人投资设立组织时，选择设立法人企业，将依法缴纳企业所得税，同时，企业的自然人股东还要对分配的股息依法按规定缴纳个人所得税。

自然人投资设立个人独资和合伙企业，则应该依法计算缴纳个人所得税，不涉及企业所得税问题。

【纳税筹划思路】从上述规定看，设立时，从法人企业和个人独资企业及合伙企业纳税身份上对设立形式进行选择，避免经济性重复征税，是实现税收收益的有效途径。选择设立个人独资和合伙企业，可以规避企业所得税，避免对同一个所得重复征收所得税的问题。

【案例 2-3】河南郑州的王某在郑州自办企业，年应税所得额为 280000 元，请问，设立公司制企业和个人独资合伙企业，就所得税而言哪个最有利？

【案例筹划分析】如设立为个人独资企业，个税=（280000×35% —14750）=83250 （元）；若该企业为公司制企业，其适用的企业所得税税率为 25%，企业实现的税后利润全部作为股利分配给投资者，则该投资者的税收负担为：280000×25%+280000× （1-25%）×20% =112000（元）

投资于公司制企业比投资于独资或合伙企业多承担所得税 28750 元（112000-83250）。在进行公司组织形式的选择时，应在综合权衡企业的经营风险、经营规模、管理模式及筹资额等因素的基础上，选择税负较小的组织形式。

〈三〉子公司和分公司身份的选择

【政策规定】《企业所得税法》第五十条规定:居民企业在中国境内设立不具有法人资格的营业机构的，应当汇总计算并缴纳企业所得税。《公司法》第十四条规定:子公司具有法人资格，依法独立承担民事责任；分公司不具有法人资格，其民事责任由总公司承担。

【纳税筹划思路】企业设立分支机构，使其不具有法人资格，且不实行独立核算,则可由总公司汇总缴纳企业所得税。这样可以实现总公司调节盈亏，合理减轻企业所得税的负担。在设置分支机构时还要综合考虑盈亏情况；当总公司盈利，新设置的分支机构可能出现亏损时，应当选择总分公司模式。

根据税法的规定，分公司是非独立纳税人，其亏损可以由总公司的利润弥补；如果设立子公司，子公司是独立纳税人，其亏损只能由以后年度实现的利润弥补，且总公司不能弥补子公司的亏损，也不得冲减对子公司投资的投资成本。

【案例 2-4】北京乘风家具有限公司适用所得税税率为 25%。2011 年 1 月拟投资设立一公司。基本资料如下:预测新设公司当年可实现应纳税所得额 10 万元（可享受小型微利企业的优惠），假定乘风家具有限公司当年实现应纳税所得额 100 万元。现有两种方案可供参考:一是在河北设立全资子公司，并向乘风家具公司分配利润 2 万元；二是在河北设立分公司（假设不存在纳税调整事项）。

【案例筹划分析】

1.设立全资子公司情况下，乘风家具有限公司作为母公司所得税税负:

子公司缴纳的所得税=10×20%=2（万元）；

母公司缴纳的企业所得税=100×25%=25（万元）；

集团公司整体税负=2+25=27（万元）。

2. 设立分公司的情况下，乘风家具有限公司作为总公司，所得税税负：

公司缴纳的所得税=（100+10）×25%=27.5（万元）

3. 比较乘风家具有限公司的整体税负

设立分公司的所得税税负比设立子公司的所得税税负多 0.5（27.5-27）万元。

从上述实例看出，企业投资设立下属公司，在下属公司微利的情况下，企业应选择设立子公司的组织形式。

上述案例，设立子公司享受到了税率优惠，如果能再进一步享受所得方面的双层优惠，会得到更多的税收收益，我们再看一个设立子公司比设立分公司有利的案例：

【案例 2-5】北京幻天科技公司（以下简称：幻天科技）所得税税率为 25%。2012 年 1 月拟投资设立一公司，预测其当年的税前会计利润为 6 万元，假定幻天科技当年实现税前会计利润 100 万元，没有税会差异，不存在税收调整问题，现有两种方案可供参考：一是设立全资子公司，并向母公司幻天科技分配利润 2 万元；二是设立分公司。

【案例筹划分析】

1. 设立子公司情况下幻天科技的所得税税负：

- 可以申请适用小型微利企业的优惠政策。自 2012 年 1 月 1 日至 2015 年 12 月 31 日，对年应纳税所得额低于 6 万元（含 6 万元）的小型微利企业，其所得减按 50%计入应纳税所得额，按 20%的税率缴纳企业所得税。

- 子公司缴纳的所得税=6 × 20% × 50%=0. 3 万元;

- 幻天科技缴纳的所得税=100 × 25%=25 万元;

- 集团公司整体税负=0. 3+25=25. 3 万元。

2. 设立分公司幻天科技的所得税税负:

幻天科技缴纳的所得税=（100+6） × 25%=26. 5 万元

3. 比较幻天科技的整体税负

设立分公司的所得税税负比设立子公司的所得税税负多 1. 2(26. 5−25. 3) 万元。

综上，设立子公司更为有利。由于设立子公司，所得额达到了临界点，享受到了双层优惠，既有税率优惠，又有所得优惠。

当总机构亏损，新设置的分支机构可能盈利时，应当选择母子公司模式；子公司不需要承担母公司的亏损，可以自我积累资金求得发展，总公司可以把其效益好的资产转移给子公司，把不良资产处理掉。

【案例 2-6】北京环河化工公司的企业适用所得税税率为 25%，2011 年 1 月拟投资设立公司，预测该投资的公司当年亏损 600 万元，假定环河化工公司当年实现利润 1000 万元，现有两方案可供选择：一是设立全资子公司；二是设立分公司（假设不存在其他纳税调整事项）。

【案例筹划分析】

1. 设立子公司情况下的所得税税负:

- 子公司当年亏损，不缴纳所得税，其亏损可结转到以后年度，用以后的年度所得弥补。

- 环河化工公司当年缴纳的所得税=1000×25%=250（万元）；

- 母子公司整体税负为250万元。

2. 设立分公司情况下的所得税税负:

环河化工公司当年缴纳的所得税=（1000-600）×25%=100（万元）。

3. 比较公司的整体税负

设立子公司情况下缴纳的所得税比设立分公司缴纳的所得税多150万元。

综上，在本案例前提条件下，设立分公司更为有利。

【八类分支机构不需要就地预缴企业所得税】根据财政部、国家税务总局、中国人民银行关于印发《跨省市总分机构企业所得税分配及预算管理暂行办法》的通知（财预[2008]10号）等相关文件规定，以下八类分支机构不需要就地预缴企业所得税，这为总部和分公司汇总纳税提供了更为优越的条件，可以更好地享受总分机构汇总纳税政策，避免了因分公司就地预缴企业所得税而造成货币时间价值的损失，这八类企业是:

1. 垂直管理的中央类企业，其分支机构不需要就地预缴企业所得税。如中国银行股份有限公司、国家开发银行、中央汇金投资有限责任公司、中国石油天然气股份有限公司等缴纳所得税未纳入中央和地方分享范围的企业。

2. 三级及以下分支机构不就地预缴企业所得税，其经营收入、职工工资和资产总额统一计入二级分支机构。

3. 分支机构不具有独立生产经营的职能部门时，该不具有独立生产经营的职能部门不就地预缴企业所得税。如果分支机构具有独立生产经营的职能部门，但其经营收入、职工工资和资产总额与管理职能部门不能分开核算的，则该独立生产经营部门也不得视同一个分支机构，其企业所得税允许与总部汇总缴纳，而不需要就地预缴企业所得税。

4. 不具有主体生产经营职能，且在当地不缴纳增值税、营业税的产品售后服务、内部研发、仓储等企业内部辅助性的二级及以下分支机构，不就地预缴企业所得税。

5. 上年度认定为小型微利企业的，其分支机构不就地预缴企业所得税。

6. 新设立的分支机构，设立当年不就地预缴企业所得税。

7. 撤销的分支机构，撤销当年剩余期限内应分摊的企业所得税款由总机构缴入中央国库。

8. 企业在中国境外设立的不具有法人资格的营业机构，不就地预缴企业所得税。

〈四〉增值税纳税人身份认定的选择

- 我国《增值税暂行条例》将纳税人按其经营规模（销售额）及会计核算健全程度划分为一般纳税人和小规模纳税人。对一般纳税人实行凭增值税专用发票抵扣税款的制度，对纳税人的会计核算水平要求较高，管理也较为严格；对小规模纳税人实行简易征收办法，对纳税人的管理水平要求不高。

- 一般纳税人和小规模纳税人在不同情景下，税负不同；在相同情景下，也会因为税率和征收率的差异而不同。因此，设立时成为一般纳税人还是小规模纳税人，也有筹划的空间及需求。

- **【主体身份的认定标准】**小规模纳税人的标准为：从事货物生产或者提供应税劳务的纳税人，以及以从事货物生产或者提供应税劳务为主，并兼营货物批发或者零售的纳税人，年应征增值税销售额（简称应税销售额）在50万元以下（含本数）的；除上述规定以外的纳税人，年应税销售额在80万元以下的。

- 年应税销售额超过小规模纳税人标准的其他个人按小规模纳税人纳税；非企业性单位、不经常发生应税行为的企业可选择按小规模纳税人纳税。

- **【一般纳税人的标准】**年销售额超过小规模纳税人标准的，属于一般纳税人。

- 对提出申请并且同时符合下列条件的纳税人，主管税务机关应当为其办理一般纳税人资格认定：

①有固定的生产经营场所；

②能够按照国家统一的会计制度规定设置账簿，根据合法、有效凭证核算，能够提供准确税务资料。

- **【应税额的计算方法】**一般纳税人销售货物或者提供应税劳务（简称

销售货物或者应税劳务），应纳税额为当期销项税额抵扣当期进项税额后的余额。应纳税额计算公式:

应纳税额=当期销项税额-当期进项税额

- 当期销项税额小于当期进项税额不足抵扣时,其不足部分可以结转下期继续抵扣。

- 小规模纳税人销售货物或者应税劳务,实行按照销售额和征收率计算应纳税额的简易办法，并不得抵扣进项税额。应纳税额计算公式:

应纳税额=销售额×征收率（ 3% ）

- **【纳税筹划思路】**从上述规定看，一般纳税人身份和小规模纳税人身份其要求不同，适用的税率、计算方法各不相同，从而导致税负也不相同，纳税人根据自己的生产经营情况，可以通过事先的安排，从售价、销售收入额等指标上促成纳税人身份的认定向有利于自己减轻税负的方向发展。

- 具体来说,企业可以确定自己在增值税一般纳税人与小规模纳税人之间的选择。但随之而来的问题是，有些企业作为小规模纳税人负担较轻，但按规定只能被认定为一般纳税人,而有的企业如果被认定为一般纳税人将会减轻税负。

- 但实际上却被认定为小规模纳税人。这就需要纳税人进行细致的纳税筹划了。

- 与此相类似，当企业作为一般纳税人增值税负担较轻时，企业也可以创造条件进行适当的合并，增加企业销售额，以符合一般纳税人的认定条件。如果企业被认定为一般纳税人后某年度预计销售额不足 80 万元，企业可以通过与关联企业间平价销售等手段人为增加企业销售额。当然在采用此种纳税筹划方法时，要注意符合独立企业之间业务往来的标准，避免被按照独立企业之间的交易价格进行纳税调整。

【案例 2-7】王某和李某联合自己的兄弟张某投资，准备设立一家公司，向税务机关申请纳税人资格时，既可以申请成为一般纳税人，也可以申请成为小规模纳税人。那么从维护该纳税人利益的角度考虑，选择哪种身份更有利呢?

【案例筹划分析】小规模纳税人是指年应税销售额在规定标准以下，并且会计核算不健全，不能按规定报送有关税务资料的增值税纳税人。小规模纳税人采用简易办法计税，而一般纳税人能够正确核算增值税的销项税额、进项税额和应纳税额，通过从销项税额中扣除进项税额来计算增值税应纳税额。

所以，同样的业务，由于从事该业务的纳税人身份的不同，相应的税负会有所不同，需要从企业的具体情况进行分析。

1. 毛利率判定法

依据增值税计税原理，增值税是对商品生产和流通环节的新增价值或商品附加值进行征税。

毛利率是增值额与销售额的比率，与应纳税额成正比关系，假设下面的销售额和购进项目金额均不含税，则计算公式为:

毛利率=（销售额-购进项目金额）÷销售额

上述等式的右边分子分母均乘以税率，则演化成下列等式:

毛利率=（销项税额-进项税额）÷销项税额

销项税额-进项税额=销项税×毛利率

- 则:

一般纳税人应纳税额=当期销项税额-当期进项税额=销项税×毛利率=销售额×17%

×毛利率

小规模纳税人应纳税额=销售额×3%

- 当两者应纳税额一致时有:

销售额×17%×毛利率=销售额×3%

毛利率=3%÷17%×100%=17.65%

- 也就是说，当毛利率为 17.65% 时，一般纳税人与小规模纳税人的税负相同；当毛利率大于 17.65%时，一般纳税人的增值税税负要高于小规模纳税人的税负；当毛利率小于 17.65% 时，小规模纳税人的增值税税负会高于一般纳税人的税负。

- 2. 可抵扣进项税额占销项税额比例判定法

毛利率判定法是依据增值税计税原理进行的理想测算，实际工作中采用的是销项税额通过销售额乘以增值税税率计算出来后再减去进项税额的方法计算一般纳税人增值税的应纳税额，购进项目金额对应的增值税额中只有符合规定条件的这部分才允许抵扣，所以计算可抵扣进项税额占销项税额比例更有现实意义。

- 设可抵扣进项税额占销项税额比例为 X

一般纳税人应纳税额=当期销项税额-当期进项税额

=销项税额-销项税额×X

=销售额×17%×（1- X）

小规模纳税人应纳税额=销售额×3%

当两者应纳增值税税额一致时:

销售额×17%×（1-X）=销售额×3%

则

1-X=（销售额×3%）÷（销售额×17%）=17.65%

X=1-17.65%=82.35%

【结论】当可抵扣进项税额占销项税额比例为 82.35% 时，一般纳税人与小规模纳税人的税负相同；当可抵扣进项税额占销项税额比例大于 82.35% 时，一般纳税人的税负要轻于小规模纳税人的税负；当可抵扣进项税额占销项税额比例小于 82.35% 时，小规模纳税人的税负会重于一般纳税人的税负。

【筹划操作要点】

1. 在申请纳税人身份前，必须要对从事业务的毛利率、上游购货渠道提供专用发票的情况进行充分而准确的分析。

2. 设立企业时，分析判断的有利因素有多个时，一定要从企业易于操控的因素角度出发，防止企业筹划前的分析和实际发生较大的出入而造成筹划方案不具有实际操作效果。

第四节 企业采购过程中的纳税筹划

原来企业采购中要注意如此多问题

自20世纪90年代初纳税筹划被引入我国以后，其功能和作用不断被人们所认识、接受及重视，特别是纳税筹划目标与当今企业财务管理价值最大化目标的互相包容，已经使其成为纳税人理财或企业经营管理决策中必不可少的内容。税收是企业采购成本的重要组成部分，作为生产资料购入方的增值税纳税人，为了达到企业利润最大化目标，可以对购入的生产资料的成本费用进行筹划，增值税的税收筹划就是其中的一个可行点。

一、企业采购业务中一般会计账务处理

在企业的采购业务中，外购存货的实际成本应当包括购货价格、购货费用和税金。当业务发生后，基本会计账务处理如下：借记“原材料”，贷记“银行存款”等科目；或借记“原材料”，“应交税费——应交增值税（进项税额）”，贷记“银行存款”等科目。

由于后者分录中的进项税额作为销项税额的可抵扣部分，对于一般纳税人实际应当交纳多少税额就会产生举足轻重的作用，这就为纳税人在税法允许的范围内，巧妙运用纳税筹划技巧，最大限度地延缓或减轻自身税负提供了可能性。

二、物资采购合同的纳税筹划

物资采购合同的筹划，是企业整个采购筹划的落脚点，因为物资采购的其他环节最后都会反映在物资采购合同上。合同一旦订立，就意味着其他筹划活动的结束，企业物

资采购合同的筹划是企业采购筹划的总结。因此，在进行物资采购合同筹划时，应注意以下几个问题：弄清合同性质，是属于商业性合同还是其他类型的合同；对合同的任何环节都应分析清楚，使筹划的内容能够对号入座；文字规范，用词准确；充分利用合同保障自己的权益。

物资采购合同的一般常用条款是全部货款付完后，由供货方开具票据。但在现实中，由于产品质量、验收标准等方面的原因，采购方往往不会一次性付款，按照合同规定供货方无法取得发票，不能进行抵扣，从而使企业至少在本期多缴纳增值税。而只要将合同条款改为“根据实际支付金额，由供货方开具发票”，就会避免这一情况的发生。

三、购货对象的纳税筹划

增值税转型后，在企业采购环节，企业交纳税额的多少或者企业净利润的多少，往往还要取决于购货对象（即供应商）的不同，选择不同的购货对象（即供应商），在企业采购时，给企业带来的净利润会有所不同。

企业所需的物资既可从一般纳税人处采购，也可从小规模纳税人处采购，但由于取得的发票不同，将导致可扣除的进项税额不同。如果从一般纳税人处购物资，取得增值税专用发票，可以按买价的17%抵扣进项税；而如果从小规模纳税人处购人物资，则不能抵扣进项税，即使经税务机关代开扣税发票，也

只可以按3%抵扣进项税。不同的扣税额度会影响企业的税负，最终影响企业的现金净流量。但是，若小规模纳税人的货物比一般纳税人的货物便宜，企业从小规模纳税人处采购也可能更划算。因此，采购物资时要综合考虑，最终选择使企业现金净流量最大或现金流出量最小的方案。

（一）购货方为一般纳税人的税收筹划

1. 结算方式的筹划

购货方购入货物的结算方式可以分为现金采购、赊购、分期付款。从纳税筹划角度应尽量选择分期付款、分期取得发票。一般企业在购货过程中采用款项付清后取得发票

的方式，如果材料已经验收入库，但货款尚未全部付清，供货方不能开具增值税专用发票。按规定，纳税人购进货物或者应税劳务，未按照规定取得增值税扣税凭证，其进项税额就不能抵扣，会造成企业当期增值税税负的增加。如果采用分期付款取得增值税专用发票的方式，就能够及时抵扣进项税额，缓解税收压力了。在通常情况下，销售结算方式由销货方自主决定，购货方购入货物结算方式的选择权则取决于购货方和供货方两者之间的谈判，购货方可以利用市场供销情况购货，拥有谈判主动权，使得销货方先垫付税款，以推迟纳税时间，尽可能为企业获得时间较长的无息贷款。

2. 进项税额抵扣时间的筹划

如果一般纳税人购入原材料等物资，《增值税暂行条例》实施细则中严格规定了各类企业(经营业务不同)的进项抵扣时间，销售环节的进项抵扣内容为

上一环节的增值税缴纳额，纳税人不能随意提前抵扣增值税进项税额以达到延期纳税的目的。进项税的抵扣时间按照取得的增值税专用发票的类型加以区分。作为购货方的增值税一般纳税人，可以通过筹划进项税额的抵扣时间，达到延期纳税的目的。

《增值税暂行条例》实施细则的具体规定为：（1）采取直接收款方式销售货物，不论货物是否发出，均为收到销售额或取得索取销售额的凭据，并将提货单交给买方的当天；（2）采取托收承付和委托银行收款方式销售货物，为发出货物并办妥托收手续的当天；（3）采取赊销和分期收款方式销售货物，为按合同约定的收款日期的当天；（4）采取预收货款方式销售货物，为货物发出的当天；（5）委托其他纳税人代销货物，为收到代销单位销售的代销清单的当天；（6）销售应税劳务，为提供劳务同时收讫销售额或取得索取销售额的凭据的当天；（7）纳税人发生本细则第四条第（三）项至第（八）项所列视同销售货物行为，为货物移送的当天。

如果购货方取得的是防伪税控的增值税专用发票，应尽快认证。在认证通过的当月，核算当期进项税额并申报抵扣，降低当期的增值税税负；如果取得的是非防伪税控增值

税专用发票，对于购货方为工业企业的，则应缩短购入货物的入库时间；若为商业企业，购货方选择即购即付，那么就可以在付款当期在销项税中抵扣此项购进货物的进项税额；如果以应付账款的方式结清货款，则货物购入的当期是不能抵扣该购进货物的增值税税额的，只有在全部货款结清的当期进行进项抵

扣，这样就增加了当期的增值税税负，没有达到延期缴纳的目的。此时购货方可选择的纳税筹划方法为结算方式的选择，通过结算方式的筹划达到进项税额抵扣时间的筹划。例如，可以签订分期付款合同。根据税法的规定，对于分期付款方式所取得的货物，其进项抵扣时间为分期付款的每个付款日的当期，这样可以分步产生递延纳税的好处，以获得资金的货币时间价值；如果购进的是应税劳务，则将劳务费用结算完毕日的当期作为进项税的抵扣时间，此时也可以采用分期结算方式递延增值税税负。

3.税收优惠政策的筹划

2008 年 11 月 5 日国务院第 34 次常务会议修订通过的《中华人民共和国增值税暂行条例》自 2009 年 1 月 1 日起实施。此条例在维持现行增值税税率不变的前提下，允许全国范围内（不分地区和行业）的所有增值税一般纳税人抵扣其新购进设备所含的进项税额，未抵扣完的进项税额结转下期继续抵扣。同时，作为转型改革的配套措施，将相应取消进口设备增值税免税政策和外商投资企业采购国产设备增值税退税政策，将小规模纳税人征收率统一调低至 3%，将矿产品增值税税率恢复到 17%。这意味着 2009 年 1 月 1 日后购入设备取得的进项税金，可以抵扣。

税收优惠分为报批类税收优惠和备案类税收优惠。报批类税收优惠是指应由税务机关审批的税收优惠项目；备案类税收优惠是指取消审批手续的税收优惠项目和不需税务机关审批的税收优惠项目。

对于可享受税收优惠政策的纳税人，要享受报批类税收优惠的，应向其主管税务机关提出申请，经具有审批权限的税务机关（以下简称有权税务机关）审批确认后执行。

除法律、法规和其他税收政策另有规定外，纳税人享受报批类税收优惠的起始时间自税务机关审批确定的日期起执行。未按规定申请或虽申请但未获得有权税务机关审批确认的，纳税人不得享受税收优惠。纳税人要享受备案类税收优惠，应向其主管税务机关提请备案，经税务机关登记备案后，自登记备案之日起执行。除法律、法规、规章及本办法规定不需备案的项目外，其他未按规定备案的项目，不得享受税收优惠。同一税种的两个或两个以上的税收优惠政策，如果同时适用于纳税人的同一应税项目时，除法律、法规另有规定外，纳税人只能选择适用其中一项税收优惠，不能两项或两项以上税收优惠累加执行。纳税人在享受备案类税收优惠之前，应到主管税务机关办理备案登记，各项目在备案登记时除了提供《流转税税收优惠登记备案表》外，还应提供其他相关资料。

购货方为增值税小规模纳税人

对于小规模纳税人的购货方来说，不能获得增值税专用发票，也不能进行进项税额的抵扣，其增值税的计算依据为销售额，一般纳税人的纳税筹划方法中的结算方式的筹划、进项税额抵扣时间的筹划以及运费的筹划都不适用于小规模纳税人。作为购货方的小规模纳税人，要想进行纳税筹划，则应选择供货价格。由于小规模纳税人在购进货物的时候，含税价款中的增值税税额对其来说意味着单纯的现金流出，因为不能在其销项税额中扣除。所以，小规模纳税人对含税购货价格较为敏感。

对于小规模纳税人来说，就可以简单地选择含税价格较低的供货方作为购货渠道。从这个角度也可以看出，如果小规模纳税人不能进入一般纳税人行列，就可能承受较高的增值税税负，而且进行纳税筹划节约税负或递延税负的途径较少。新《增值税暂行条例》按照工业企业取得的年销售收入 50 万和商业企业 80 万作为计算增值税的差别点，此举使得更多有条件的小规模纳税人能够进入一般纳税人行列，以减轻增值税负担，增加收益，扩大销售渠道，这样也为原来的小规模纳税人成为一般纳税人后提供了更大的增值税税收筹划空间。

第五节　企业销售过程中的纳税筹划
原来企业采购中要注意如此多问题

税收筹划，是指纳税人在不违背税法的前提下，运用一定的技巧和手段，对自己的生产经营活动进行科学、合理与周密的安排，以达到少缴税款目的的一种财务管理活动。它强调的是：税收筹划的前提是不违法，其目的是少缴税款。但现在的许多企业不仅做不到少缴税，甚至很多企业交了“冤枉税”，这是我们作为财务工作必须要想办法把关的，尤其是销售环节，很多企业销售的量很大，但同时付出的代价也很大，等到出问题的时候，老板才开始后悔就为时已晚了。那么该如何在销售环节中进行纳税筹划呢？让我们下面一一进行揭晓：

一、企业惯用促销方式：“买一赠一”方法不同税不同

广发纺织品商场是上海一家大型纺织品销售中心。为了提高商场知名度，增强市场经营能力，该商场经常举行了假日宣传活动，其中，与厂家联合推出一系列促销活动是其重点内容。2004 年采用“买一赠一”的方式搞促销活动三次，通过促销活动增加销售额 35690 万元，同时赠送小商品 2910 万元。

问题提出

2005 年 2 月 26 日当地主管国税机关对该企业 2004 年度的纳税情况进行了检查，发现该企业在促销活动中作为礼品赠送出去的小商品没有按税法规定做视同销售处理，应补增值税：2910 万元÷（1+17%）×17%=422.82 万元

当地主管地税机关对企业促销活动的涉税情况也进行了处理，应补缴城市维护建设税及教育费附加合计：422.82 万元×（7%+3%）=42.28 万元

应补缴企业所得税：2910 万元÷（1+17%）×25%=621.79 万元

在促销过程中，企业应代扣代缴个人所得税，未代扣代缴的企业应该补缴。

该业务企业应补缴个人所得税额为 2910 万元÷（1－20%）×20%=727.5 万元

对于促销活动，企业共补各种税：（422.82+42.28+621.79+727.5）万元=1814.39 万元

根据《税收征管法》第六十三条的规定，企业的行为属于偷税行为，当地税务机关给予该企业 0.5 倍的罚款。令企业人士没有想到的是，因为一个促销活动，却给企业增加了 3000 多万元的补税和罚款。另外再加上职工的工资与其他成本，几乎将促销活动所产生的利润都抵消了，公司董事会觉得企业做了

一件“无用功”。对这笔业务进行补税，该企业的财务负责人李志鸿表示不理解。

筹划分析：

经对该企业促销活动的具体操作过程进行了全面了解，原来，该促销活动中进行了不适当的操作。

以销售服装为例，购买一套某品牌西服赠送了该品牌领带一条。该品牌西服与领带实际对外销售价格分别是488元和68元（均为含税价）。该商场的具体操作方法为：对客房出具的发票是填写西服一套，价格为488元，同时以领料单的形式（主要起签字备查的作用）领出领带一条，客房付款当然是488元，在财务处理上其销售收入为417.09元（488÷1.17），增值税销项税款为79.91元。对于赠送的领带则按实际进货成本予以结转，进入当期“经营费用”科目核算。

当税务机关来进行纳税检查时，税务检查人员便将上述赠送的领带价值68元视同销售处理，计算增值税销项税额9.88元。因为按照税法的规定，将自产、委托加工或购买的货物无偿赠送他人，应视同销售计算缴纳增值税。这样，此项销售活动每人次最终涉及增值税销项税额为89.79元。同时补缴相应的企业所得税和个人所得税。

对于商场而言，赠送本身的意图是借这样的销售活动来吸引顾客，提高市场占有率，其最终目的是取得经营利润。而实际结果呢？却加重了企业的税收负担，进一步增加了企业的现金流出，降低了企业的效益。

筹建建议：

通过对企业的经营业务流程进行综合分析之后认为：为了避免这种情况再次发生，商场可以采用以下两种办法来处理：

其一，降低销售价格，实行捆绑式销售。降低销售价格，实行捆绑式销售，即将西服和领带价格分别下调，使其销售价格的合计数等于488元，并将西服与领带联袂销售。这样，既能收到促销的效果，又能达到节税的目的。

其二，将赠送货物变为销售折让来对待。将促销的主要商品按政党对待，同时把赠送货物按其价值以销售折扣的形式返还给客户。即在普通发票（直接对消费者的货物只能开具普通发票）上填写西服一套价格488元，领带一条，价格68元，同时以折扣的形式将68元在发票上加以反映，直接返还给客户，发票上的净额为488元，客户实际付款为488元，这样便达到了促销的目的。折扣额68元能够直接冲减商场的销售收入，即此项活动的不含税销售收入为417.09元，增值税的销项税额为79.91元，从而减少了增值税销项税额9.88元，同时也避免了企业所得税和个人所得税的问题。

筹划点评：

“买一赠一”的促销方式是目前商业企业采用得比较多的促销形式，但是“买一赠一”促销方式影响到了企业的计税销售额，如果操作不当，就有可能造成偷税之嫌。上述操作处理，不仅达到了促销的目的，而且还规避了税收负担人为地上升的问题。

这样操作之所以在法律上能够行得通，是因为商场在商品的销售定价上有自主权，给客户（无关联关系）的折扣也有自主权。就该项促销活动来看，其销售净价也不会出现明显偏低的现象。

第一、商场在促销时一般都采取适当提高相应商品对外销售价格的策略，并且，商品的价格在市场经济条件下做必要的调整是正常的，也是必须的。

第二，具体操作方法符合有关法律的要求。税法规定，纳税人采取折扣方式销售货物，如果销售额和折扣额在同一张发票上分别注明的，可按折扣后的销售额征收增值税；如果将折扣额另开发票，不论其在财务上如何处理，均不得从销售额中减除折扣额。根据这个规定，如果折扣额与销售额在同一张发票上进行了反映，就可以认可企业对销售额的扣减。

2004 年 10 月出版的《中国税务报》筹划周刊在其第八版曾对“买一赠一”的促销方式的税务处理问题向国家税务总局流转司负责人请示，该负责人答复“买一赠一”是目前商家普遍采用的一种促销方式，对促销赠品可以直接列入经营费用，而不用作为视同销售来计提销项税金。这种说法与实际的操作环节存在矛盾，因为目前尚没有文件对“买一赠一”的促销行为进行不作视同销售的解释。基层国税机关对“买一赠一”的行为仍然解释为视同销售行为。所以，商业企业如果出现“买一赠一”的行为，对于随同货物销售而赠送的物品仍应该按视同销售核算。

另外还有部分企业，尤其是一些规模商业企业的促销商品基本由制造商提供，而不入商业企业的账，也不核算有关税金。显然，这样的做法也是错误的，对于商业企业而言，存在较大的涉税风险。

二、代销方式怎么定，税收负担有影响

晨风时装公司是全国知名的服装生产企业（以下简称晨风公司），主要生产西服和各种高档时装。2004年生产甲品牌高档时装全部委托分布在全国30多个大中城市的代理商销售。为了宣传自己的品牌，提高企业产品的市场占有率，该企业采取薄利多销的策略，在与各代理商签订销售合同时，就与其明确甲品牌时装每套不含税销售价格1000元，代理手续费为每套100元。

企业思路：

通过各种销售方式和销售渠道扩大自己产品的销售量，尽可能扩大市场的占有率，是目前企业营销活动的重点。根据《增值税暂行条例实施细则》第四条的规定，企业将货物交付给他人代销，应视同销售货物，按规定计算缴纳增值税。同时规定："委托其他纳税人代销货物，在收到代销单位的代销清单的当天确认收入"。因为当晨风公司发出时装时：

借：发出商品

贷：库存商品（产成品）

收到代理商转来的代销清单时，企业以合同约定的销售价格记账：

借：银行存款（或应收账款等科目）

贷：主营业务收入

贷：应交税金——应交增值税（销项税额）

企业向代销单位支付代销手续费时：

借：销售费用

贷：银行存款

筹划分析：

经检查，对该企业税收的会计核算给予认可，但对时装经营的具体操作方式提出自己的筹建建议，认为新会计制度对代销收入分为两种方式来处理，一种是收取手续费的方式，另一种是视同买断方式。从税收的角度讲，两种方式的经营效果是不一样的。

第一种方式，收取手续费受托方根据所代销的商品数量按协议约定，向委托方收取一定比例的手续费，这是受托方收取的一种劳务收入。它的主要特点是受托方通常按照委托方制定的价格标准销售货物，受托方无权决定商品的价格。在这种销售方式下，委托方在受托方将商品销售后，按受托方提供的代销清单确认销售收入；受托方在商品销售后，按协议约定的比例收取手续费确认收入。

日前晨风公司是采用这种代销方式与经销商确定销售自己的产品。2004年，该企业发出甲品牌时装12000套，至12月31日结账时，收到代销单位的代销清单，合计销售10000套。晨风公司2004年度应按销售清单确认销售收入并计算增值税的销项税额。

借：应收账款　　　　11700000

　　贷：主营业务收入　　　　10000000

　　贷：应交税金——应交增值税（销项税额）　1700000

支付手续费1000000时，企业做会计分录如下：

借：营业费用　　　　　　　　　　　　　　　　1000000

贷：银行存款　　　　　　　　　　　　　　　　1000000

第二种方式，视同买断由委托方和受托方签订协议，委托方按合同价收取所代销的货款，实际售价由受托方在委托方确定的指导价格范围内自主决定，实际售价与合同价的差额归受托方所有，委托方不再支付代销手续费。在这种情况下，委托方在交付商品时不确认收入，受托方也不作为购入商品处理，只在备查账中登记商品规格数量等。受托方将商品销售后，按实际的售价确认收入，并向委托方开具代销清单。委托方按代销清单确认销售收入。

如果晨风公司采用这种代销方式，在与代理商签订代销协议时，晨风公司以销售价格每套1000元代销手续费100元，即以每套900元的价格作为合同代销价格，代理商仍以每套1000元销售出货。假设销售数量仍为10000套，那么晨风公司发出时装时：

借：发出商品　　　　　　　　　　　　　　　　9000000

贷：库存商品　　　　　　　　　　　　　　　　9000000

收到代理商转来的代销清单时，确认销售收入并计算增值税销项税额：

借：应收账款　　　　　　　　　　　　　　　　10530000

贷：主营业务收入　　　　　　　　　　　　　　9000000

贷：应交税金——应交增值税（销项税额）　　　　1530000

通过以上计算和分析我们发现，采用买断方式代销这批时装，对委托方及受托方都有好处。

对于晨风公司，由于无需再支付手续费，压缩了增值税销项税额计税依据，节约增值税支出 170000（1700000－1530000）元。同时也节约支出城市建设税及教育附加 17000 元（城市建设税 7%，教育费附加 3%）。两项合计减少支出 187000 元。

对于代理商，则给予其销售货物的定价权，可以使其根据代销货物在当地的价格水平随行就市进行促销，从而提升自己的盈利水平。

具体计算：

（1）采用收取手续费方式，双方的收入和应缴税金（暂不考虑所得税）情况分别为：

1）晨风公司：收入增加 1000 万元，增值税销项税额为 170 万元（1000 万元×17%），城市维护建设税及教育费附加 170000 元。

2）代理商：增值税销项税额与进项税额相等，相抵后，该项业务的应交增值税为零，但代

理商采取收取手续费的代销方式，属于营业税范围的代理业务，应缴纳营业税 0.5 万元（10 万元×5%），城市维护建设税及教育费附加 500 元。

3）晨风公司与代理商合计，应缴纳增值税和营业税合计 187.5 万元，应缴纳城市维护建设税及教育费附加 187500 元。

双方都从这项业务中获得了利益。

（2）采用视同买断的代销方式，双方的收入和应缴税金情况分别为（暂不考虑所得税）：

1）晨风公司收入增加900万元，增值税销项税额增加153万元（900万元×17%），应缴纳城市维护建设税及教育费附加153000元。

2）代理商增值税销项税额为170万元（1000万元×17%），进项税额为153万元（900万元×17%），相抵后，就该项业务的应缴增值税为17万元，应缴纳城市维护建设税及教育费附加17000元。

3）晨风公司与代理商合计，应缴增值税金170万元，应缴纳城市维护建设税及教育费附加170000元。

（3）采取视同买断方式的代销方式与采取收取手续费方式的代销方式比较：

1）晨风公司收入不变，应缴税金减少170000（1700000－1530000）元，同时也节约支出城市维护建设税及教育费附加17000（170000－153000）元。

2）代理商实际收入也没有发生变化，但是应缴流转税金增加165000元（170000元－50000元）。同时也增加支出城市维护建设税及教育费附加16500元（17000元－500元）。

3）晨风公司与代理商合计，实际收入不变，应缴纳的增值税和营业税金减少175000元（187.5万元－170万元），同时也节约支出城市维护税及教育费附加17500（187500－170000）元。

在视同买断的方式下，晨风公司节约170000元，代理商多交了165000元。从企业整体的角度讲，共节约税款5000元，节约支出城市维护建设税及教育费附加500元。由此可以看出，从企业共同利益出发，应选择视同飞翔装饰方式。

至于节约的税款在双方之间应通过何种方式分配，在实际中协议应具体怎么筹划，这需要双方本着共同利益最大化的原则进行协商。在多级代理的情况下，这一问题将变得更加复杂。

筹划结论：

企业通过委托代销的形式销售商品可以提高销售量，这对生产企业扩大市场占有率、促进产品的销售具有十分重要的意义。因此，代销这种销售形式为多数生产性企业所运用。

在具体的销售活动中，代销又分为收取代销手续费方式和买断式代销两种形式。从税收的角度讲，两者所产生的效果是不同的。

作为收取手续费方式的委托代销，就商业企业的行为而言，其经营方式是服务，而服务属于非增值税应税项目，应该按照营业税暂行条例的规定计算缴纳营业税；作为买断式代销方式，是按照货物销售的流转过程来进行的，就商业企业的行为而言，其经营方式是经销货物，属于增值税应税项目。

由于两种销售行为的方式不同，与其相对应，其适用的税收依据也不同，从而出现税收负担不同，这就形成了税收筹划的空间。

通过以上计算、分析和筹划，我们可以发现不同的委托代销方式对纳税的影响，在实际办税工作中，根据企业自身的具体情况，选择适当的委托代销方式，同时综合考虑其他各方面的税收、非税收影响因素，可以不违法地减轻税收负担。

三、经销加工可选择，税收负担要算清

对于工业企业而言，经销和加工是两种经常采用的经营手段。但是，许多人常常为采用经销还是采用加工方式拿不定主意。东源服装有限公司的经理李志鸿就是其中一个。

小李经营的东源服装有限公司是增值税一般纳税人。该公司最近接到一笔服装业务，对方企业东方时装厂是小规模纳税人，需要某款式服装 10000 件。该厂的负责人对这笔业务的经营方式没有特别要求，既可以采取经销方式，也可以采取来料加工方式。

双方协商约定：如果采取经销方式，东源服装有限公司生产这批报装的布料可以由东方时装厂提供，也可以从其他单位购买，该布料目前的市场价格为 125000 元；服装的单价为每件 21 元（不含税）；如果采取来料加工方式，则由东方时装厂提供布料，每件服装的加工费为 8.5 元。

经测算，东源服装有限公司在生产为批服装时，可取得电费、原料费等可抵扣的增值税进项税额为 3200 元。由于东方时装厂是增值税小规模纳税人，因此只能提供由税务机关按 6%征收率代开的增值税专用发票，东源服装有限公司从东方时装厂购进布料取得进项税额 7500（125000×6%）元。

东源服装有限公司的李经理不知道采用哪种经营方式较为划算。

筹划思路：

选择不同的经营方式，其毛利和税负不相同。在日常税收筹划过程中，筹划人员应从以下两个方面来分析：一是从进销差价的角度去分析。即获取毛利的多少，这里的毛利特指产品销售额减去原材料成本的差额，或来料加工的加工费。在税费相同的情况下，哪种利大，就选择哪种经营方式。二是从税负的角度去分析。如果经销时接受原料能同时取得增值税专用发票，能按规定的税率抵扣进项税，且计算的应纳税额小于按来料加工计算的应纳税额时，则宜选择经销生产方式；而反之，则应选择来料加工方式。

在具体营销过程中又分为三种方案：其一，经销毛利等于加工费；其二，经销毛利大于加工费；其三，经销毛利小于加工费。

筹划分析：

方案一，经销毛利等于加工费

（1)作为一般纳税人的东源服装有限公司从小规模纳税人那里购买原料。

在经销方式下，销售额减去原材料成本的差额为 85000（10000×21－125000）元，应纳增值税额为 25000（10000×21×17%－125000×6%－3200）元。

在来料加工方式下，加工费收入为 85000（10000×8.5）元，应纳增值税额为 11250（10000×8.5×17－3200）元。

通过比较，采用经销生产方式与来料加工的方式毛利一样（这里未考虑进料时占用资金的利息因素）；但是，从税收的角度讲，税收负担却增加了 13750（25000－11250）元，并且还要相应增加 7%的城建税和 3%的教育费附加，共计 1375 元，二者合计为 15125 元。在经销方式下，东源服装有限公司要多支出现金 15125 元。

结论，这笔业务对东源服装有限公司来说，在现有的条件下采取来料加工方式比经销方式要更划算。

（2）作为一般纳税人的东源服装有限公司从一般纳税人那里采购原料。

在经销方式下，销售额减去原材料成本的差额为 85000 元，应纳增值税额为 11250（10000×21×17%－125000×17%－3200）元。

在来料加工方式下，加工费收入为 85000 元，应纳增值税额为 11250（10000×8.5×17%－3200）元。

结论，如果作为一般纳税人的东源服装有限公司可以从其他一般纳税人那里采购可以抵扣 17%的进项税额的原料，那么无论采用经销生产方式还是采用来料加工方式（这里未考虑进料时占用资金的利息因素）经营效果都是一样的。

方案二，经销毛利大于加工费

如果将上例的条件改变一下，每件服装的加工费为 7.5 元，情况怎么样呢？下面我们作一个分析：

（1）作为一般纳税人的东源服装有限公司向小规模纳税人购买原料。

在经销方式下，销售额减去原材料成本的差额为 85000 元，应纳增值税额为 25000 元。

在来料加工方式下，加工收入为 75000（10000×7.5）元，应纳增值额为 9550（10000×7.5×17%－3200）元。

通过比较，采用经销生产方式比来料加工方式毛利多 10000（85000－75000）元；但是，从税收的角度讲，税收负担却增加了 15450（25000－9550）元，并且还要相应地增加 7%的城建税和 3%教育费附加，共计 1545 元，二者合计为 16995 元。在经销方式下，东源服装有限公司要多支出现金 6995 元。

结论，这笔业务对东源服装有限公司来说，在现有的条件下采取来料加工方式比经销方式要更加划算。如果将进销差价再进一步增加，直至消化掉税收因素，情况就可能发生变化。

（2）作为一般纳税人的江源服装有限公司从一般纳税人那里采购原料。

在经销方式下，销售额减支原材料成本的差额为 85000 元，应纳增值税额为 11250 元。

在来料加工方式下，加工收入为 75000（10000×7.5）元，应纳增值税额为 9550（10000×7.5×17%－3200）元。

将经销与加工进行比较，经销比加工要多获得毛利 10000 元，但是从收的角度讲，经销比加工税收负担多 1700（11250－9550）元，并且还有 7%的城建税和 3%的教育费附加，共计 170 元，二者合计为 1870 元。在经销方式下，东源服装有限公司要多获得现金 8130 元。

结论，作为一般纳税人的东源服装有限公司从一般纳税人那里采购原料，并且在经销毛利大于加工费的情况下，采用经销生产方式更为划算。

方案三，经销毛利小于加工费

如果将上例的条件再改变一下，每件服装的加工费为 9.5 元，情况会怎么样呢？下面我们做一个分析：

（1）作为一般纳税人的东源服装有限公司向小规模纳税人购买原料。

在经销方式下，销售额减去原材料成本的差额为 85000 元，应纳增值额为 25000 元。

在来料加工方式下，加工费收入为 95000（10000×9.5）元，应纳增值税额为 12950（10000×9.5%17%－3200）元。

通过比较，采用经销生产方式比来料加工方式的毛利多－10000（85000－95000）元；但是，从税收的角度讲，经销比加工税收负担多 12050（25000－12950）元，并且还有 7%的城建税和 3%的教育费附加，共计 1205 元，二者合计 13255 元。在经销方式下，东源服装有限公司要多支出现金 23255 元。

结论，这笔购买对东源服装有限公司来说，在现有条件下采取来料加工方式比经销方式更划算。

（2）作为一般纳税人的江源服装有限公司向一般纳税人采购原料。

在经销方式下，销售额减去原材料成本的差额为 85000 元，应纳增值税额为 11250 元。

在来料加工方式下，加工收入为 95000（10000×9.5）元，应纳增值税额为 12950（10000×9.5×17%－3200）元。

将经销与加工进行比较，加工比经销多获得毛利 10000 元。但是，从税收的角度讲，税收负担却多了 1700（12950－11250）元，并且还有 7%的城建税和 3%的教育费附加，共计 170 元，二者合计为 1870 元。在加工方式下，东源服装有限公司要多获得现金 8130 元。

筹划结论：作为一般纳税人的东源服装有限公司从一般纳税人那里采购原料，并且在经销毛利小于加工费的情况下，采用加工方式更为划算。

第六节 企业经营过程中的纳税筹划
原来企业经营中不转变思路会吃大亏

从企业的生命周期来看，大致可以分为企业的创设阶段，企业的经营阶段以及企业的产权重组阶段。在这三大阶段中，企业的生产经营阶段对于企业的发展至关重要。可以说，企业经营的好坏直接决定着企业发展的成败。因此，从纳税筹划的角度来讲，做好企业经营环节的纳税筹划工作对于企业减轻税负、赢得竞争优势也是至关重要的。然而，由于不同的企业具体经营环节各异，涉税行为繁杂，很难有一套对于任何企业都适用的纳税筹划方案，只能是针对不同的情况做个案研究，具体问题具体分析。但是，不同的筹划方法之间蕴含的筹划原理却是一样的，即抓好“三个结合点”：业务流程与税收政策相结合，税收政策与筹划方法相结合，筹划方法与会计处理相结合。本书正是本着这“三个结合点”的原则，通过对企业经营过程中的一些典型筹划案例的分析，以便使广大涉税人员深化纳税筹划观念，拓宽筹划思路。

一、利用合同实现混合销售向兼营销售的转变

案例1：某地腾达铝合金门窗生产安装公司在上海承揽了一笔业务，为某住宅小区生产安装铝合金门窗。这笔业务合同价为600万元，其中包括铝合金材料价格380万元，安装费用220万元。

分析：很显然，这是一笔混合销售业务，按照税法的规定，应当区分主

营业务纳税。而且按照最新的规定，几项特殊行业，其中包括铝合金加工企业。应对其收入额全额缴纳增值税。如果是这样的话，企业220万的安装费用由于没有进项税额的抵扣，税负将高达17%，这种高税负是企业所不愿看到的，因此必须进行筹划。目前，企业能普遍想到的筹划方法从企业的生命周期来看，大致可以分为企业通过业务重组，改变经营结构，实现混合销售行为向兼营行为的转变，即：对企业经营结构重组，单独设立销售、安装两个企业。这样，企业的安装业务就可以由单独设立的安装公司来进行，从而使这部分收入额只交纳3%的营业税，达到减轻税负的目的。但是，这种筹划方法也有其缺点，主要就是结构重组的初始投入较大，筹划成本较高。而且，企业分设出的企业由于地域限制等原因，易被税务局认定为关联企业，失去筹划的意义。因此，通过结构重组方法转变经营方式筹划方法的采用必须慎之又慎。

这里，笔者介绍一种利用合同实现混合销售向兼营销售转变的筹划方法。具体操作方法就是：该铝合金企业在上海本地寻找另外一家铝合金门窗企业，与其签订销售合同，合同额为370万元，并且通过协商，使住宅小区工程业务的客户同意把这家上海企业作为该项安装业务的材料供应商，以375万元的价格供货；同时，再与住宅小区单独签订工程安装合同，合同价为220万元。经过这番操作，虽然腾达公司的销售额减少了10万元，但是实现了销售方式的转变，可以节省税收支出220×（17%－3%）=30.8万元，成功地达到降低税负的目的。在这一筹划操作中，有两个关键点需要注意：一是与中间企业合同的签订，应低于原销售价，这样使得中间企业有利可图，才会达成协议；二是中间企业的选择，应选择外地的企业，这样可以有效避免被认定为关联企业的可能性。可以看出，这是属于一种避税的操作方法，虽并不违法，但也是不合法的，因此就必然具有一定的风险性，在操作上应缜密考虑，掌握好关键点的操作。

二、企业原材料采购的筹划方法

（1）挂靠税收优惠政策实现进项税额的抵扣

案例 2：华星木制品厂属于一般纳税人企业，主营高档家具，其家具生产的主要原料是木制板材。由于目前市场竞争日益激烈，企业为了降低生产成本，决定减少生产的中间环节，改购进板材为直接购进原木，然后自己加工。经过考察，企业最终决定从东北林场直接购入原木。但是，由于林场的经营者销售木材时几乎都没有增值税专用发票，甚至连普通发票都未取得，而只有一般收据，这样企业购进原木时，其进项税额就无法抵扣。这时，企业应该如何处理呢？

分析：企业为了降低生产成本，决定直接购进原木的生产决策是正确的。但是，当由于购进时无法取得专用发票而使得进项税额无法抵扣时，企业的税负就会显著增加。这样，虽控制了企业的内部成本，但是外部成本却又会增加，最终企业的成本很难得以减少，甚至会增加。对此，企业应该如何处理呢？是否应该放弃这种经营策略呢？根据税法的有关规定，一般纳税人向农业生产者购买的免税农业产品，或者向小规模纳税人购买的农业产品，准予按照买价和10%的扣除率计算进项税额，而且根据《农业产品征税范围注释》的规定，原木属于这一范围之中。因此，利用对这一税收优惠政策的挂靠，企业只要在购进原木时能够使自己获得普通发票就可以以购进额的10%抵扣进项税额了。在明确了筹划方向后，华星木制品厂通过与林场的协商沟通，达成了协议：该厂与东北林场某企业签订长期收购协议，同时该林场企业去当地办理纳税登记，取得普通发票。这样，华星木制品厂就获得了进项税额的抵扣，大大降低了生产成本，而林场企业也扩大了销售额，同时还提高了企业的形象。

（2）通过改变购进方式实现进项税额的抵扣

案例3：山东A地一个食品加工厂主要生产山楂片，为生产山楂片，该食品厂从距其不远的盛产山楂的另一地B购进山楂半成品。但是，由于当地对企业销售额也采用定额征收方式，这样该食品加工厂就无法取得增值税专用发票，从而也就无法抵扣进项税额。那么该食品加工厂应如何应对呢？

分析：与案例2相似，企业由于无法取得专用发票而无法抵扣进项税额。但是，联想到上述的税收优惠规定，只要企业能以收购农产品的方式收购到生产山楂片所需原料，就可以按10%的比率抵扣进项税额。因此，企业所要做的就是通过筹划改变购进材料的性质，使其属于农产品的范围。很显然，山楂属于农产品的范围，企业如果是购进山楂，那就可以按其购买金额的10%作为进项税额抵扣。于是，企业改变了购进方式，选择从B地的农民手中以较低价格直接收购山楂，然后再将山楂送到加工单位以委托加工的方式加工成生产山楂片所需的半成品。这样，企业既实现了进项税额的抵扣，也没有影响正常的生产，通过改变原料的购进方式，享受税收优惠政策，达到了节税的目的，有效地降低了企业的税负。

需要提醒大家注意的是，在通过利用农产品采购的税收优惠规定进行纳税筹划操作时，企业从农业生产者手中购进的农产品的价格必须是经主管税务机关批准使用的收购凭证上注明的价款。如果不是的话，企业的购进额则无法抵扣，也就意味着筹划的失败。因此，这一点是我们在筹划时务必要注意的。另外，值得说明的是，目前企业往往只是注重原材料进项税额的抵扣，而忽略了企业的低值易耗品、办公用品、零部件等的进项税额的抵扣。如果企业对于这些物品的购买也充分重视起来，要求取得增值税专用发票，那同样可以获得进项税额的抵扣，达到节税的目的。

三、 挂靠税收优惠政策改变企业业务性质

案例 4：某通讯器材销售单位主营手机和寻呼机业务，经当地税务机关认定，其按增值税一般纳税人纳税。由于增值税 17%的税率，且近年来手机市场竞争激烈，利润率很低，因此企业感觉税负很重，因此很想通过筹划，看是否能够适当地减轻税负。于是，该企业负责人找到了纳税筹划专家，后经专家指导，企业成功地实现了节税的目的。专家是如何为该企业实现节税的呢？

分析：根据税法的相关规定，如果通讯器材销售企业在销售通讯器材的同时，提供相关的通讯服务，则其销售业务和服务可一并按“邮电通信业”缴纳 3%的营业税。这样，企业的税负就可以大大减轻了。在了解了这一税收优惠政策后，企业要做的就是通过一定的措施努力达到享受该税收优惠政策的条件，即实现“挂靠”。专家的操作方案是：促使该通讯器材销售单位与当地移动通信公司和一家寻呼台签订合作协议，在向顾客销售手机及寻呼机的时候，

同时提供入网服务。这样，企业就顺利地实现了优惠政策的“挂靠”，从而可以按照3%的税率缴纳营业税。

通过上述案例可以看出，在现实经济活动中，税收的优惠政策很多，但要能享受到这些优惠政策必须符合税法规定的相关条件，而且缺一不可。然而，企业原本业务恰好能适用优惠政策的毕竟是少数，很多企业由于条件不符或是不完全符合而无法享受。如果我们只是被动地去接受这些政策，那纳税筹划也就失去了其应有的活力。纳税筹划真正的意义在于在了解了这些政策后，灵活运用，对企业现有的情况进行对照分析，变被动接受为主动适应，在一定的基础上通过“挂靠”享受到优惠政策，这才是纳税筹划的精彩之处，也是筹划本身的应有之义。

四、企业房产租赁收入的筹划

案例5：某地一汽车交易市场以对外出租汽车展厅为主营业务。2000年该汽车交易市场展厅租金收入为500万元，缴纳营业税25万元，房产税60万元以及其他一些税费。经计算，只营业税和房产税就占到了收入额的17%，交易市场负责人感觉税负较重，希望能够找到减轻税负的办法。

分析：目前，对于房产租赁收入，无论是企业还是个人，都普遍反映税负较重。简单测算一下可以看出，对于一项房产租赁收入，租赁者要缴纳5%的营业税，12%的房产税，以及城建税、教育费附加、印花税、契税等等，总体的税负已经远远超过了17%。在税法体系保持稳定的政策背景下，我们减轻税负的出路只能是通过筹划合理避税。具体到这一个案例，笔者当时的操作方法是：考虑到物业管理费只需缴纳营业税，因此依次作为筹划的突破口。首先，根据当地的一般物业管理标准，对年租金收入进行划分，租赁费 200 万元，物业管理费 300 万元；然后，这也是关键的一步，由于物业管理费的认定不能只是反映在账上，还需经主管税务机关的批准，而物业管理资质的认定权属于规划局负责。因此，经过与当地规划局的反复博弈，终于使该汽年交易市场获得了物业管理的资格。这样，也就顺利通过了税务机关的认定。通过这一筹划，作为物业管理费的 300 万元，只需缴纳 15 万元的营业税，比筹划前大大减少了税收的支出。

五、企业销售固定资产的筹划

案例 6：一计算机公司从意大利引进两条生产线，价格 800 万元。由于盲目引进先进技术而不考虑适用性，引进后，公司对其的利用效率不高，于是准备出售。经寻找后准备卖给另一家配件公司，该公司非常需要该生产线。于是，经协商，两条生产线售价 820 万元。这是否是最佳售价呢？

分析：按照税法的规定，企业销售使用过的固定资产，如果同时满足以下 3 个条件，即“①属于固定资产目录所列举的固定资产；②企业使用过，并且按照固定资产管理；③售价不高于原价”同时得到满足的话，则对于销售固定资产收入额免征增值税，否则将按照 4％的征收率征收增值税。因此，该公司以 820 万元的价格销售固定资产是不明智的，那应以什么样的价格出售才是合适的呢？这里，向读者推荐“临界价格”的概念。临界价格=固定资产原值×系数，系数=1÷（1－适用的征收率）。如果固定资产销售价格大于原值而小于临界价格，那么就按原值销售；如果固定资产销售价格大于临界价格，那么就按销售价格出售。对于此例，经计算，其临界价格为 833.3 万元，由此决定公司应按固定资产原值出售才是最佳选择。

另外，值得一提的是，这对于企业处理“以物抵债”的三角债问题也是很有启发的。目前，很多企业都碰到了其他企业以资产如汽车等抵偿债务的情况，如果立即出售变现，根据规定，企业要按 17%的税率缴纳增值税，而且由于没有进项税额抵扣，实际税负是 很高的。如果企业考虑到销售使用过的固定资产的处理方法，在使用过一段时间后再出售，就可以享受免税优惠，而且根据最新税收法规的规定，销售使用过的游艇、摩托车、应征消费税的汽车也按照其他固定资产的管理办法处理，而不再适用原来的不论售价高低都征税的做法。

不想做好税务筹划的会计，就不是好会计。

——刘毅

第四章 成本控制

盘活企业资金流量真正实现轻资产战略

Chapter 3

第一节 企业成本控制三部曲 让企业真正地、可行性控制成本

在上几个章节我们提到企业生存有三大优势体现，其中的成本优势是我国企业可利用的最佳优势。几乎每个企业都在倡导和要求控制成本，但真正能做到成本控制的企业却乏善可陈，凤毛麟角！那么接下来就让我们真正了解一下如何真正能做到企业的成本控制。

佳能公司中国区新任总裁小泽秀树坦言：“利润率提高的秘诀在于成本控制，从研发、设计到生产销售这一系列的过程都做了严格控制，在保证优质产品的同时，把产品成本降下来，从而在激烈竞争的市场中保持良好的利润。”

那么，企业要做到科学的控制成本，首先就是要正确地认识“成本”的意义，进而才能有效地做到控制成本。

一、成本控制通俗来讲就是“把钱花得恰到好处”

麦肯锡曾这样评价中国的企业：“成本优势的巨人却是成本管理上的侏儒”。其实，成本控制是一门花钱的艺术，而不是节约的艺术。如何将每一分钱花得恰到好处，将企业的每一种资源用到最需要它的地方，这是中国企业在新的商业时代共同面临的难题。传统的成本管理是以企业是否节约为依据，片面从降低成本乃至力求避免某些费用的发生入手，强调节约与节省。而国际公司则认为，以节约成本控制基本理念的企业只是土财主式的企业，他们除了剥

削工人和在原材料上大打折扣以外，没有什么过人之处。所以，我们需要学习现代企业应有的成本控制战略及方法。企业要想有长期效益，就只能从战略的高度来实施成本控制。换句话来说，不是要削减成本，而是要提高生产力、缩短生产周期、增加产量并确保产品质量。单纯地削减成本，把成本的降低作为唯一目标，并不能得到有远见的企业家的赞同。单纯地追求削减成本，一般简单的做法都会考虑降低原材料的购进价格或档次;或者减少单一产品的物料投入（偷料）；或者考虑降低工艺过程的工价，从而达到削减成本的目的。这样做是十分危险的，会导致产品质量的下降、企业劳力资源的流失甚至失去已经拥有的市场。

二、成本控制需要建立科学机制

要做到合理控制成本,该如何做呢？我们来看看跨国企业是如何建立成本控制体系的:

第一步：战略目标指导成本控制目标

方向正确等于成功了一半，成本控制也一样。成本控制的目的是为了不断降低成本，以获取更大的利润。所以，制定目标成本时首先要考虑企业的赢利目标，同时又要考虑有竞争力的销售价格。由于成本形成于生产的全过程，费用发生在每一个环节、每一件事情、每一项活动上，因此，要把目标成本层层分解到各个部门甚至个人。

1. 企业项目分析

各个部门以营销目标导向，进行年度工作的项目立项，列出为实现目标所需要做的各类项目，同时对项目进行任务分解，再对时间、成本、性能每个环节进行分析，对比成本与收益。比如，市场部明年为了达到既定的目标，需要完成多少市场宣传及推广的项目，项目逐一分解成任务后，对每个任务所需要的费用进行合理预算，同时对产生的收益进行估算。

2. 进行行业价值链分析

行业价值链：是企业存在于某一行业价值链的某个点，包括与上、下游及渠道企业的连接点，如供应商产品的包装能够减少企业的搬运费用，改善价值的纵向联系，也可以使企业与其上、下游和渠道企业共同降低成本，提高整体竞争优势。

3. 竞争对手的价值链分析

竞争对手的价值链和本企业价值链在行业价值链中处于平行位置，通过对竞争对手价值链的分析，可以测算出竞争对手的成本。然后，自己的企业与之相比较，就找出了与竞争对手在任务活动上的差异，扬长避短，争取成本优势。

第二步：成本控制四步执行法

1. 减少目标不明确的项目和任务

在企业目标清晰的情况下，每个项目及任务都是为了实现目标而服务的。项目立项分析后，可以把目标不明确的项目与任务削减掉。

2. 明确各部门的成本任务

实行“全员成本管理”的方法。具体做法是先测算出各项费用的最高限额，然后横向分解落实到各部门，纵向分解落实到小组与个人，并与奖惩挂钩，使责、权、利统一，最终在整个企业内形成纵横交错的目标成本管理体系。

3. 成本核算，精细化管理

没有数字进行标准量化，就无从谈及节俭和控制。伴随着成本控制计划出台的是一份数字清单，包括可控费用（人事、水电、包装、耗材等）和不可控费用（固定资产折旧、原料采购、利息、销售费用等）。每月、每季度都由财务汇总后发到管理者的手中，超支和异常的数据就用红色特别标识出来。在月底的总结会议中，相关部门需要对超支的部分做出解释。为了让员工养成成本意识，最好建立《流程与成本控制 SOP 手册》。手册从原材料、电、水、印刷用品、劳保用品、电话、办公用品、设备和其他易耗品方面，提出控制成本的方法。当然，有效的激励也是成本控制的好办法，所以，成本控制奖励也成为员工工资的一部分。

4. 成本管理的“提前”和“延伸”

“提前”就是加大技术投资，控制采购成本；“延伸”就是将上下游整合起来。当今的市场竞争，是实力的竞争，人才的竞争，产品和服务质量的竞争，也是成本的竞争。从某种意义上讲，成本决定了一个企业的竞争力。在确保产品质量的前提下，降低成本是企业逐步扩大市场份额的重要途径，是提高企业经济效益的基础。企业管理者要转变传统狭隘的成本观念，结合企业的实际情况，充分运用现代的先进成本控制方法以加强企业的竞争力，迎接各方的挑战。

三、企业成本控制的五大法则

1、建立完善成本控制系统

由于成本控制对象不同，其控制可区分为产品成本控制、作业成本控制、责任成本控制、质量成本控制、资本成本控制、环境成本控制等。建立和完善成本控制体系，首先要依据不同行业、不同管理的要求，不同的生产组织体系，来确定成本控制对象。然后按照成本控制对象，建立并完善相应的成本控制体系。

在产品制造业，一般将产品成本、作业成本、责任成本、质量成本等作为主要的控制对象，并按照不同的控制对象建立成本控制体系和子系统，从而保证成本控制系统实行多元化的管理目标。

在商品流通企业，一般将商品成本作为控制对象，并建立商品采购进价、采购运输成本、商品持有成本、商品销售费用、信息处理成本等控制子系统等。商品流通企业也需要从全面落实成本控制的目标和责任，并利用现代计算机信息管理系统，实施有效的即时控制。

在服务行业，一般将服务成本作为控制对象，并建立提高服务质量和降低服务成本的管理机制。服务成本控制系统，一方面要有效地避免损失浪费发生；另一方面，也要避免以降低服务质量为前提地减少服务成本。

2、强化成本预算约束

企业在实行全面预算管理的过程中，成本预算是根据销售预算、生产预算及利润目标经综合平衡后而形成的。为了使预算编制得先进合理，确保预算的完成，需要建立各项成本费用的预算标准，并落实到相关部门及责任者。同时，还能够根据市场环境和企业内部变化适时做出修订。为了适应市场环境的变化，应当尽可能建立弹性成本预算，并对费用预算实施定期的零基预算调整，确保成本预算出发挥应有的作用。

3、推行质量成本控制

质量成本是为了保证必要的产品质量、服务质量而发生的成本费用。通常包括：（1）内部损失成本。是指因生产出不合质量标准的产品，而发生的成本费用，以及这部分产品在出厂前所发生的修理、再加工、再检验等费用；无法利用而被废弃的弃置费用、失败原因调查费用等。（2）外部损失成本。是指将有缺陷的产品转移给顾客后而发生的费用。如对不合格产品的维修、回收、交换费用、补偿不合格品给顾客带来损害的费用，处理损害赔偿相关人员的费用等。（3）外部质量保证成本。是指为顾客提供特殊的和附加的质量保证措施程序和数据所发生的费用。质量成本还包括预防成本和鉴定成本等。质量控制理念不是单纯地降低成本和片面地追求企业暂时的利益，而是以企业长远发展和市场竞争的视角，将成本控制与保证必要的产品质量联系起来，保证企业的市场竞争优势。

4、实行定额成本管理

定额管理是成本控制中最普遍而又最有效的管理方式。它是利用定额(材料消耗定额、劳动定额、定员、费用定额等)控制成本上的各项消耗，以达到降低成本的目的。实施成本定额控制可以和职责、考核、奖惩结合起来，从而使成本管理真正落实到全体员工和产品形成的全过程中。与此相配套的还有“配套发料制”。它是装配式企业在产品投产前，按产品投产批量及其消耗定额，由仓库全部配齐后一次全部发给生产单位的。如生产过程中发生丢失、损坏等情况，需要另写申请单，报有关部门批准后处理，这样可有效控制浪费与丢失。

5、实行全员和全过程的成本控制

企业在全员管理的活动中，需要按照员工的岗位责任及职责设计出相应的成本目标。在实施全员成本控制的过程中，首先要划分成本控制实体，应根据企业生产工艺的特点及职能部门、各类人员的职权范围，将企业内部划分为若干不同层次的责任实体，形成一个纵横相交的控制体系。

在落实控制责任时，首先应根据费用的性质及责任实体职责将成本费用划分为可控费用和不可控费用。可控与不可控是相对而言的。从这一责任实体看某项费用是不可控的；而对另一责任实体而言就可能是可控的。就某一企业来看，其内部的各项费用都应该是可控的。就某一个责任实体而言，负责控制的成本费用只能是自身发生的可控费用，否则其难以负责控制。

产品成本形成于生产经营的全过程，因此要确保成本目标的实现就必须实行全过程的成本控制。美国学者麦克尔·波特提出了价值链概念，从而将成本的全过程控制延伸到了企业外部——供应商和客户。波特认为每一个企业都是在设计、生产、销售、发送和辅助其产品的过程中进行种种活动的集合体，所有这些活动都可以用一个价值链来表明。

企业的价值链活动包括基本活动和辅助活动。基本活动包括内部后勤、生产作业、市场销售、外部后勤、服务等；而辅助活动则包括采购、技术研发、人力资源管理和企业基础设施等。这些互不相同但又相互联系的生产经营活动，构成了一个创造价值的动态过程，即价值链。迈克尔·波特认为，价值链并不是一些独立活动的集合，而是相互依存活动所共同构成的一个系统。价值链上每一个价值活动的进行方式与其他价值活动的进行方式是相互联系。

第二节 资金链安全管控三部曲 让企业做到永远“不差钱”

如果说财务对大公司总经理有价值的话，那它对创业者就更有价值了。因为创业者是终极管理者，企业中的绝大部分或至少是许多决策都是由他们做出的。创业者是价值的创造者。他们现在进行投资以期在未来得到现金流。他们必须明白现金流意味着什么，他们也必须理解风险并管理风险，他们还必须知道什么最终决定价值。其实，相对于大公司而言，创业企业从财务视角考虑问题可能有更重要的意义。创业者的关键目标是连续经营，忽视财务资金链风险将会导致被迫中止经营。

财务方面的风险可分为两类：一类是因为融资活动而引致的创业企业控制权被稀释、融资成本高等可用融资风险来表述的风险；另一类是由于创业企业自身资本结构不合理或企业发展战略不当而造成的流动资金不足，形成资金链断裂的风险。本章节将详细介绍资金链断裂风险及安全管控。

一、资金链断裂的成因剖析

资金链是指维系企业正常生产经营运转所需要的基本循环资金链条，是企业现金流在某一时点上的静态反映。按照在资金循环中所表现的形态不同，可以把企业资金链分为三部分：资金投入链、资金运营链、资金回笼链。资金由股东或债权人投入后，经过企业的运营，最后销售产品回笼资金，实现资金的增值过程，这一简单循环便告结束，形成了一个完整的资金链。

资金投入链主要与企业筹资有关，这一环节的安全程度主要与企业的筹资能力相关，而企业筹资能力最终会受资金运营链的影响。同时，企业经营活动应该与国家的经济周期相一致，不同时期宜采用不同的营运资金筹集政策。资金运营链是企业资金链的灵魂，资金运营链是企业业务运营在资金链上的反映。如果资金运营链出现问题，如企业流动比率、速动比率等过低，营运资产不能满足企业经营发展的需要，则企业的资金链会变得脆弱。首先，不同的行业由于其经营风险不同，资金运营链的安全程度也不相同；其次，企业的经营战略决定企业资金运营链的安全程度。资金回笼链反映了“资产-现金（增值）”的现金流动。在市场经济中，存在大量的赊销行为，因此，应收账款的顺利回收与否决定着企业资金回笼链的安全程度。

资金链断裂，是指企业发生债务危机，进而不能偿还到期债务。所以，资金链断裂表现为一种瞬间现象。但是，发生资金链断裂的根本原因在于企业的资金运营链，即形成利润的过程，以及形成的利润是否能够真正实现，即资金回笼链是否正常。所以，评价一个企业的资金链是否安全、是否容易发生断裂，应从企业的短期偿债能力入手，但同时又要兼顾企业的资金运营链及资金回笼链是否健康。

企业在生产经营活动中的资金循环要经历采购、生产、销售、分配等诸多环节，不论哪一环节出现问题都会带来资金链断裂的风险，其成因剖析如下：

1、营运资金不足引发的资金链断裂

营运资金不足引发的资金链断裂可分为三种情况：

一是由于存货增加、收款延迟、付款提前等原因造成现金周转速度减缓，此时，若企业没有足够的现金储备或借款额度，就会缺乏增量资金的补充投入，而原有的存量资金却因周转缓慢而无法满足企业日常生产经营活动的需要，严重的会导致企业停产。当这种效应扩大时，就会影响企业的上游企业（原料供应商），原因是上游企业的货款很难收回，并且这种影响还会延续下去。如中国目前的手机产业、汽车产业均受到这种“资金链”紧张的威胁。中国人民银行前副行长郭树清曾撰文指出：“企业库存占用资金上升问题值得关注。上半年（2004年）的货币运行中出现的新情况，比如存款增量减少特别是储蓄存款增量减少持续了5个月，企业库存显著上升、库存占用资金已超过20%。后一个问题应引起特别关注。”

二是销售规模扩张过快，以超过其财务资源允许的业务量进行经营，导致过度交易，从而造成营运资金的不足。

三是营运资金被长期占用，因不能将企业营运资金在短期内形成收益而使现金流入存在长期滞后效应。

2、信用风险引发的资金链断裂

信用风险是指由于借款人或者没有偿债能力或者不愿意偿还债务而使债权人的利益受损，无法得到利息甚至不能收回本金的不确定性。

由信用风险引发的资金链断裂风险可分为：一是突发性坏账风险，由于非人为的客观情况发生了不可预见性的变化，造成应收账款无法收回，形成坏账。如在 2008 年 5 月 12 日的汶川大地震中，由于地震的破坏使许多企业和个人不复存在，与他们相关的应收账款也只能以坏账来处理；二是大量赊销风险，企业为了适应市场的竞争，采用过度宽松的信用政策大量赊销，虽能在一定程度上扩大市场份额，但也潜伏着引发信用风险的危机，在肇始于美国且席卷欧洲主要国家的次贷危机中，许多企业的资金链都因此而断裂。

3、结算方式不合理造成的资金链断裂

结算方式不合理造成的资金链断裂是指企业在与其他企业发生采购与销售货款结算过程中产生的资金链断裂。

形成这种资金链断裂方式的成因主要有：

(1)由于赊销而产生的资金链断裂风险。在市场经济条件下，企业间进行着激烈的商业竞争。竞争机制的作用迫使企业采取各种手段扩大销售。企业在竞争中除依靠产品质量、价格、售后服务等于段外，还采取了赊销、分期付款等一些商业信用方式。由于商业信用是建立在企业相互信任基础上的，如果欠款企业一旦违约，失去信用，则债权企业将不能及时收回货歙，造成资金无偿占用，甚至造成坏账，给企业带来经济损失，企业由会此出现财务风险。

(2)不适当的现金折扣造成的资金链断裂风险。企业在销售过程中，为了吸引客户提前付款，制定优惠政策，对客户在商品价格上给予一定的折扣。但企业采用什么程度的现金折扣，则要合理确定。如果确定得合理，是会给企业带来一定的经济效益的；而反之，将使企业增加费用成本，甚至亏损，造成资金链的断裂。因此. 企业应考虑折扣所带来的效益与成本孰高孰低，权衡利弊，择优决断，以减少风险。

(3)由不同的结算方式形成的资金链断裂风险。企业在销售过程中，可以采用多种结算方式，不同的结算方式其结算期长短不同。一般来讲，结算期短，款项收回来的可能性大，形成坏账损失的可能性小；结算期长，款项收回来的可能性不大，形成坏账损失、资金链断裂的可能性大。因此，企业应注意结算方式的选择，并充分发挥银行的监督作用，以利于企业产品的销售与货款的回收。

(4)由于购销合同签订不妥所引起的资金链断裂风险。在实际工作中，购销单位之间往往对购销合同的签订重视不够，有的签有协议，有的甚至没有。签有协议或者合同的，常常由于责权不明，条款不完整，给一些单位可以乘之机，从而产生经济纠纷，使企业遭受损失。

4、投资失误引发的资金链断裂

企业由于投资失误，无法取得投资回报而给企业带来的风险。投资风险产生的原因有两个：一是投资项目资金需求超过预算；二是投资项目不能按期投产，导致投入资金被吞噬掉而以失败告终。投资失误一方面增加了企业的偿债风险，另一方面则连累了企业的主营业务。

案例：过度多元化崩断资金链条“巨人”轰然倒塌：

被誉为当代中国比尔•盖茨的“巨人”总裁史玉柱，靠4000元起家，背水一战，创造了“一年百万富翁，二年千万富翁，三年亿万富翁”的神话，也创立了巨人品牌。但是过度多元化的投资最终崩断了企业的“资金链”，使得这一“巨人”轰然倒塌。

在软件开发方面取得了巨大成功的史玉柱决定,跨越当家产品桌面排版印刷软件系统，向多元化方向发展。巨人集团的多元化战略同时涉足保健品、房地产、药品、化妆品、服装等多个新的产业，甚至还会开发中央空调。

在保健品方面，1994年8月，史玉柱注册了“康元公司”，将“脑黄金”投入市场，并一炮打响。继“脑黄金”成功之后，史玉柱又一举向市场推出12种新的保健品产品，一年内在生物工程上投入的广告费便猛增到了1亿元。而销售网络铺开后，康元公司的管理却成了问题。在市场没摸清的情况下，公司一下子就生产了价值上亿元的新产品，成本又控制得不好，造成产品大量积压。

在投资房地产方面，史玉柱从流动资金和卖楼花的收入中共筹集了2亿元资金，拟建18层“巨人大厦”。由于主观和外界的各种因素，集团在不做任何可行性分析论证的情况下，贸然将大厦由最初设计的18层追加到54层，最后竟然追加到了70层。以2亿元的资金兴建需要投资12亿的巨人大厦，即使有生物工程提供的6000万元，但由于天气原因和财务管理方面的漏洞，巨人集团还是背上了沉重的债务负担。1997年年初，巨人大厦到期未完工，酿成了巨人风波。国内购楼花者天天上门要求退款，媒体地毯式报道了巨人的财务危机。

在生物工程和其他投资项目方面，由于管理不善加再上过度“抽血”，生物工程一下子被搞得半死不活；同一时期，巨人集团还投资了4.8亿元在黄山兴建旅游工程；投资5400万元购买装修了上海巨人集团总部；投资5亿元上马新的保健品……其结果，非但新产业没有发展起来，本业也病入膏肓，公司走向了末路。

点评：巨人集团搞多元化投资本来能为企业取得更大的发展空间，但是由于过度多元化，同时对公司财务疏于管理，使公司在多个项目上资金链同时吃紧，最终把公司推向了破产。这也为创业企业提供了鲜活的例子。投资项目，特别是在企业走向成熟期谋求更大发展的阶段，更要保持清醒的头脑，谨慎投资，保持适度的发展规模，才能推动企业稳步向前发展。

二、建立企业资金链断裂预警管理策略建议

1、完善对资金链运作的管理和监督

企业必须健全对资金链的统一管理，有效筹集并运用资金。为此，一方面应认真研究贷款政策和资金市场的供求情况，以及国家政策与资金市场利率走向，营造低成本、多元化的资金融通渠道；另一方面要盘活资产存量，及时清

理闲置积压资产，同时也要加大应收账款的回收力度，以利资金周转，还要建立内部结算中心进行统一的财务调度，制定科学合理的资金运作方案，通过优化资本结构、降低资金使用成本、建立偿债准备金等手段来合理安排使用资金，防范资金链断裂的财务风险。

2、运用计算机建立资金链风险的防范机制，增强风险抵御能力

企业财务风险防范就是在企业运作过程与保证目标之间找到平衡，它意味着企业必须先要生存才能有发展这个基本道理，要把营造良性运作的资金链作为企业至关重要的大事，把企业的可持续发展作为一切工作的衡量标准。为此，企业要运用计算机智能设立财务风险评价指标及预警提示系统，以计算机分析技术建立风险评价模型为基础，建立风险防范机制。

3、树立资金链战略与日常管理相结合的科学理念

一方面要着眼于保障持续经营，使财务战略给予经营决策提供较高层次的支持，侧重体现财务部门对企业战略实施的主动参与。另一方面要着眼于屏蔽破产风险，建立资金管理和内部控制制度，向经营决策者提供日常经营的支持，侧重体现财务部门对企业规避风险管理的直接参与。还要健全资产重组管理体系；对与承受重组损失的企业来说，资金链已经断裂；而对参与重组损益的那些企业来说，则需要寻找下一个效益链的支撑点。显然，“保障-屏蔽机制”具有双层含义：一是防止企业因扩展效益链而引致“资金链”断裂，高度关注企业是否具备短期偿债能力；二是防止企业因效益链缺损危及资金链断裂，密切关注企业投资长期资产的收益是否能够支持企业发展目标的实现。

三、防止企业资金链断裂的措施

1、战略要得当，避免盲目多元化引起资金占用过多

实行多元化经营能够起到分散风险、提高预期收益的作用，因此也成为国内外各类企业确定发展战略时通常会选择的一个目标模式。但是进行多元化经营一定要结合企业的实际情况，如果盲目扩大规模、实行多元化经营，为了多元化而多元化，结果很可能会引起固定资产占用资金过多，造成资金链的断裂。对创业企业来说，经历了最初创业成功的喜悦后，一定要保持清醒的头脑，确定适合本企业实际的发展战略，战略目标既要远大，又要有可行性。既要有前瞻性，也一定要具有现实性，避免多元化经营带来的资金分散、固定资产占用资金过多的现象。

2、要增强盈利能力，发展企业的核心竞争力

资金链是现金-资产-现金（增值）的循环过程，企业要维持运转，就必须保持这个循环良性的不断运转。一旦“现金-资产”过程中出现问题，则企业的资金链就会发生危机。如果在企业发展过程中只重规模扩张而不重视企业盈利能力这一核心竞争力的培养，则这种盲目扩张不仅不能给企业带来利润，反而只会蚕食企业的现金，不能实现“资产-现金（增值）”的过程。

案例： NAC公司从低档产品着眼，谋求发展

拉贯•帕特勒创建了NAC公司并雄心勃勃地将目标定在了服务于由美国电话电报公司拆分出来的几家小贝尔市区电话公司。不过. NAC公司的第一件产品只是低档的自动拨号器，专门针对那些为MCI等通信公司代理长途电话业务

的初创企业。“我们认为，使公司拥有资金积累的能力，并使大家知晓我们这个新公司的做法是适当的。”帕特勒解释道。之后在一次会议上，帕特勒碰巧遇见了一位分销商。他提到需要更为精确的顾客清算能力。NAC公司立即停止了自动拨号器的生产，并迅速研制出一套清算系统。这一系统后来由于客户自身的经营不良而渐渐过时。然而该系统虽然短暂，但却迅速成功地帮助NAC公司吸引来了发展所必需的工程师，因为，这一成功使帕特勒能够给别人以安全感，而且也展示了这一初创企业的生机。“我们没有被看作不入流的企业。我们能够提供与大公司相媲美的好计划以及其他的好处”。接着，NAC又研制出了很多面向贝尔公司的不同凡响的产品。今天，NAC公司已经成功地发展成为贝尔公司的小型系统供应商。

点评：一些被大企业认为是不值得为其分散精力的盈利机会对初创企业未说却非常有价值。企业只要是在盈利，那么无论数额大小，都会得到供应商、顾客以及雇员的信任，同时也会增强企业的自信。

3、加强应收账款的管理

供应商的付款条款和客户的及时支付对于现金管理来说至关重要。Automotive Caliper公司的罗恩•诺里斯说他在创业之初就一直在交易中保持良好的现金流，而不是刻意追求高速增长。在20年的关系基础上，他找了6家供应商，仅第一笔订单就要求90～120天的延期付款期限，而6家供应商中只有一家同意他这样做。现在，诺里斯还给那些能够及时付款的客户提供适当的折扣。但是，他不能容忍任何形式的“欺瞒”。如果一名客户在30天内没有付款——并且没有解释任何原因——公司就不会再向他出售产品了。

在市场经济条件下，激烈的商业竞争迫使企业增加商业信用的使用，有时企业甚至会采用不适当的现金折扣方式完成结算，不同的结算方式在结算时间上的差异以及由于购销合同签订不完善等原因，都会造成创业企业应收账款无法按时足额收回，最终影响了企业资金链的完整。因此，应该采取有效的措施予以防范与控制。

具体措施包括：第一，创业企业要严格遵循国家《银行结算办法》等结算制度的规定，遵守结算纪律，不得擅自采用不合规的结算办法支付采购货款，如采用现金结算、以物易物等，因为这些非法结算不受法律保护，其风险较大。第二，加强购销合同的管理，创业企业在与客户签订合同时，首先应对客户的偿债能为、信用标准等方面的情况有所了解，在此基础上再与之签订合同，可避免风险的发生。第三，完善应收账款的管理。一方面企业要加强对每个客户应收账款的管理，观察每个客户的付款记录，看其是否超过或经常超过正常规定的信用期，观察客户所欠债务是否突破规定的最高限额。企业对不同的客户应定有不同的赊销限度，不可让客户任意赊欠，无限制地赊欠；另一方面，企业也要制定合理的收账政策。一般而言，对于过期较短的客户不要过多的打扰，以免将来失去这一市场；而对于过期较长的客户，可措辞婉转地写信催款；对过期很长的客户，可用严厉的措辞予以催款。第四，为了降低应收账款形成坏账的风险，可以成立专门的信用风险控制部门管理应收账款，做好应收账款的事前管理、事中管理及事后管理。

4、企业应顺势而为，与货币政策相适应

一是合理控制企业的发展与扩张速度。任何要迅速扩大经营规模的企业，都会遇到相当严重的现金短缺情况，所以，企业应根据自己的可持续发展能力，理性控制发展速度，谨慎、稳健地经营企业。二是企业实行与货币政策的政策环境相适应的赊销政策。在紧缩的货币政策下，企业的应收账款形成坏账的可能性将增加。为此，企业必须实行从紧的赊销政策，对资金链安全程度低、实力差、信誉不佳的企业严格控制赊销，保证应收账款的顺利回收；在扩张性的货币政策下，企业应收账款成为坏账的可能性会下降，因此，可采取适当宽松的赊销政策。

5、营造良好的金融环境

目前，我国企业的融资渠道仍然较窄，国家应积极建立良好而广泛的融资渠道。比如租赁公司，相对于我国的经济规模仍然很小，融资作用极其有限。应鼓励、大力发展租赁公司，使其成为企业的一个融资渠道。又如，对高科技企业来说，往往因为其成立时间短、前景不明朗、风险相对较大，所以银行难以取得与风险相对应的报酬，故这类企业难以成为银行授信的对象，所以他们往往会成为风险投资关注的目标。国家应给以鼓励政策，使风险投资得到迅速发展。此外，创业企业对每次借款和其他融资活动也一定要及时偿还本息或按时支付红利，这样也能够在信贷部门或其他机构中建立良好的信誉，提高创业企业的再融资能力。须知赢得银行家的信任需要充分的准备和良好的时机。

案例：讲述了希尔顿•伯克曼公司的菲尔•布克曼是如何建立企业与银行

之间的关系，建立良好信誉记录，营造宽松融资环境。

布克曼直到自己的软件公司建立起良好的信誉之后才开始尝试借款。但是,他始终确保公司有足够的订单,有完美的业绩记录以及合理的资产负债表。此外，他在一家大银行的当地分行开立了账户，并时常征询分行经理的建议以使他熟悉公司的业务发展情况。之后，在公司的业务发展度过了必需的三年期限之后，布克曼将公司的商业计划书交到了银行主管手里。“他看了一下我们的数据，”布克曼说道，“之后又说，看样子你们需要5万美元的贷款。”我们很清楚自己需要什么，但由他来提出还是很有必要的。于是我们得到了贷款并按时偿还。之后用同样的办法，我们在第二年又得到了所需的信用额度。

点评：虽然创业企业只有步入正轨才能取得银行贷款，但是为了顺利取得贷款需要做的准备，却需要从开始创业时就要一点一滴做准备。建立良好的信用记录，加强与银行的沟通使银行了解公司的运行状况等，都会为在银行取得贷款加分。

一个人做一回成本把控并不难，难的是一辈子都做能把成本把控做好，那才是最难最难的啊。

——刘毅

第五章 财务风险管控

真正让企业未雨绸缪，不再担惊受怕地运营

Chapter 5

第一节 产生税务风险五大因素，税务风险绝不是空穴来风

风险，是人类在社会和经济发展过程中随时都会面临的问题。可以说，历史就是一部与风险不断抗争的历史。诞生于20世纪50年代的风险管理，是对企业纯粹风险的管理。20世纪80年代后，企业的经营环境逐渐开化，以价格风险、利率风险、汇率风险等为代表的财务风险开始给企业的生存带来威胁，使得企业不断寻求规避财务风险的工具。风险社会化和国际化使国内外企业由于遭受财务风险而陷入危机，最终破产的例子很多。1999年，实达采纳世界著名咨询公司麦肯锡的方案，引进全新的业务进行大规模的机构调整，而此过程给经营造成了负面影响，造成了直接业绩的滑坡。2001年，“银广厦”造假事件曝光后，投资者对我国证券市场的有效性，上市公司的诚信和会计师事务所等中介结构的公信力等提出了质疑。2003年，意大利乳业巨头帕玛拉特43.7亿欧元（约49亿美元）的巨大财政黑洞，被认为是继“安然”事件之后的又一财务丑闻。从这些经营失败及发生财务造假的企业案例来看，主要是由于财务风险的控制与防范的薄弱使企业陷入了危机。

而随着我国社会主义市场经济的不断发展和加入WTO带来的冲击，企业作为生产经营者积极参与国际和国内市场竞争的机会日益增多，企业进行着筹资、投金管理、对外担保与外汇交易等一系列财务活动，这些财务活动在为企业带来收益的同时，也为企业带来了一定的财务风险。企业的经营管理也逐渐

由资产经营变为以资本经营为主,进入了以财务为导向的企业管理阶段。因此，对企业财务风险的控制及防范措施进行探讨，以期降低风险、提高效益，就具有了十分重要的意义。

税务稽查风险产生的原因有很多，主要有稽查人员自身因素（如风险观念淡薄、素质不够等）和外部因素（如环境、法制因素等）。

（一）稽查人员自身因素

当前的税务稽查部门人员数量及其稽查人员的素质还不能完全适应新时期税务工作的需要，突出表现为数量上的短缺和质量上的欠佳。

1、人员数量短缺

在经济快速发展的过程中,纳税人数量增加的速度要远远快于税务稽查人员数量增加的速度，因此，难免会造成一些纳税人游离于税务机关监管之下。2008 年的数据显示，全国共有税务稽查机构 5372 个（其中地税部门 2574 个），税务稽查人员 86720 人（其中地税部门 37567 人），占全国税务干部比例为 11.9%（总局要求原则上不低于 15%。而美国、日本等西方国家稽查人员占全部税务人员的比例在 50%以上），全国共有法人纳税人 1669 万户，即使全部税务稽查人员投入到对企业的监管中,单位税务稽查人员分管企业平均数量也为 192.46 户。

2、人员质量欠佳

比数量短缺更为严重的问题是素质的欠缺，主要表现在以下几个方面：

（1）风险意识欠缺。一些税务稽查人员一定程度上存在“权治”思想。

税务稽查人员作为执法者的强势地位客观存在，纳税人不愿与税务稽查人员“较真”，使有些税务稽查人员没有切实感到税务稽查风险的压力，从而缺乏风险防范意识。但随着社会法制环境的改善和纳税人维权意识的增强，一旦纳税人“较真”起来，税务稽查的风险将会增大。

职业道德缺失。少数税务稽查人员缺乏自我约束，职业道德感缺失。虽然知道自己的执法行为不符合执法规范，也知道其行为的后果，但出于小集团、个人私利等因素的考虑，还是以身试法，明知故犯。表现为：一些税务稽查人员滥用职权，以权代法，武断执法；少数税务稽查人员失职、渎职，以不作为的方式放弃执法权力，或工作态度不认真，草率从事，在缺乏证据或依据的情况下做出具体行政行为；个别税务稽查人员法制观念淡薄，以权谋私，收受贿赂，在执法过程中徇私枉法等。

（3）业务素质较低。一些税务稽查人员的业务素质与执法工作所要求的人员技能素质不相称，导致应办事项未办或漏办。一些税务稽查人员在执法时不会综合运用税收程序法和实体法。有的税务稽查人员注重按执法程序办事，却忽视了正确引用实体法；而有的则是在执法中只注意适用实体法而不注重税收执法程序，凭感觉和经验办事，随意简化税收执法手续。

（4）心理素质欠佳。一方面，有些税务稽查人员存在一种心态：怕当稽查人员，怕在稽查一线工作，怕与纳税人打交道。主要是因为现在全社会的法制意识都增强了，对执法部门的要求提高了，检查监督的力度逐步加大了，一些税务稽查人员生怕执法不到位或不正确，而受到行政或刑事追究；另一方面，在工作中，稽查人员难免会结怨于某些行政相对人。一些税务稽查人员怕他们把所有的“罪过”都归罪于己，怕他们打击报复，不敢依法办事。有些税务稽查人员在执法过程中容易与纳税人发生语言碰撞，甚至恼羞成怒，动起手来。

（二）环境因素

1、税收遵从度

我国的税收遵从主要是防卫性遵从，具体表现为纳税人有逃避纳税的企图，但对逃避纳税被发现的概率估计较高，担心受到惩罚而不得不依法纳税。而我国税收不遵从主要是自私性不遵从，具体表现为纳税义务人把自身利益与公共利益对立起来，为了自身利益，总是千方百计逃避纳税。如果说纳税人之所以遵守税法，除了担心偷逃税被严厉查处之外还受严密的税收制度、征管制度约束，那么出于自私或自利的目的偷逃税则几乎可以断言是纳税人偷逃税的根本动因或主要原因。

和西方国家不同的是，除了利益驱使外，造成我国纳税意识普遍不高还有深刻的历史原因及社会原因。受长期的封建社会苛捐杂税过多过重之苦影响，加之历代文人墨客的大肆渲染，敌视、反感、厌恶税收的情绪在人们的心中已根深蒂固。新中国成立的很长一段时间里，政府不向个人征税，社会主义国家不需要税收的“非税论”给国人以误导，这进一步扭曲了人们对税收的认识。随着国民素质教育的深入和税法的广泛宣传，税务行政相对人的素有了较大提高，但人们心中的“厌税”情结并未彻底改变。再加上中国人极讲感情，亲情、友情总是在干扰正常的税务稽查执法秩序，这些自然影响到了税务稽查执法的效果，弱化了税法的刚性。

2、协税护税环境

税收征管要做到应收尽收，除了税务部门加强征管与稽查外，还需要有关部门护税协税。而且，税收征管法也有相应的条款阐述护税协税内容。在具体的税收实践中，各地也有不少护税协税的好办法、好经验。如近年来，国、地税协作得到进一步加强，互通相关涉税案件查处情况和相关涉税信息，等等。但由于种种原因，目前护税协税也还存在一些不容忽视的问题，主要表现在以下方面：

（1）**地方政府干预税收执法。**一些地方政府或出于自己获取政绩等方面的私利，或出于地方经济发展的“公心”，干预税收执法，而有的税务部门为了获得地方政府对税收工作的支持，同时也受“权大于法”思想的影响，往往会迁就地方政府领导，而地方政府领导违法用权屡屡奏效则进一步助长了这一行为。

（2）**说情显能干预税收执法。**由于当前一些社会的风气不正，许多不符合法律、不符合规定的事情通过找关系往往也能办成，在税务稽查中，突出表现为通过找关系减轻处罚或免予处罚。从纳税人而言，通过说情少缴税款或减轻处罚可以获得直接的经济利益；而从中间人来说，通过自己的说情帮纳税人争取到经济利益，会感觉到自己有“面子”，甚至得到好处。

（3）**护税协税责任单位不作为。**《税收征管法》规定，扣缴义务人和相关护税协税单位有护税协税义务，但实践中一些单位护税协税的积极性并不高，这里面的原因也是多方面的。其一，护税协税单位与实际纳税人之间本身就有经济利益关系，这些部门和单位从自身利益出发不愿意配合税务部门的执法活动；其二，虽有法律明文规定一些单位负有护税协税义务，但没有明确的护税协税责任条款，责任缺失使得承担护税协税义务成为了一纸空文；其三，有的单位把护税协税作为额外的负担。比如，税务部门稽查案件查出偷税人应追究刑事责任，需移交司法部门处理，一些地方的司法部门往往以办案经费不足为由不予受理，或者是“以罚代刑”，只收取罚金而不追究刑事责任，从一定程度上存在重刑事案件、轻偷税经济案件的倾向。

（三）信息因素

由于纳税人直接参与、控制生产经营活动，因而对生产经营过程中的交易事项、经营状况、财务状况等信息了如指掌。而税务部门对这些信息却难以全面了解掌握，因而判断纳税人纳税信息真实与否在客观上存在一定的难度，这就为纳税人不履行纳税义务提供了前提条件。

（四）法律因素

如果一个国家的税收法律与管理制度存在缺陷，就为执法风险提供了存在的空间及条件。制度是一种博弈规则，是人们所创造的用以限制人们交往的行为框架。目前，我国的市场化改革还有待进一步深化，市场经济所要求的各项制度还不完善，这些规则的缺失无疑为税务机关的正常执法带来了相当大的困难，突出表现在税收法律法规制度与税收司法保障体系方面存在的问题。

1、税收法律制度不完善

（1）税收法律体系不健全

首先，基础性、综合性的法律体系尚未建立起来。我国目前还没有税收基本法和税务机关组织法，税收立法原则、执法原则、解释原则、税收管辖权、中央与地方税收立法权的划分等法律问题无法得到规定。其次，许多税收单行法没有表达出其应有之义，各个税法应具备的功能尚未完整地表现出来。税法中的一些制度、措施还不够规范，与国际上通行的做法还有很大差距。再次，地方法律法规等诸多规范不完整，缺少制裁部分，税收部门只有依法征税的执法权，而税收违章处理权则相对薄弱，削弱了执法手段的刚性。

（2）不同法律法规之间相互冲突

由于目前还没有税收基本法，地方对哪些税收事项享有立法权，缺乏一套完整的制度规范。当前除了《税收征管法》、《企业所得税法》和《个人所得税法》这三部专门的税收法律外，相当多的税收执法依据是授权立法的产物——行政法规，还有更多的是部门规章、规范性文件以及批复等更低层次的文件。以部门立法、部门解释、部门执行为主的体制，使得税务部门集税收的立法权与解释权、执法权于一身，滞后于社会经济的发展，也不符合法治的精神。其后果是税收法律法规之间、税收法律法规与其他法律法规之间相互抵触，极易引发执法风险。如有的地方出于促进本地经济发展的考虑，出于财政难敷各项支出的需要，或出于对本地特有区域性及零散税源不能名正言顺地征税之考虑，纷纷寻求对现行税收立法体制的突破；有的地方政府擅自变通国家税收政策，越权减免，或实行“包税”；有的税务机关规定无论纳税人账证如何健全，均按核定征收方式征收企业所得税和个人所得税等。这已不是个别现象了。这种不一致性在具体适用中易产生混乱与矛盾，增加发生适用执法依据错误的可能性。

过去，税务行政相对人对税务机关制定并发布具有普遍约束力的行为规则的行为，即抽象的行政行为无能为力，但自《行政复议法》颁发后，税务行政相对人对税务机关的具体行政行为所依据的部分不合法规定可以在申请税务行政复议时一并向税务行政复议机关提出审查要求，这也增加了税收执法的风险。

（3）法律虚置问题严重，不易于执法的统一

长期以来，我们习惯于制定一些较为宽泛和较为原则的条款，以试图涵盖各种特殊情况，使法律具有普遍适用性。其主要表现为法律虽有规定，但规定不明确，过于概括、简约。其直接后果是法律条文表述欠严密，而且赋予税务机关的自由裁量权过大，给理解、解释和执行带来了较大的随意性，在实践中难以适用，造成执法的不统一。按照一般的法律原则，税法应当得到优先适用，但在实际工作中，基层税务机关多数会依照内部文件进行税收执法。各级单位为了更好地落实好上级文件精神，往往会结合本地实际，指定更加详细、更加具体的操作办法与规定。这些办法与规定虽然对提高征管质量和税务工作人员的积极性起到了一定作用，却往往忽视了对本系统人员的法律保护，一旦出了问题也为司法机关追究税务人员的法律责任提供了依据。

（4）税收立法透明度低以及对法律解释混乱

在税收法制方面，对税收执法影响最大的是税收立法透明度不高以及对税收法

律解释的混乱。由于立法透明度不高，征纳双方对税收立法的背景缺乏必要的理解，对某一规定的理解有时产生歧义。而且，目前我国对法律的解释渠道不畅通，有了歧义却又缺乏权威解释，极易引起征纳纠纷，也无疑增加了执法风险系数。

2、税收司法保障力度较弱

税收司法作为实现税收法治化的保障，其功能之一就在于维护税务机关正常执法活动的顺利进行，从而保证国家税权的实以及国家财政收入的稳定。因此，各种形式的涉税违法行为和数额庞大的偷漏税额，不仅需要税务机关的严厉执法稽查，还要求有专门的税务法庭对这类案件进行专门化、迅速及时的审理，从而追回应纳税款、保障国家税权的顺利实现。虽然《刑法修正案（七）》通过后，用逃避缴纳税款罪取代了原来的偷税罪，该条文明确规定："经税务机关依法下达追缴通知后，补缴应纳税款，缴纳滞纳金，已受行政处罚的，不予追究刑事责任。"但税款补缴的实现仍离不开税收司法的坚强保障。而现实情况却是法官面对进入司法程序的税收案件十分棘手，难以独立做到正确、及时、合法的裁判。而具有办理涉税案件能力的税务机关因法律未规定其享有部分独立司法权，使得税务机关所具有的检查权、行政处罚权、强制执行权等缺乏必要的保障手段而难以落实，大量案件未受到刑法的处罚，从而形成了"司法机关有权无力，税务机关有力无权"的局面。此外，随着涉税违法案件的隐蔽化、团伙化、高智能化、高科技化和产业化发展，也进一步凸现了税务司法专业人员的匮乏。从当前查处的涉税案件来看，行为人已不限于单纯的隐匿销售，而是通过复杂的业务流程设计，规避税务部门的检查，采用少列收入、多计支出、转移定价、虚造单据、转变业务交易性质等多种形式实现逃避缴纳税款行为的隐蔽化。甚至在一些会计、税收、法律等专业人员的帮助下，仔细分析当前税法的空白点，结合高科技的手段进行。这就决定了涉税案件的大量争论集中在收入、成本的确认以及业务流程的合法合理性等方面。尤其是在涉及判断纳税人是否存在主观恶意的案件中，庭辩的焦点往往是纳税人在设计相关业务流程时，是一时疏忽还是故意为之。对于这些问题，只有通过对相关证据进行推导，分出正常业务和非常业务，才能做出正确的判断。这就要求法官具备一定的企业管理、生产经营、会计方面的专业知识，但现今法院的人员往往偏重于法学专业，缺乏相应的经济专业素养，在具体案件的处理上难以把握准确的尺度。

（五）机制因素

任何制度的实施都应该具有有效的实施机制，否则，再好的制度也只能形同虚设。税务稽查的风险程度也和许多机制是否完善密切相关。一般来说，产生税务稽查风险的机制因素表现在以下几个方面：

1、执法权力监督机制不健全

因为行为人决策时都会预期行为成本和利益，只有收益大于成本才会干这件事，风险越小，收益越大，干这件事的动机就越强烈；当风险达到一定程度（肯定会被发现并将受到严惩），即使预期收益再高，行为人也不会铤而走险。因此，对税收执法监督机制要完善，增加违法成本，阻止违法行为的发生，同时也可以减少执法风险。

2、权力内部制约机制缺位

行政权作为一个总概念包括许多具体的权力范畴，如决策权、处罚权、强制权、执行权、许可权等。各种权力都有其相对独立的特殊的本质规定性，在行政活动过程中的分工恰当与否直接关系到各种权力的行使质量。一体化的权力行使，即把所有权力集中到一个机构的行使方式必然会产生弊端。因而，必须要用一种行政权来制约另一种行政权，即以权制权。目前，实施行政执法责任制主要体现了这种层级权力制约的监督关系。然而，传统的行政管理权力行使方式仍然对其产生不了重大影响，往往会使这种层级权力制约的监督不能达到预期目的。

3、责任追究机制不到位

有效的税收执法实现机制应当有完善的责任追究机制，但我国税收执法实现机制存在的问题是违约惩罚力度过弱、责任追究机制不完善、缺少惩罚机制。税收的惩罚机制是对违法乱纪和执法不规范的税务执法人员追究其法律责任，但我国《税收征管法》对税务人员违法的法律责任有限，导致在税收执法中，个别执法人员以权谋私，包庇纳税人的偷骗税等违法行为。在现行的税制设计中自由裁量权过大，为执法的随意性提供了

便利。一些税务机关虽然也出台了税务行政执法责任制，但由于缺乏有效的机制，往往落实不到位，也为税务稽查执法风险留下了隐患。

第二节 常见税务风险点
让我们真正了解风险的来源细节

在对集团部分企业开展税收风险状况管理的税收实践中，梳理其生产经营、财务管理和纳税申报等实际业务，对企业风险管理的效果与效率进行评价，我们核实确认了8大类64个税务风险点，其中企业所得税风险点42个、增值税风险点10个、消费税风险点5个、城建税和教育费附加风险点1个、印花税风险点1个、个人所得税风险点3个、房产税风险点1个和土地使用税风险点1个。具体风险点按税种归类如下：

一、企业所得税

（一）收入类

1. 取得手续费收入，未计入收入总额。如：代扣代缴个人所得税取得手续费收入。

【核查建议】核查其他应付款科目下的“其他”、“手续费”等明细科目贷方发生额及余额，是否存在收到手续费挂往来账而不作收入。

2. 确实无法支付的款项，未计入收入总额。

【核查建议】核查应付账款、其他应付款明细科目中长期未核销余额。

3. 违约金收入未计入收入总额。如：没收购货方预收款。

【核查建议】核查预收账款科目，了解往来核算单位中贷方金额长期不变动的原因。

4. 取得补贴收入，不符合不征税收入条件的，长期挂往来款未计入收入总额。

【核查建议】核查其他应付款、专项应付款等科目贷方发生额，以及其相关拨付文件是否符合不征税财政性资金的相关规定。

5. 取得内部罚没款，长期挂往来款未计入收入总额。

【核查建议】核查其他应付款—其他—监察部门、其他应付款—其他—纪检部门等科目贷方发生额及相关原始凭证，有无可以确认不再退还当事人的罚款或违纪款。

6. 用于交际应酬的礼品赠送未按规定视同销售确认收入。政策依据：《国家税务总局关于企业处置资产所得税处理问题的通知》（国税函〔2008〕828号）。

【核查建议】核查产成品科目贷方直接对应管理费用、销售费用、营业外支出等科目是否在所得税申报时视同销售确定收入。

7. 外购水电气用于职工福利未按规定视同销售确认收入。政策依据：《国家税务总局关于企业处置资产所得税处理问题的通知》（国税函〔2008〕828号）。

【核查建议】核查管理费用、职工福利费等科目，审核水电气使用分配表等管理报表，是否存在用于职工福利的未确认收入。

8. 集团公司收取的安全生产保证基金，扣除当年实际发生的损失赔付以及返回给下属企业金额等后，余额（含利息）未确认收益，未并入应纳税所得额计算纳税。

【核查建议】 核查安保基金等科目，审核安保基金使用的相关文件，对计提安保基金使用后的余额应作纳税调整。

9. 租金收入未按收入与费用配比原则确认收入。如：土地使用权出租，跨年度取得租金收入，相关摊销已经计入成本，但是租金收益没有确认。政策依据：所得税法实施条例第九条和《国家税务总局关于贯彻落实企业所得税法若干税收问题的通知》（国税函〔2010〕79 号）。

【核查建议】 核查其他业务收入等科目，审核租赁合同，按照税法规定进行纳税调整。

10. 政策性搬迁收入扣除固定资产重置、改良支出、技术改造支出和职工安置支出后的余额挂往来，未计入收入总额。政策依据：《国家税务总局关于企业政策性搬迁或处置收入有关企业所得税处理问题的通知》（国税函〔2009〕118 号）。

【核查建议】 核查其他业务支出或专项应付款等科目，审核搬迁合同、立项合同等搬迁过程中相关文书，对收入扣除支出后的余额进行纳税调整。

（二）扣除类

11. 下属企业收到总部返回的安全生产保证基金，未冲减相关费用；返回款形成资产的，其折旧和摊销在税前重复列支，未作纳税调整。

【核查建议】 核查安保基金等科目，审核安保基金返还的相关文件，看安保基金返还及使用是否符合税法的规定。

12. 安保基金返回款用于有税前扣除标准规定的支出，合并计算后超标准部分未做纳税调整。如用上级返还的安保基金直接发奖金或补助未计入工资薪金总额计算纳税调整；用上级返还的安保基金直接列支职工教育经费，造成实际列支的职工教育经费支出超标，超过部分未作调整。政策依据：《国家税务总局关于企业工资薪金及职工福利费扣除问题的通知》第二条和所得税法实施条例第四十二条。

【核查建议】核查企业是否将发生的职工教育经费直接冲销上级返还的安保基金，以及其他科目下列支职工教育经费未并入应付职工薪酬—职工教育经费科目核算，其超过工资薪金总额2.5%部分是否未作纳税调整。

13.计提但未实际支出的安全生产费，未调增应纳税所得额。

【核查建议】核查其他应付款—其他—安保基金返还科目年末贷方余额是否在企业所得税申报时作纳税调整。

14.应视同工资薪金的各种劳动报酬支出，未作纳税调整。一是补贴性质的劳动报酬支出，如：年终奖、岗位能手奖金、码头津贴等，未通过应付职工薪酬科目核算，也未合并计入工资薪金总额计算纳税调整。二是临时工、返聘离退休人员以及接受外部劳务派遣用工所实际发生的工资薪金性费用，未合并计入工资薪金总额计算纳税调整。三是超过政府有关部门给予限定数额的工资薪金性支出未作纳税调整。

【核查建议】核查管理费用，其他应付款等科目，审核政府发布的工资支出标准，对于不符合税法规定的应作纳税调整。

15.计提但未实际支出的福利费和补充养老保险等，以及计提但未实际拨缴的工会经费，未作纳税调整。

【核查建议】核查其他应付款科目，审核企业在当年发生的工资、福利费、工会经费和补充养老保险在汇算清缴时的有效凭证是否能提供齐全，否则不能在税前扣除。

16. 支付与取得收入无关的其他支出，未作纳税调增。如：奥运会和世博会门票等。

【核查建议】核查管理费用等科目，审核相关支出费用的合同或管理规定，有无支付与取得收入无关的费用。

17. 应由个人负担的费用作为企业发生费用列支，未作纳税调整。如：个人车辆消费的油费、修车费、停车费、保险费以及其他个人家庭消费发票；已出售给职工个人的住房维修费；职工参加社会上学历教育以及个人为取得学位而参加在职教育所需费用。

【核查建议】核查企业是否在管理费用、销售费用、营业费用等科目中列支应由职工个人负担的个人所得税、私人车辆维修费、养路费、年检费和保险费等费用。

18. 列支以前年度费用，未作纳税调整。

【核查建议】核查企业以前一年度应计未计费用、应提未提折旧是否在当年及以前补计或补提。

19. 职工福利费超过税法规定扣除标准，未作纳税调整。如发生一些福利费性质的费用，防暑降温费、食堂费用等，未通过职工福利费科目核算，也未并入福利费总额计算纳税调整。政策依据：所得税法实施条例第四十条和《国家税务总局关于企业工资薪金及职工福利费扣除问题的通知》（国税函〔2009〕3号）。

【核查建议】核查企业管理费用、销售费用、营业费用科目下其他—专项费用、差旅费用、特批开支等明细科目，是否有应作为工资薪金的津贴、补贴、奖励、加班工资等支出未在企业所得税申报时作调整。

20. 工会经费税前扣除凭据不合规，未作纳税调整。如用普通收款收据拨缴工会经费。政策依据：《国家税务总局关于工会经费企业所得税税前扣除凭据问题的公告》（国家税务总局公告2010年第24号）。

【核查建议】核查企业管理费用—其他—特批费和应付职工薪酬—工会经费等科目，上缴时是否取得工会经费拨缴款专用收据。

补充养老保险费和补充医疗保险费超过税法规定扣除标准，未作纳税调整。政策依据：《财政部 国家税务总局关于补充养老保险费 补充医疗保险费有关企业所得税政策问题的通知》（财税〔2009〕27号）。

【核查建议】核查管理费用等科目，审核经批准的扣除标准，超过标准部分进行纳税调整。

22. 业务招待费用支出超过税法规定扣除标准，未作纳税调整。如：部分企业技术开发、消防警卫、外宾接待、在建工程、特批费和奥运会专项经费中发生的业务招待费，未并入业务招待费总额计算纳税调整。

【核查建议】核查企业是否将管理费用科目下警卫消防费、其他—专项经费、外宾接待等明细科目和销售费用科目下差旅费等明细科目以及研发支出、在建工程等科目里发生的业务招待费在所得税申报时一并作纳税调整。

23.为职工支付商业保险费税前扣除，未作纳税调整。如：为职工支付人身意外险，为高管支付商业险。

【核查建议】核查企业是否在管理费用—其他科目和应付职工薪酬—职工福利科目下列支各种商业险，未在企业所得税申报时作纳税调整。

24.赞助性支出，未作纳税调整。如：向武警支付的慰问金和补助。

【核查建议】核查营业外支出或管理费用等科目，对赞助性质的支出，进行纳税调整。

25.税收滞纳金和罚款支出，已在税前扣除，未作纳税调整。

【核查建议】核查企业在管理费用和营业外支出等科目里支付的税收滞纳金及各种行政罚款是否在企业所得税申报时作纳税调整。

26.建造、购置固定资产发生的应予资本化的利息支出，作为财务费用税前列支，未作纳税调整。

【核查建议】核查财务费用、在建工程、固定资产等科目，审核相关借款合同，用途支出，将应资本化的利息进行纳税调整。

27.应予资本化的固定资产大修理支出，一次性列支，未作纳税调整。

【核查建议】核查企业固定资产的大修理支出，是否同时符合修理支出达到取得该资产时的计税基础50%以上，以及修理后使用年限延长2年以上两个条件。

28. 不符合规定的劳动保护支出，未作纳税调整。

【核查建议】 根据《劳动保护用品管理规定》（劳部发〔1996〕138号）规定，劳动保护用品是指劳动者在劳动过程中为免遭或减轻事故伤害或职业危害所配备的防护装备，凡以劳保为名向职工发放的现金、人人有份的生活用品和非防护装备等福利及劳动报酬支出应作纳税调整。

（三）资产类

29. 资产处置所得，未计入应纳税所得额。如固定资产、无形资产等财产的处置。

【核查建议】 核查其他业务收入、其他应付款等科目，审核资产处置合同，看是否按税法规定进行纳税调整。

30. 资产损失未按规定审批直接在税前申报扣除，未作纳税调整。政策依据：《企业资产损失税前扣除管理办法》（国税发〔2009〕088号）第五条和《企业资产损失所得税税前扣除管理办法》（国家税务总局公告2011年第25号）第五条。

【核查建议】 核查企业发生的资产损失是否经过审批或申报后在税前扣除，申报的损失是否符合税法文件规定。

31. 无形资产摊销年限不符合税法规定，未作纳税调整。

【核查建议】 核查企业累计摊销科目中发生的摊销时间是否低于税法规定的最低摊销年限。

32. 停止使用的固定资产继续计提折旧，未作纳税调整。

【核查建议】核查长期停工费用科目，结合企业财务报告，审核停工项目费用明细，对不符合税法规定的项目进行纳税调整。

33. 将固定资产作为低值易耗品核算，一次性列支，未作纳税调整。

【核查建议】审查周转材料或低值易耗品等科目，将应按固定资产核算的低值易耗品进行纳税调整。

不征税收入形成资产折旧在税前扣除，未作纳税调整；如企业取得来源于政府有关部门的港建费补贴，按不征税收入确认，但支出所形成的资产仍然计提折旧在税前重复扣除。政策依据：所得税法实施条例第二十八条和《财政部国家税务总局关于专项用途财政性资金有关企业所得税处理问题的通知》（财税〔2009〕87号）。

【核查建议】核查企业取得来源于政府及其有关部门的财政补助、补贴、贷款贴息和港建费分成收入等不征税财政专项资金，其支出所形成的费用，或其资产所形成的折旧、摊销是否在计算应纳税所得额时扣除。

（四）税收优惠类

35. 资源综合利用产品自用部分视同销售，不能享受减计收入的税收优惠，未作纳税调整。如：资源综合利用项目回收蒸汽、可燃气，用于本企业再生产部分。政策依据：所得税法实施条例第九十九条、《国家税务总局关于资源综合利用企业所得税优惠管理问题的通知》（国税函〔2009〕185号）和《国家税务总局关于资源综合利用有关企业所得税优惠问题的批复》（国税函〔2009〕567号）。

【核查建议】核查产成品科目，审核资源综合利用产品自用部分视同外销收入，不得享受减计收入的企业所得税优惠政策。

36.研发费用加计扣除不符合税法规定，未作纳税调整。

【核查建议】核查研发费科目，审核研发费项目数据归集表，对不符合税法规定的项目进行纳税调整。

（五）其他类

37.新税法实施后补计2008年之前发生的收入或冲销2008年之前列支的支出，未按照当期适用税率进行核算。

【核查建议】核查企业是否将2008年前应作收入推迟到2008年及其以后年度作收入，以及2008年及其以后年度应计费用提前至2008年之前扣除。总部期间费用纳税申报时全部分摊到高税率的东部地区扣除，未在适用优惠税率的西部地区摊销。政策依据：《中华人民共和国企业所得税法实施条例》第一百零二条规定，企业同时从事适用不同企业所得税待遇的项目的，其优惠项目应当单独计算所得，并合理分摊企业的期间费用。

【核查建议】核查企业2008年共同负担的期间费用是否在不同税率的东、西部企业合理分摊。

39.在销售费用中折扣额与销售额不在同一张发票的，未作纳税调整。

【核查建议】核查销售费用等科目，对列明折扣额的进一步审核销售发票、销售合同，不符合税法规定的应作纳税调整。

40.不合规抵扣凭证，未作纳税调整。

【核查建议】核查企业在成本费用列支时使用白条、假发票等不符合规定的票据在税前扣除。

41.吸收合并业务不适用特殊重组政策。依据《财政部国家税务总局关于企业重组业务所得税处理若干问题的通知》（财税〔2009〕59号），企业未按规定备案，不得按特殊重组进行税务处理。

【核查建议】核查合并重组协议，对未经税务机关备案的，应进行纳税调整。

42.天然气产销量差异超过合理损耗部分未确认收入。

【核查建议】核查生产报表、销售报表、财务报表等，对于产品产销差异超过合理损耗部分，应作纳税调整。

二、增值税

（一）销项类

43.将购进货物无偿赠送其他单位或者个人未视同销售货物计算缴纳增值税。

【核查建议】核查营业费用、营业外支出、应付职工薪酬-福利费等科目，将自产、外购的货物无偿赠送他人，以及将自产的货物用于职工福利或个人消费未计增值税。

44.从事货物生产及销售的企业发生除《中华人民共和国增值税暂行条例》第六条规定之外的混合销售行为，应当缴纳增值税。

【核查建议】核查销项税金科目，审核销售合同，对属于应征增值税的混合销售行为的计提销项税额。

45. 处置自己使用过的固定资产，未计算缴纳增值税。如处置旧汽车、旧设备等。政策依据：《财政部国家税务总局关于旧货和旧机动车增值税政策的通知》（财税〔2002〕第29号）和《财政部国家税务总局关于全国实施增值税转型改革若干问题的通知》（财税〔2008〕170号），注意2009年前后相关政策的变化。

【核查建议】核查固定资产等科目，企业销售自己使用过的固定资产未提增值税，或者将应按17%增值税税率申报，却错按4%征收率减半征收增值税。

46. 出售废旧货物未计算缴纳增值税。如销售自己使用过的除固定资产以外的废旧包装物、废旧材料等未按17%税率申报缴纳增值税。政策依据：《财政部 国家税务总局关于部分货物适用增值税低税率和简易办法征收增值税政策的通知》（财税〔2009〕9号）。

【核查建议】核查企业销售自己使用过的旧货是否按17%适用税率申报增值税，是否存在未计提增值税或错按4%征收率减半缴纳增值税。

47. 销售购进的水、电未计算缴纳增值税。如加油站向施工方收取的水电费和租赁房屋单独收取的水电费。

【核查建议】核查企业通过其他业务收入科目、或红字冲销管理费用和制造费用等方式收取水电费未计提增值税。

（二）进项类

48. 非油气田企业的非增值税应税劳务取得的进项不得抵扣，未作进项转出。如接受技术服务、装卸、含油污泥处理和废催化剂处理等劳务，取得的增值税进项税额不得抵扣。

【核查建议】核查应交税金-进项税等科目，审核相关劳务合同等资料，对不属于增值税劳务范围内的其他劳务抵扣的进项税不得抵扣。

49. 购进材料用于不动产在建工程，不得抵扣，未作进项转出。如新建、改建、扩建、修缮、装饰加油站所购进的彩钢瓦、涂料、地砖、铝塑板、卫生洁具、墙面漆等货物的进项税额不得抵扣。

【核查建议】核查应交税金等科目，审核 erp 系统的“ps 模块”（在建工程）核算的材料领用情况，将应作进项税转出而实际未转出的材料费进行归集。

50. 以建筑物或者构筑物为载体的附属设备及配套设施，取得的进项不得抵扣，未作进项转出。政策依据：《财政部 国家税务总局关于固定资产进项税额抵扣问题的通知》（财税〔2009〕113 号）。

【核查建议】核查应交税金-进项税额、固定资产等科目，审核安装合同等，对于不符合税法抵扣规定的，应作纳税调整。

51. 购进货物用于集体福利或者个人消费，不得抵扣进项，未作进项转出。如职工食堂耗用的食用油和液化气等。

【核查建议】核查应交税金-进项税科目，有无将业务招待用食品、厨房设备、厂区公寓维修、职工食堂耗用的食用油和液化气等用于集体福利或者个人消费购进货物抵扣增值税。审核 erp 系统的“pm 模块”（维修工单）核算用于福利设施的材料领用情况，将应做进项税转出而实际未转出的材料费进行归集，不得抵扣。

（三）其他

52. 适用税率错误。《中华人民共和国增值税暂行条例》只列举了适用低税率货物，除此之外的其他货物应当区分具体情况按照适用税率征收，如：企业销售自产水蒸气、加工水（例如：冷凝水、循环水、除氧水、化学水、盐水等）。

【核查建议】核查其他业务收入，审核其他业务收入凭证，有无按照适用税率计提增值税。

三、消费税

对与个别企业存在的下述税收风险，应依据《中华人民共和国消费税暂行条例》及实施细则、《财政部国家税务总局关于提高成品油消费税税率的通知》（财税〔2008〕167号）等消费税文件的规定作纳税调整。

53. 个别应征消费税产品未计提消费税。

【核查建议】核查应交税金-消费税等科目，审核“报表系统”中的“BL\BH”等专项报表，查看是否有应征消费税产品未计提消费税的情况。

54. 石脑油对外销售，未取得《石脑油免税证明单》应计提未计提消费税。

【核查建议】核查应交税金-消费税等科目，审核“石脑油证明单”核销情况，对不符合政策的外售石脑油征收消费税。

55. 自产自用应税消费品，用于职工福利、作为燃料耗用或生产非应税消费品等其他方面，没有计算缴纳消费税。

【核查建议】核查应交税金-消费税等科目，审核“报表系统”中的“BL\BH ”专项报表及装置投入产出报表，结合生产物料移送情况，对应征消费税的成品油征收消费税。

56.部分产品改变名称后应计提未计提消费税。

【核查建议】核查应交税金-消费税等科目，审核企业提供的未征消费税产品合格证、化验单与应税消费品的合格证、化验单进行比较，查询erp系统“sq01”（发票模块），对比争议产品与应税产品的价格、归集物料组、货物流向等信息，进一步约谈企业生产技术人员和报表管理人员，对产品特征属成品油范畴的产品征收消费税。

57.消费税成品油子税目和税率适用错误。

【核查建议】核查应交税金-消费税等科目，审核企业提供的产品合格证、化验单，查询erp系统“sq01”（发票模块），对比产品价格，约谈企业生产技术人员，对应税产品应属成品油种类进行界定，按照适用税率征收消费税。

四、城建税和教育费附加

58.缴纳消费税、增值税、营业税的同时未计算缴纳城市维护建设税和教育费附加。

【核查建议】核查企业实际缴纳的增值税、消费税、营业税金额与适用税率计算后是否与缴纳的城建税和教育费附加相匹配。

五、印花税

企业以订单、要货单等确立供需关系、明确供需各方责任、据以供货和结算的业务凭证，未按规定贴花。政策依据：《中华人民共和国印花税暂行条例》及其细则、《国家税务局关于各种要货单据征收印花税问题的批复》（国税函〔1990〕994 号）和《国家税务局关于印花税若干具体问题的解释和规定的通知》（国税发〔1991〕155 号）。

【核查建议】逐项翻阅订单、要货单等具有合同性质的凭证，根据所载金额计算应缴纳印花税，与已缴纳印花税进行比对，查看是否足额缴纳了印花税。

六、个人所得税

60. 单位和个人缴纳的补充医疗保险金、补充养老保险费，未代扣代缴个人所得税。政策依据：《财政部国家税务总局关于基本养老保险费基本医疗保险费失业保险费住房公积金有关个人所得税政策的通知》（财税〔2006〕10 号）、《国家税务总局关于单位为员工支付有关保险缴纳个人所得税问题的批复》（国税函〔2005〕318 号）。

【核查建议】逐项核查管理费用、销售费用所属各明细账，查看有无缴付补充医疗保险、补充养老保险等；再进一步翻阅凭证查看在缴付补充医疗保险、补充养老保险时是否并入当月工资、薪金缴纳个人所得税。

61. 发放给个人的过节费、高温费（或购物卡），未代扣代缴个人所得税。

【核查建议】核查应付职工薪酬——应付福利费、应付职工薪酬——工会经费、管理费用等明细账，查看有无发放过节费、高温费等费用，再进一步翻阅凭证查看发给个人的上述福利费是否并入当月工资、薪金缴纳个人所得税。

62.单位和个人超过规定比例及标准缴付的住房公积金，超过部分未并入个人当期的工资、薪金收入，计征个人所得税。政策依据：《财政部国家税务总局关于基本养老保险费基本医疗保险费失业保险费住房公积金有关个人所得税政策的通知》（财税〔2006〕10号）、《住房公积金管理条例》、《建设部 财政部中国人民银行关于住房公积金管理若干具体问题的指导意见》(建金管〔2005〕5号）。

【核查建议】核查企业每月为职工缴付的住房公积金是否是按照“单位和个人分别在不超过职工本人上一年度月平均工资12%的幅度内（月平均工资不得超过职工工作地所在设区城市上一年度职工月平均工资的3倍)”来计算的，超过部分并入当月工资薪金所得计算个人所得税。

七、房产税

63.企业自建（购置）房屋、建筑物，未依法缴纳房产税。政策依据：《财政部 国家税务总局关于房产税若干具体问题的解释和暂行规定》（财税地字〔1986〕8号）、《国家税务总局关于房产税、城镇土地使用税有关政策规定的通知》（国税发〔2003〕89号）。

【核查建议】核查“固定资产”账户中房屋、建筑物、构筑物等应税资产的原值，计算是否足额缴纳房产税。

八、土地使用税

64. 企业以出让或转让方式有偿取得土地使用权，未按税法规定的纳税义务发生时间计算缴纳土地使用税。政策依据：《财政部 国家税务总局关于房产税、城镇土地使用税有关政策的通知》（财税〔2006〕186 号）。

【核查建议】核查企业取得的土地使用证等权属资料证明，根据权属资料所载时间，查看相应应税面积是否在规定时间内缴纳土地使用税。

第三节 企业风险控制方法与对策 让我们真正解决企业风险毒瘤

（一） 企业财务风险控制的方法

1、企业财务风险转移

企业财务风险转移是针对企业在生产经营中无法回避或难以回避的风险，如产品销售市场风险、运输风险、财产火灾等不可预见损失风险等。对于此类财务风险，企业从根本上难以回避且自身管理这类风险的能力有限，或即使可以管理此类风险，但管理此类风险的成本及代价太大。因此，处理此类风险的方式是将其进行适当的转移。企业财务风险转移，一般采用三种基本方法，即保险、分散和对冲。保险。针对企业中易出现的人员工伤等意外事故、车辆事故、火灾、爆炸等不可预见因素所产生的资产损失等财务风险，企业最简单、最有效的风险处理方式是购买保险，将此类风险进行转移。保险作为管理特定风险的有效工具及方式之一，在企业风险管理中得到了广泛应用。所谓保险，从本质上来看，是处理和防范特定风险事故损失的保护机制。如企业出现意外的火灾和其不可预见的严重灾害时，通过保险公司理赔及其他应急措施，减少事故损失，尽快恢复生产等。

（2）分散。分散是指企业在面临项目投资、股票或其他证券投资、进出口业务外汇结算的币种选择等风险决策时，为转移不确定性因素给企业可能带来的财务风险，通过多样化的投资组合或币种组合，降低企业的风险。利用分散方式转移风险的实质，在于利用不同种类资产的风险相关性，或不同货币种类的风险特性来有效转移或减小风险程度。

（3）对冲。对冲是指售出某种市场风险，或通过交易一种在未来某一时刻可转移或消除该种市场风险的金融工具。对冲交易，是企业在生产经营的产品销售、原材料采购中，为转移市场价格波动所采用的风险转移手段之一。如企业利用期货对冲交易所具有的套期保值功能，锁定及转移产品销售的市场价格波动风险等。

2、企业财务风险规避

企业财务风险规避是指在某项可能的财务风险发生之前，企业因发现该项财务风险可能会给自身的生产经营活动带来较大的风险损失，因而有意识地采取规避措施，主动放弃或拒绝承担该项风险。企业在下列情况下应采取风险规避措施：

（1）该项业务可能产生的财务风险过大，超过了企业的风险承受能力。

（2）该项经营业务其风险承担与风险收益不平衡，其获得的预期收益要远远小于可能出现的风险损失。

（3）该项财务风险较为复杂，超出了企业现有的风险控制能力，且企业对该项财务风险无法将其转移或分散。

（4）对于仅有损失而没有收益的纯风险，企业应采用风险规避处理方式。在风险源的处理上，主动放弃或拒绝承担风险的风险规避方式与风险转移的不同之处在于风险规避方式是从根本上消除风险源、中断风险源。风险规避并不伴随风险的转移和风险承载主体的转换，风险转移则是将风险从一个主体转移给另一个主体。

3、企业财务风险保留

企业财务风险保留是指对于那些无法规避又不能转移的财务风险，或者由于自身生产经营活动的需要而必须承担的风险，企业采取保留此种风险的方式。如果风险发生，产生的风险损失由企业自行消化补偿。企业采用财务风险保留方式，一般适用如下情况：

（1）企业自身业务特点决定，为了获得某种风险收益，必须要承担此种风险。即虽然某项经营业务有风险，但是对企业的整体生产经营活动至关重要，不承担此种风险将影响其整体业务和发展。

（2）企业财务风险保留的费用低于其风险控制的成本。

（3）企业面临较好的投资机会，而投资风险相对较小。

（4）企业所面对的某种风险，其发生时最大的风险损失预期较小。

（5）企业对某种财务风险具有充分的风险控制能力和风险管理手段。企业财务风险保留，作为风险管理及风险控制手段之一，又同其他风险管理与风险控制手段同时存在、交叉并用。

（二）企业财务风险控制的对策

1、筹资风险控制对策

首先进行筹资效益的预测，分析企业在筹资前必须针对各种方案进行筹资效益预测分析，以最小的筹资资本实现最大的综合经济效益。投资收益和筹集资金的资金成本是决定应否筹资与筹资多少的重要因素，因此必须事先做好筹资效益分析。不同的资金来源有不同的资金方式，企业为了减少支出，需要分析各种筹资方式的资金成本，进行合理配置，具体方法可以计算综合资金成本率指标(即不同资金来源所占比重乘以该项资金来源的资金成本之和)，公式表示如下：

综合资金成本率=Σ某种资金来源所占比重×该项资金来源的资金成本

通过计算不同筹资方式的综合资金成本率，选择资金成本最低的一种组合方式。同时通过其他一些相关因素，比如投资回报率、期望自有资金利润率等指标，确保以低成本筹集的资金能得到最大的利润收益，使在筹集资金有意义的同时控制企业的筹资风险。

再确定合适的筹资方式、资金结构和还款期限。

（1）确定合适的筹资方式。企业应比较各种筹资条件和筹资机会，确定合适的筹资方式。

企业的每种方式都有优缺点，并与金融市场密切相关，企业筹资时机的把握，筹资对象的确定，证券发行的价格，发行期限，发行方式以及利率的确定，付款方式和回收期限等的设立，都会对企业筹资成功与否，筹资成本大小，筹资风险的强弱产生不同程度的影响。所以，必须对各种筹资机会进行比较研究，通过计算其相关因素进行比较，以降低筹资风险。

（2）**确定合理的资金结构。**企业应根据本企业的财务状况，确定一个合理的资金结构。企业可以通过资产负债率、各种筹集资金所占比例及各种资金成本比率等因素来确定最佳筹资结构比率，从而控制企业的筹资风险。

（3）**确定合理的还款期限。**企业应采用还款期限稍长于项目投资回收期的筹资方式，还款期限太长，可能会造成长期借款短期使用，利率太高，增加资金的成本；反之则会造成企业资金周转困难，无力偿还负债。因此，企业必须要做好预期的核算工作来确定还款期限，降低企业筹资风险。比如，企业通过对预期资产回报率的计算，可以更好地确定回款数额与日期，从而更好地确定还款期限，以减少损失。确定合理的借款额度，确保借款偿还能力负债能否偿还是建立在投资未来的收益之上，只要未来的收益大于资金成本，应该说，举债就是安全的。财务管理上用税息前盈余和每股收益分析法来确定企业合理的负债资本比例，这种分析法实际上说明企业收益能力对负债规模的影响。对于一个企业来说，在确定合理的负债规模时，还要考虑企业的经营风险、所处行业的经营特点、企业销售的稳定性、企业筹资能力和资产变现能力等因素。对于经营周期性波动小、预期收入乐观、筹资能力强的企业可适当扩大负债规模。企业应根据资金使用期限、预期现金流量状况，确定借款期限，并要运用流动比率、速动比率、负债资产比率、长期适合率等因素指标的计算来衡量。

①流动比率=流动资产/流动负债。一般认为 2:1 比较合适。比率过低则表明短期资金偿还能力弱，财务风险大；比率过高则表明企业有现金、存货等流动资产闲置，长期负债资金过多地支撑了流动资金。

②速动比率=速动资产/流动负债。速动比率更进一步表明企业短期偿债能力，经验数据认为 1:1 为好。

③负债资产比率=负债/资产净额。此项数据应保持在一定范围内，比率过高，说明举债过多，财务风险大。

④长期适合率=长期资产/（长期负债+股东权益）。这个比率如果高于 100%说明长期资金除满足固定资产投资外，还有部分支持短期资金。如果比率低于 100%，则说明企业长期资金不能满足固定资产投资的需要，还有部分短期资金投资到固定资产。

2、投资风险控制对策

（1）提高投资项目的决策水平。企业把有限的资金用到最需要的项目和效益较好的项目上，充分发挥资金的效能。企业在投资过程中，要深入实际搜集相关资料，掌握准确的投资信息，并重点对项目实施的必要性、技术的可行性、经济的合理性进行严密科学的论证，以保证投资决策的准确。否则，出现一点失误就会造成人、财、物的严重浪费。因此，提高决策部门的业务水平是至关重要的环节。决策部门应该通过对资产回报率、投资方案的净现值的期望值和投资方案的风险程度等因素指标的计算分析，来预测投资方案可行性与风险性，以加强投资风险的预测，提高投资项目的决策。

（2）**加强风险意识。**风险越大，报酬率越高；风险越小，报酬率越低。企业进行投资时，各投资对象的风险是不同的。一般地，企业对外投资时，为减少风险，应把资金分布在不同的投资项目上进行不同的投资组合，即将高收益与高风险投资和低收益与低风险投资项目进行不同的组合。由于每个投资项目的风险不同，收益就不同。这样多个项目的组合结果，就有可能在盈亏相抵后还有利润。

（3）**加强对投资资金的管理。**综合考虑资金的投放时间和资金的投入量并适时投资，只有这样才能提高资金的收益率。要坚持集中财力、物力保证重点工程建设的原则被动局面。在项目资金能够满足的前提下，严防出现战线长、资金散的，要严防超支、挪用资金或扩大规模，加强与改善企业的经营管理，压缩不合理的支出，加快投资资金的回收，提高资金的运行效率及使用效益，以确保投资项目取得最佳经济效果，将投资风险降到最低限度。

3、资金使用风险控制对策

（1）**合法经营，规避资金使用风险。**合法经营是确保资金安全的前提，也是规避资金使用风险的第一要素。企业必须要知道并明确界定哪些业务活动是合法的、可以进行的，哪些是被禁止的。像有些公司，在做进口代理时，并不了解整个业务的全过程，对于客户只收取代理费，而报关、对外付款等手续都没有真正了解，这样由于企业对所做行业没有真正了解，企业不仅应该获得的收入没有获得，甚至还可能亏本经营，使企业资金的使用风险增大。

（2）**加强资金运作的程序化、规范化管理。**对严禁从事的业务活动及财务活动，企业各部门要严格把关，不得从事。对于那些可以从事的业务活动，企业则一定要按规定章程办事，这也是防范资金使用风险的最重要、最具体措施。

（3）**全过程监控资金使用，防范资金使用风险。**付款以后，要对资金的活动情况进行全过程的监控，这是有效防范资金使用风险的重要环节。对资金使用情况进行全过程监控，要有业务部门的主管会计对客户的应收款项做好原始记录，随时了解客户的回款情况。同时，可以通过相关因素分析，监督资金的使用情况。如进行存货周转率、总资产周转率等因素指标的计算分析，查看资金的使用情况。

4、资金回收风险控制对策

企业资金回收风险产生于成品资金向结算资金的转化和结算资金向货币资金的转化过程中，加强资金这两个转化过程的管理，是规避企业资金回收风险的根本措施。

（1）**加强成品资金向结算资金转化过程的管理。**成品资金向结算资金转化过程是由企业综合素质决定的，包括产品的质量、销路等诸多方面。生产企业要加强各个环节的控制，树立良好的企业形象，成为客户信赖的朋友。在成品资金向结算资金的转化过程中，管理人员可以通过对这一过程中相关因素的分析，来加强资金转化管理。如用经营资金回收率，是衡量某一经济行为发生损失大小的一个指标，或产品销售率，反映产成品销售情况的指标等等，来反映成品资金向结算资金转化的情况。

加强结算资金向货币转化的管理。在激烈竞争的市场经济条件下，商业信用作为一种有效的促销手段被广泛应用，这是因为资金的回收与产品销售的实现都要经过结算资金这个环节。产品销售过程中的信用手段，通俗来讲就是赊销商品。

赊销的实质是企业为了促销，除了向客户提供其所需要的商品以外，还在一定时间内向客户提供了资金，因而对客户具有很强的吸引力。赊销的结果，使企业减少了库存，扩大了销售，但同时也使企业产生出大量应收账款，出现坏账损失，加大了企业资金回收风险，所以在结算资金向货币资金的转化过程中要着重放在对应收账款的管理上，具体的做法是通过事前预防、事中监控、事后收账，对应收账款进行全过程、全方位管理。

5、资金成本风险控制对策

企业对于资金成本风险的控制应该主要从资金筹集开始，考察各筹资渠道的筹资成本及今后各种资金的预计用资成本，并且在今后的项目投资开始一直到全部资金和利润收回的整个过程，不断把握并控制资金的成本风险。

初始资金结构的控制企业应在通过科学的预期、计算并拟定了筹资总额之后，接下来要考虑的主要问题就是资金的成本问题。企业可以选择一种或几种筹资渠道筹集资金，由此形成了企业的多种资金结构。每种资金结构对企业未来的发展都会产生不同的影响及后果。因此，企业必须要选择一种最优的资金结构。但并非资金成本低就是最优，企业要从自身实际情况，选择一种比较适合自己的筹资结构。具体操作如下：企业首先根据自身的现实经营状况，对各筹资渠道进行深入了解，模拟制定出几种计划筹资方案，再对各模拟筹资方案进行具体分析，充分考察各筹资渠道筹得资金的筹资成本及未来使用这些资金预期所要付出的资金使用成本。这时企业可以通过计算各筹资渠道的资金成本率指标，来判断各筹资渠道筹得资金的成本大小，再考虑企业自身的资本结构，从而选择出最适合企业发展的筹资方案来。如果企业未能提前做好预期工作或者预期和实际发生负偏离，那么企业应该积极处理企业资金成本风险发生时所造成的总后果，降低风险损失程度，缩小风险波及范围，并在必要的时候停止投资项目。

在追加筹资时的资金成本风险控制中。追加筹资一方面会直接引起企业资金结构的变化，改变先前预期的最佳资金结构，从而增加了企业的资金成本风险和财务风险；另一方面，因追加筹资时企业的筹资环境已经发生了变化，并且原定的最佳资金结构可能也已经不再是最优的，企业资金成本风险也会伴随着企业的再筹资而增大。因此，企业在进行再筹资时，应当通过对当前企业经营状况的了解和对企业外部环境的预期，计算出当前企业的最佳资金结构，再与企业之前的资金结构相对比，找出最合理的筹资资本结构来。有两种具体可行的方法：一种是首先计算出各追加筹资方案的边际资金成本率，测算、比较各追加筹资方案的边际资金成本率，选择出适合的筹资方案；另一种方法是将各被选追加的方案与原有最优资金结构汇总，测算各追加筹资条件下汇总资金结构的综合资金成本因素指标，比较确定最优的追加筹资方案。在完成了追加筹资后，仍要按资金使用过程中对资金成本风险控制的方法控制资金成本风险的发生。

第四节 企业财务风险防范 让我们面对财务风险真正做到防范于未然

（一）企业财务风险防范的目标

（1）认真分析财务管理的宏观环境及其变化情况，提高企业对财务管理环境变化的适应能力和应变能力，财务管理的宏观环境虽然存在于企业以外，企业无法对其施加影响，但并不是说企业面对环境变化就无所作为了。为了防范财务风险，企业应对不断变化的财务管理宏观环境进行认真分析研究，把握其变化趋势及规律，并制定多种应变措施，适时调整财务管理政策、改变管理方法，从而提高企业对财务管理环境变化的适应能力及应变能力，以此降低因环境变化而给企业带来的财务风险。

（2）建立和不断完善财务管理系统，以适应不断变化的财务管理环境。面对不断变化的财务管理环境，企业应设置高效的财务管理机构，配备高素质的财务管理人员，健全财务管理规章制度，强化财务管理的各项基础工作，使企业财务管理系统有效运行，以防范因财务管理系统不适应环境变化而产生的财务风险。

（3）不断提高财务管理人员的风险意识。要使财务管理人员明白，财务风险存在于财务管理工作的各个环节，任何环节的工作失误都可能会给企业带来财务风险，财务管理人员必须要将风险防范贯穿于财务管理工作的始终。

（4）提高财务决策的科学化水平，防止因决策失误而产生的财务风险。财务决策的正确与否直接关系到财务管理工作的成败，经验决策和主观决策会使决策失误的可能性大大增加。为了防范财务风险，企业必须要采用科学的决策方法。在决策过程中，应充分考虑影响决策的各种因素，尽量采用定量计算及分析方法并运用科学的决策模型进行决策。对各种可行方案要认真进行分析评价，从中选择最优的决策方案，切忌主观臆断。

（二）企业财务风险的制度防范

1、组织规划制度

组织规划是对企业组织机构设置、职务分工所制定的制度。

企业组织机构有两个层面：一是法人的治理结构问题，涉及董事会、监事会、经理的设置及相关关系；二是管理部门设置及其关系，对财务管理来说，就是如何确定财务管理的广度及深度，由此产生集权管理和分级管理的组织模式。

职务分工主要解决不相容的职务分离。企业内部主要不相容职务有：授权批准职务、业务经办职务、财产保管职务、会计记录职务和审核监督职务。

这五种职务之间应实行如下分离：

（1）授权批准职务与执行业务职务相分离

（2）业务经办职务与审核监督职务分离

（3）业务经办职务与会计记录职务分离

（4）财产保管职务与会计记录职务分离

（5）业务经办职务与财产保管职务相分离

要建立健全组织规划制度，目前必须解决两个问题：

（1）设立管理控制机构

例如，目前有些上市公司中依据自身经营特点设立了审计委员会、价格委员会、报酬委员会等就是有益的尝试。机构设置因单位的经营特点和经营规模而异，很难找到一个通用模式。比如，设立价格委员会的企业大都是规模很大、采用集中采购方式且采购价格变动较大的企业，这些企业设立价格委员会能够有效加强采购环节的价格监督与控制。再比如，对于规模大、技术含量很高、高知人员云集、按劳取酬的企业，通过设立报酬委员会进行管理层持股及股票期权问题研究，能够提高报酬计划按劳取酬科学性、加强报酬计划执行中的透明度及监控力度。

（2）推行职务不兼容制度，杜绝高层管理人员交叉任职

交叉任职主要体现在董事长和总经理为一人，董事会和总经理班子人员重叠。从公司制企业的总体上看，这种现象普遍存在着。这种交叉任职的后果是董事会与总经理班子之间权责不清、制衡力度锐减。关键人大权独揽，常常集控制权、执行权和监督权于一身，并有较大的任意性。交叉任职违背了内部控制的基本原则，必然会带来权责的含糊，易于造成办事程序由一个人操纵的现象出现。事实上，资金调拨、资产处置、对外投资等方面出现的问题其重要原因之一在于交叉任职，董事会缺乏独立性。因此，建立内部控制框架首先要在组织机构设置和人员配备方面做到董事长及总经理分设、董事会及总经理班子分设，避免人员重叠。

建立财务管理体制的主要措施有：

（1）建立健全财务风险控制机制，提高企业竞争力

财务风险控制机制是指在财务风险管理中所形成的相互联系、相互制约的功能体系，是降低企业财务风险的关键之所在。建立健全企业财务风险控制机制，应对财务风险进行事前控制、事中控制及事后管理。

（2）建立健全资金管理机制，保证资金保值增值

资金管理是财务管理的基础和主要内容，所以企业财务管理要以资金管理为中心，围绕资金运动这根主动脉来构建适应现代企业制度要求的财务运行机制。具体而言，应建立资金投入效益的保证机制，抓好资金的源头管理，建立优化资金结构的约束机制，抓好资金的结构管理。为了保证资金“满负荷”高速运转，财务部门要对企业的资金统一管理，高度集中，应建立活而不乱的资金循环机制，抓好资金及流程管理。最后，财务部门要监控企业资金的分流，防止过多的消费性支出和非生产性投资，因此，应建立资金补偿积累机制，抓好资金的后续管理。

（3）建立健全财务信息机制，实现财务管理信息化

财务部门要在保证财务信息真实性的前提下，进一步开发财务信息的利用价值，实现物流和财务信息流的有机统一。具体来说，要围绕现代企业制度的建立来健全财务信息的三大系统，即财务信息处理系统、财务信息分析系统及财务信息预警系统。

（4）建立健全财务监控机制，提高企业的经济效益

财务运行机制作为一个有机体，实行有效的自我监控是保证其正常有效运作必不可少的条件，因此应建立事前预测，实现财务管理预算化，进行事中控制，保证财务预算的实现并且要事后考核，为以后预算的制定、控制与考核积累资料。

（5）建立健全财务激励机制，实现财务管理的总体目标

在财务管理中，正确运用激励机制能充分调动企业各部门和人员的积极性，对顺利实现财务管理的总体目标及各项指标具有十分重要的意义。激励机制离不开财务分析和财务评价，只有通过分析发现成绩与不足，对有关单位的经营业绩进行科学的评价，才能建立起良好的激励机制。

（6）建立健全财务组织机构和财务管理制度，保证财务运行机制的顺利运行

财务组织机构是企业财务运行机制的主体，一个企业的财务组织机构健全与否，直接关系到企业财务运行机制运转效果的优劣。随着我国企业财务管理向市场化、经营化方向发展，要求企业财务部门根据经营的实际需要，构造出一套与财务管理的地位、作用、职能相适应的组织机构。

2、授权批准制度

授权批准是指企业在处理经济业务时，必须要经过授权批准以便进行控制，授权批准按其形式可分为一般授权和特殊授权。所谓一般授权是指对办理常规业务时权力、条件和责任的规定，一般授权时效性较长；而特殊授权则是对办理例外业务时权力、条件和责任的规定，一般其时效性较短。

不论采用哪一种授权批准方式，企业必须要建立授权批准体系，其中包括：

（1）授权批准的范围，通常企业的所有经营活动都应纳入其范围。

（2）授权批准的层次，应根据经济活动的重要性和金额大小确定不同的授权批准层次，从而保证各管理层有权亦有责。

（3）授权批准的责任，应当明确被授权者在履行权力时应对哪些方面负责，应避免责任不清，一旦出现问题又难咎其责的情况发生。

（4）授权批准的程序，应规定每一类经济业务审批程序，以便按程序办理审批，以避免越级审批、违规审批的情况发生。单位内部的各级管理层必须要在授权范围内行使相应职权，经办人员也必须要在授权范围内办理经济业务。

3、会计系统

会计系统要求单位必须依据会计法和国家统一的会计制度等法规，制定适合本单位的会计制度、会计凭证、会计账簿与财务会计报告的处理程序，实行会计人员岗位责任制，建立严密的会计控制系统。

会计系统控制主要包括：

（1）建立健全内部会计管理规范和监督制度，且要充分体现权责明确、相互制约以及及时进行内部审计的要求。

（2）统一会计政策，尽管国家制定了统一的会计制度，但其中某些会计政策是可选的。因此，从企业内部管理要求出发，必须统一执行所确定的会计政策，以便统一核算汇总分析与考核，企业会计政策可以专门文件的方式予以颁布。

（3）统一会计科目，在实行国家统一一级会计科目的基础上，企业应根据经营管理的需要，统一设定明细科目，特别是集团性公司更有必要统一下级公司的会计明细科目，以便统一口径、统一核算。

（4）明确会计凭证、会计账簿和财务会计报告的处理程序与方法，遵循会计制度规定的各条核算原则，使会计真正实现为国家宏观经济调控和管理提供信息、为企业内部经营管理提供信息、为企业外部各有关方面了解其财务状况及经营成果提供信息的目标。

4、全面预算

全面预算是企业财务管理的重要组成部分，它是为了达到企业既定目标编制的经营、资本、财务等年度收支总体计划，从某种意义上讲，全面预算也是对企业经济业务规划的授权批准。

全面预算控制应抓好以下环节：

（1）预算体系的建立，包括预算项目、标准和程序。

（2）预算的编制和审定。

（3）预算指标的下达及相关责任人或部门的落实。

（4）预算执行的授权。

（5）预算执行过程的监控。

（6）预算差异的分析与调整。

（7）预算业绩的考核。

全面预算是集体性工作，需要企业内各部门人员的相关合作。为此，有条件的企业应设立预算委员会，组织领导企业的全面预算工作，确保预算的执行。

5、财产保全制度

财产保全控制包括：

（1）限制直接接触，限制直接接触主要是指严格限制无关人员对实物资产的直接接触，只有经过授权批准的人员才能够接触资产。限制直接接触的对象包括限制接触现金、其他易变现资产与存货。

（2）定期盘点，建立资产定期盘点制度，并保证盘点时资产的安全性。通常可采用先盘点实物，再核对账册来防止盘盈资产流失的可能性，对盘点中出现的差异应进行调查，对盘亏资产应分析原因、查明责任、完善相关制度。

（3）记录保护，应对企业各种文件资料(尤其是资产、财务、会计等资料)妥善保管，避免记录受损、被盗、被毁的可能。对某些重要资料应留有后备记录，以便在遭受意外损失或毁坏时重新恢复，这在当前的计算机处理条件下尤为重要。

（4）财产保险，通过对资产投保(如火灾险、盗窃险、责任险等)增加实物受损补偿机会，从而保护实物的安全。

（5）财产记录监控，对企业要建立资产个体档案，资产增减变动应及时全面予以记录。加强财产所有权证的管理，改革现有低值易耗品等核销模式，减少备查簿的形式，使其价值纳入财务报表体系内，从而保证账、实的一致性。

6、人力资源制度

对于作为经济运行的微观基础的企业而言，人力资源要素的数量与质量状况，人力资源所具有的忠诚、向心力及创造力，是企业兴旺发达的活力与强大推动力之所在。因此，如何充分调动企业人力资源的积极性、主动性、创造性，发挥人力资源的潜能，已成为企业管理的中心任务。

人力资源控制应包括：

（1）建立严格的招聘程序，保证应聘人员符合招聘要求。

（2）制定员工工作规范，用以引导考核员工行为。

（3）定期对员工进行培训，帮助其提高业务素质，以便更好地完成规定的任务。

（4）加强与考核奖惩力度，应定期对职工业绩进行考核，奖惩分明。

（5）对重要岗位员工(如销售、采购、出纳)应建立职业信用保险机制，如签订信用承诺书，保荐人推荐或办理商业信用保险。

（6）工作岗位轮换，可以定期或不定期进行工作岗位轮换，通过轮换及时发现存在的舞弊情况。同时，也可以挖掘职工的潜在能力。

（7）提高工资与福利待遇，加强员工之间的沟通，增强凝聚力。

7、风险防范制度

企业在市场经济环境中，不可避免会遇到各种风险。风险控制要求单位树立风险意识，针对各个风险控制点建立有效的风险管理系统，通过风险预警、风险识别、风险评估、风险报告等措施，对财务风险进行全面防范与控制。

企业风险评估主要内容有：

（1）筹资风险评估，如企业财务结构的确定、筹资结构的安排、筹资币种金额及期限的制定、筹资成本的估算和筹资的偿还计划等都应事先评估、事中监督、事后考核。

（2）投资风险评估，企业对各种债权投资和股权投资都要做可行性研究并根据项目及金额的大小确定审批权限，对投资过程中可能出现的负面因素应制定应对预案。

（3）信用风险评估，企业应制定客户信用评估指标体系，确定信用授予标准，规定客户信用审批程序，进行信用实施中的实时跟踪。信用活动规模大的企业，可建立独立信用部门，管理信用活动、控制信用风险。

（4）合同风险评估，企业建立合同起草、审批、签订、履行监督和违约时采取应对措施。风险防范控制是企业的一项基础性和经常性的工作，企业必要时可设置风险评估部门或岗位，专门负责有关风险的识别、规避与控制。

8、内部报告制度

为了满足企业内部管理的时效性和针对性要求，企业应当建立内部管理报告体系，全面反映经济活动，及时提供业务活动中的重要信息。内部报告体系的建立应体现：反映部门经管责任，符合例外管理的要求，报告形式和内容简明易懂，并要统筹规划，避免重复。内部报告要根据管理层次设计报告频率和内容的详简。通常，高层管理者的报告时间间隔时间长，内容从重、从简；而反之，报告时间间隔短，内容从全、从详。

常用的内部报告有：

（1）资金分析报告，包括资金日报、借还款进度表、贷款担保抵押表、银行账户及印鉴管理表等。

（2）经营分析报告。

（3）费用分析报告。

（4）资产分析报告。

（5）投资分析报告。

（6）财务分析报告等。

9、管理信息系统

管理信息系统控制包括两方面的内容，一方面是要加强对电子信息系统本身的控制。随着电子信息技术的发展，企业利用计算机从事经营管理方式手段越来越普遍，除了会计电算化和电子商务的发展外，企业的生产经营与购销储运都离不开计算机。为此，必须加强对电子信息系统的控制，包括：系统组织和管理控制、系统开发和维护控制、文件资料控制、系统设备、数据、程序、网络安全的控制以及日常应用的控制。另一方面，要运用电子信息技术手段建立控制系统，减少并消除内部人为控制的影响，确保内部控制的有效实施。

10、内部审计控制

内部审计控制是一种特殊形式，它是一个企业内部经济活动与管理制度是否合规、合理及有效的独立评价机构，在某种意义上讲是对其他控制的再控制。内部审计内容十分广泛，按其目的可分为财务审计、经营审计和管理审计。内部审计在企业中应保持相对独立性，应独立于其他经营管理部门，最好受董事会或下属的审计委员会领导。

不做假账 ——朱镕基

第六章 税务稽查应对及汇算清缴

处理办法，让你再也不怕税务稽查部门

Chapter 6

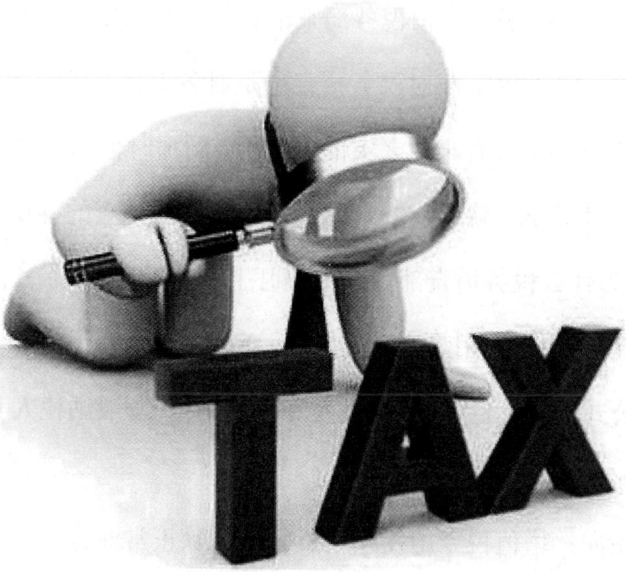

第一节 奇怪？税务稽查机关为什么会偏偏盯上你

以前有个很有趣的故事:一家公司的员工们都在忙碌地工作着,忽然间闯进个彪形蒙面大汉，其进屋后大声喝道：“打劫！”当场几乎所有员工都吓坏了，唯独财务部的李会计没事，只见他拍拍自己的肚子，感叹道：“吓死我了，我还以为是税务局的来了呢？原来是打劫的!”此故事告诉了我们什么呢？对！财务人员连打劫的都不怕，就怕税务局的来查账。其实，这也是很多财务人员内心的缩影，为什么有些财务人员这么怕税务局的来稽查呢？原因很简单，他们心里没底，面对税务局他们不知道为什么查他们？如果税务局来了该怎么查，用什么手段查？税务局具体会查什么？税务局查完了怎么办？等等问题。故而，就像惊弓之鸟一样，生怕税务局来稽查，在本章节我们就来给大家详细讲解一下大家的这些疑惑，应对税务稽查也是财务人员必备的技能，如你未学会此技能，那未来甚至会有牢狱之灾的可能性，到那时你唱着铁窗泪再后悔可能就为时晚矣了！那么，就让我们来彻底揭开这税务稽查的神秘面纱，首先让我们了解一下为什么税务稽查部门会偏偏盯上你呢？

一、增值税专用发票用量变动异常

1、计算公式：指标值=一般纳税人专票使用量-一般纳税人专票上月使用量。

2、问题指向：增值税专用发票用量骤增，除正常业务变化外，可能有虚开的现象。

3、预警：纳税人开具增值税专用发票超过上月30%（含）并超过上月10份以上检查重点：检查纳税人的购销合同是否真实，检查纳税人的生产经营情况是否与签订的合同情况相符并实地检查存货等。主要检查存货类“原材料”、“产成品”以及货币资金“银行存款”、“现金”与应收账款、预收账款等科目。对于临时增量购买专用发票的，还应重点审查其合同履行情况。

二、期末存货大于实收资本差异幅度异常

1、计算公式：纳税人期末存货额大于实收资本的比例。

2、问题指向：纳税人期末存货额大于实收资本，生产经营不正常，可能存在库存商品不真实，销售货物后未结转收入等问题。检查重点：检查纳税人的“应付账款”、“其他应付款”“预收账款”以及短期借款、长期借款等科目期末贷方余额是否有大幅度的增加，对变化的原因进行询问并要求纳税人提供相应的举证资料，说明其资金的合法来源；实地检查存货是否与账面相符。

三、增值税一般纳税人税负变动异常

1、计算公式：指标值=税负变动率；税负变动率=（本期税负-上期税负）/上期税负*100%；税负=应纳税额/应税销售收入*100%。

2、问题指向：纳税人自身税负变化过大，可能存在账外经营、已实现纳税义务而未结转收入、取得进项税额不符合规定、享受税收优惠政策期间购进货物不取得可抵扣进项税额发票或虚开发票等问题。

3、预警值：±30%检查重点：检查纳税人的销售业务，从原始凭证到记账凭证、销售、应收账款、货币资金、存货等将本期与其他各时期进行比较分析，对异常变动情况进一步查明原因，以核实是否存在漏记、隐瞒或虚记收入的行为。检查企业固定资产抵扣是否合理、有无将外购的存货用于职工福利、个人消费、对外投资、捐赠等情况。

四、纳税人期末存货与当期累计收入差异异常

1、**计算公式：**指标值=（期末存货-当期累计收入）/当期累计收入。

2、**问题指向：**正常生产经营的纳税人期末存货额与当期累计收入对比异常，可能存在库存商品不真实，销售货物后未结转收入等问题。

3、预警值：50%检查重点：检查“库存商品”科目，并结合“预收账款”、“应收账款”、“其他应付款”等科目进行分析，如果“库存商品”科目余额大于“预收账款”、“应收账款”贷方余额、“应付账款”借方且长期挂账，可能存在少计收入问题。实地检查纳税人的存货是否真实，与原始凭证、账载数据是否一致。

五、进项税额大于进项税额控制额幅度异常

1、**计算公式：**指标值=（本期进项税额/进项税额控制额-1）*100；进项税额控制额=(本期期末存货金额-本期期初存货金额+本期主营业务成本)*本期外购货物税率+本期运费进项税额合计。

2、**问题指向：**纳税人申报进项税额与进项税额控制额进行比较，若申报进项税额大于进项税额控制额，则可能存在虚抵进项税额，应重点核查纳税人购进固定资产是否抵扣；用于非应税项目、免税项目、集体福利、个人消费的购进货物或应税劳务及非正常损失的购进货物是否按照规定做进项税额转出；是否存在取得虚开的专用发票和其他抵扣凭证问题。

3、预警值：10%检查重点：检查纳税人“在建工程”、“固定资产”等科目变化，判断是否存在将外购的不符合抵扣标准的固定资产发生的进项税额申报抵扣，结合“营业外支出”、“待处理财产损溢”等科目的变化，判断是否将存货损失转出进项税额；结合增值税申报表附表二分析运费、农产品等变化情况，判读是否虚假抵扣进项税额问题。实地检查原材料等存货的收发记录，确定用于非应税项目的存货是否作进项税转出；检查是否存在将外购存货用于职工福利、个人消费、无偿赠送等而未转出进项税额问题；检查农产品发票的开具、出售人资料、款项支付情况，判断是否存在虚开的问题。

六、预收账款占销售收入20%以上

1、计算公式：评估期预收账款余额/评估期全部销售收入。

2、问题指向：预收账款比例偏大，可能存在未及时确认销售收入的行为。

3、预警：20%检查重点：检查重点纳税人合同是否真实、款项是否真实入账。深入了解企业的行业规律判断其是否存在未及时确认销售收入的情况。

七、纳税人销售额变动率与应纳税额变动率异常

1、计算公式：指标值=销售额变动率/应纳税额变动率；销售额变动率=(本期销售额-上期销售额)/上期销售额；应纳税额变动率=(本期应纳税额-上期应纳税额)/上期应纳税额。

2、问题指向：判断企业是否存在实现销售收入而不计提销项税额或扩大抵扣范围而多抵进项的问题。正常情况下两者应基本同步增长，弹性系数应接近 1。若弹性系数>1 且二者都为正数，行业内的纳税人可能会存在本企业将自产产品或外购货物用于集体福利、在建工程等，不计收入或未做进项税额转出等问题；当弹性系数<1 且二者都为负数可能存在上述问题；弹性系数小于 1，二者都为正时，无问题；二者都为负时，可能存在上述问题；当弹性系数为负数，前者为正后者为负时，可能存在上述问题；后者为正前者为负时，无问题。

3、**预警值：**1 检查重点：检查企业的主要经营范围，查看营业执照、税务登记、经营方式以及征管范围界定情况，以及是否兼营不同税率的应税货物；查阅仓库货物收发登记簿，了解材料购进、货物入库、发出数量及库存数量，并与申报情况进行比对；审核企业明细分类账簿，重点核实“应收账款”、“应付账款”、“预付账款”、“在建工程”等明细账，并与主营业务收入、应纳税金明细核对，审核有无将收入长期挂往来账、少计销项税额以及多抵进项税等问题；审核进项税额抵扣凭证、检查有无将购进的不符合抵扣标准的固定资产、非应税项目、免税项目进行税额申报抵扣的情况。

八、纳税人主营业务收入成本率异常

1、**计算公式：**指标值=（收入成本率-全市行业收入成本率）/全市行业收入成本率；收入成本率=主营业务成本/主营业务收入。一般而言，企业出于自身利益的考虑以及扩大生产规模的需要，主营业务成本都会呈现增长的趋势，所以成本变动率一般为正值。如果主营业务成本变动率超出预警值范围，可能会存在销售未计收入，多列成本费用、扩大税前扣除范围等问题。预警值：

工业企业-20%—20%，商业企业-10%—10%

2、**问题指向：**主营业务收入成本率明显高于同行业平均水平的，应判断为异常，需查明纳税人有无多转成本或虚增成本。检查重点：检查企业原材料的价格是否上涨，企业是否有新增设备、或设备出现重大变故以致影响产量等。检查企业原材料结转方法是否发生改变，产成品与在产品之间的成本分配是否合理，是否将在建工程成本挤入生产成本等问题。

第二节　税务稽查部门来了怎么查，用什么手段查

一、税务检查的形式

税务检查的形式是指税务检查采取的组织形式。根据国家税务总局1995年发布的《税务检查工作规程》规定，税务检查分为日常检查、专项检查和专案检查三种形式。税务检查与其他税务检查形式相比有明显的优点：一是由于税务检查实行了专业化，有利于提高检查的工作效率；二是对问题查得较深透，可有效地加强税收监督；三是有利于税务机关内部各部门的相互制约与监督，促进廉政建设；四是有利于规范执法。

（一）日常检查

日常检查是指对纳税人申报和纳税情况进行的常规检查，它是对通过计算机或人工筛选出来的检查对象进行的全面、综合性检查。这类检查具有以下特点：

(1) 检查对象的来源是根据计算机或人工筛选产生的，一般不是由举报、转办或案中案带出来的；

(2) 检查的内容和范围是全面的，既有广度，又有深度。因此，这类检查又常被称为审计式检查；

(3) 检查的目的是为了全面了解及掌握纳税人、扣缴义务人履行纳税义务、代扣代缴或代收代缴义务与遵守税收征收管理制度的情况；

(4) 检查时一般要事先通知纳税人及其他相关的被查对象。

(二) 专项检查

专项检查是指对特定行业或某类纳税人进行的重点检查，它是对根据特定目的和要求而被挑选出来的纳税人、扣缴义务人所进行的某个方面或某些方面的检查，如：增值税专用发票的检查、商业企业增值税的检查等。这类检查具有以下特点：

(1) 检查对象是根据特定目的而被挑选出来的；

(2) 检查的内容和范围侧重在某个方面，或者某一类问题上，而不是全面的、综合的；

(3) 检查的目的是为了对税收征收或管理中问题比较突出的某个方面或某些方面予以揭露，以加强这些方面的税收征收管理工作；

(4) 检查的时间和检查的所属期间是特定的。

(三) 专案检查

专案检查是指根据对公民举报、上级或其他部门交办、转办的以及前两者检查中发现的重大税务案件进行的检查。这类案件具有以下特点：

(1) 检查对象是由公民举报的、上级领导交办的或其他部门转办的、国际情报交换的，也有在日常检查或专项检查中发现的；

(2) 检查的内容和范围一般是指明的线索；

(3) 检查的直接目的是查处举报、交办、转办、情报交换中所列举的违法行为；

(4) 这类案件往往需要单独组织力量进行检查。

二、税务检查的方法

税务检查的方法是实现税务检查目的、完成税务检查任务的重要手段。在税务检查工作中，采用何种方法，应视检查的目的和要求及被查单位的生产经营特点、财务管理水平与会计核算水平的具体情况而定。税务检查的方法很多，但一般说来，其基本方法有以下几类。

（一）税务检查的技术方法

税务检查的技术方法是税务检查工作中最基本、最常用的方法，按检查的方式不同，可分为审阅法和核对法；按检查的详细程度不同，可分为详查法和抽查法；按检查的顺序不同，可分为顺查法和逆查法。

1．审阅法和核对法

(1) 审阅法。是指对会计凭证、账簿、报表和其他有关资料进行仔细阅读与审查，以判断其反映的经济活动是否的真实、合法的一种税务检查方法。一般从形式和内容两个方面进行审阅。如对会计报表的审阅，主要注意各项经济指标有无异常变动，各种比例是否正常，平衡关系、勾稽关系是否正常等；对账簿的审阅，着重注意记账是否正确，核算有无错误，费用开支是否正常等；对凭证的审阅，则应注意经济业务是否合法、合理，字迹有无涂改，手续是否完备，会计分录和科目的对应关系是否正确等；对其他资料如生产经营计划、经济合同、各种定额、生产记录、考勤记录等，审阅时应注意其反映的内容是否真实、合法，发生的时间及金额是否与会计记录相一致。

(2) **及核对法。**是指依据账簿、凭证、报表和其他有关资料之间的逻辑关系，相互对照和审查的一种检查方法，又称为联系查法。核对法可按账内的勾稽关系进行，也可按账外的逻辑联系进行。根据会计核算原理，企业的表表、表账、账账、账证、证证、账实之间存在一定的逻辑勾稽关系，如果企业财会人员不按记账规则和记账程序记账，或是汇总计算错误，或有意弄虚作假，势必会破坏企业会计资料之间应有的逻辑关系。因此，这种方法可以用来查证纳税人是否真实地反映了生产经营情况，有无错账、漏账或违反财经纪律行为而造成少缴或不缴税。核对法的内容主要包括：

① **表表核对。**是指将企业纳税申报表和不同会计报表中有相应关系的项目或指标的数据进行核对。如将增值税纳税申报表中的“主营业务收入”项目与主营业务收支明细表中的“主营业务收入”栏的有关项目及数据进行核对。

② **表账核对。**是将企业总分类账和明细分类账中的有关项目及数据与会计报表和纳税申报表中的有关项目与数据进行核对，查明各指标数据是否正确。如将资产负债表中的“应付工资”项目与“应付工资”总账或明细账进行

核对；将损益表中的“管理费用”和“财务费用”项目与“管理费用”和“财务费用”总账及明细账进行核对。

③ **账账核对。**是指将有内在联系的总分类账或各总分类账与其所辖明细分类账之间的有关项目和数据进行核对。如将“库存商品”账户的贷方发生额与同期“主营业务成本”和“分期收款发出商品”等账户的发生额进行核对，看是否相符，如不相符，还要进一步查明产品的去向。

④ **账证核对。**是将总账和明细账与企业的记账凭证及相应的原始凭证或其他证明材料进行核对。如将“固定资产”明细账与固定资产增加或减少时的有关记账凭证及其原始凭证进行核对，看其原始凭证是否合法、合规；将“原材料”明细账与材料购进时的有关凭证进行核对，看材料的进价是否真实、合理，增值税进项税额是否准确记载等。

⑤ **证证核对。**是将记账凭证所反映的数据及经济业务内容与所附的原始凭证，以及企业内部管理有关联的凭证进行核对。如对购入原材料的检查，可将供货单位开具的发票等单据与购货单位的入库验收单核对，再与记账凭证进行核对，看是否相符，若不相符，则应进一步查明原因。

⑥ **账实相符。**是指将实物类资产账户与各类实物类资产的实际盘存或清查数量进行核对。如将“固定资产”各明细账与厂房、建筑物、机器设备等的盘点情况进行核对；将“原材料”、“包装物”等明细账与这些实物的盘存数量及金额进行核对等等。

2. 详查法和抽查法

（1）**详查法。**又称全查法，是指对被查单位检查期内所有会计凭证、账簿、报表等会计资料和纳税资料进行全面、系统、细致地检查的一种检查方法。适用于经济业务比较简单，或会计核算不规范、财务管理混乱，或进行企业重组予以清算的纳税单位。采用这种方法，检查得比较彻底，易于从多方面发现问题，其检查结果切实可靠。但检查的内容及范围太宽泛，工作量大，费时多，在实际工作中一般不大采用。

（2）**抽查法。**又称选查法，是指对被查单位的会计凭证和账簿等，有针对性地抽取一部分进行检查的一种方法。适用于会计核算比较健全的纳税单位。抽查法的运用可以根据检查的目的、要求，依据账表分析中出现的异常情况、被查项目在检查中的重要性或容易发生问题的可能性，选取某类会计科目、某类凭证或某项专题进行检查；也可在整个会计延续期间确定某一段时间，对其会计核算与纳税情况进行有目的的重点检查。由于抽查的范围有限，未查部分容易漏掉问题，如果以抽样的结果推断总体的结论，会有一定风险。因此，抽查效果的好坏，关键在于抽查对象确定的准确程度，这就要求事先有周密的安排，做到以尽可能少的工作量取得尽可能大的效果。具体抽查方法可分为两大类：

① **判断抽样检查法。**这是根据检查目的以及被查单位内部控制完备程度和所需证据的特性、数量，由税务检查人员根据自己的经验及判断能力，确定抽查的内容与数量，并据以判断总体的方法。抽取哪些业务作为样本，一般可根据以下几方面因素而定：其一是根据被查单位内部控制的严密程度而定；其

二是根据经济业务发生数量的多少，以及数额大小而定；其三是根据被查单位核算工作的质量而定；其四是根据账户的性质、内容决定抽查项目；其五是根据群众反映，针对问题确定抽查内容。

② 统计抽样检查法。这是以概率论、数理统计原理为基础，由税务检查人员按照随机原则从总体中抽取样本，并运用数理统计方法对总体进行判断的一种抽样审计方法。以下介绍其中的区间抽样法、分层抽样法和整群抽样法。

其一，区间抽样法。又称等距抽样法、系统抽样法，它是将总体的项目排列成一定的顺序，然后从任一随机点出发，在总体中每隔一定间隔选取样本的一种随机抽样方法。抽样区间的计算公式是：

抽样区间（J）＝总体项目（总体数 m）÷抽查数量（样本数 n）

在第一个区间内确定随机点 i，作为第一个抽查项目，将 i 加上区间选取第二个样本，如此抽出足够的样本数。

如从 1000 张发票中抽 50 张审查，则抽样区间（J）＝1000÷50＝20

即每隔 20 张抽 1 张审查。在第一个区间 20 张内假设随机抽样起点是 6，则第 6 张、第 26 张、第 46 张……将被抽查。

其二，分层抽样法。这是将总体划分为若干层次，税务检查人员根据各层次的重要性及其他特性进行有重点的检查。如对增值税专用发票的检查，可分类采取不同的抽查方法。百万位发票 100 张 100%审查；十万位发票 50 张等距抽查 10 张；万位发票 70 张随机抽查 20 张，对百万位增值税专用发票又可按购销业务量的大小将企业按照大小分层排列，业务量大的先被抽查，即“抓大头”，这样有利于解决主要问题。

其三，整群抽样法。这是把总体项目按某一标志分成若干群，然后按群抽取样本的随机抽样方法。例如：决定对 4 月和 10 月的现金账进行检查。这时，抽样的个体就是月份而不是个别现金业务了。

运用统计抽样法进行检查，它的优点在于：一是能科学地确定样本规模；二是各项目被抽中的机会均等，可防止人为偏见；三是能保证检查结论在规定的可信（靠）程度之上和一定的精确限度（允许的误差范围）之内；四是便于检查工作规范化。

统计抽样的缺点是：一是要求被查的总体具有同质性；二是方法比较复杂，要求检查人员有较高的数学水平；三是有一定的误差，只适用于核算基础健全、资料比较齐全的纳税单位。

3．顺查法和逆查法

顺查法。又称正查法，它是按照会计核算的程序，依次进行核对的检查方法，通常与详查法一起使用。顺查法又可分为三种情况：

一是按财务会计处理程序进行检查，即从检查原始凭证开始，逐个核对记账凭证、明细账、总账，最后审查会计报表；

二是按记账时间顺序进行检查，即从月初到月末，从年初到年末，从上一年到下一年；

三是按会计科目的分类顺序与核算顺序进行检查。采用这种检查方法，优点是全面、系统、精确，不至于遗漏问题，可以了解企业的整个核算过程。而缺点则是工作量大，往往难以抓住问题的中心，费时费力。这种方法一般适用于那些审查范围小、凭证资料少，尤其是会计核算制度不健全、财务管理混乱、问题较多的纳税单位。

（2）**逆查法**。又称倒查法，它是按会计核算的相反顺序进行检查的一种检查方法，通常与抽查法结合起来使用。在这种方法下，先审阅会计报表，从中发现问题或线索，然后有针对性地核对审查账簿记录，再有重点、有目的地审查记账凭证及原始凭证，便于抓住重点，目标比较明确，省时省力，检查效果较为显著。缺点是检查面窄，如果检查人员业务技术及分析判断力差，一些在报表上反映不了、反映不出的问题和违法记录往往会检查不出来。因此，这种方法一般适用于会计核算制度及财务管理比较健全的纳税单位。

（二）税务检查的分析方法

税务检查的分析方法是对被检查的会计报表、账簿、凭证等资料和情况进行审查分析，以查证落实或确定进一步检查线索的一种检查方法。它又可分为对比分析法、推理分析法和控制计算法三种。

1．对比分析法

对比分析法又称比较分析法，是指运用会计核算中以货币表现的综合指标，按照同口径与本企业的历史资料、计划指标或同类企业的相同指标，进行对比分析以捕捉检查线索的一种检查分析方法。采用这种方法，既可以采用绝对数对比，也可采用某项指标的实绩与计划(或定额)或与同类型企业相同指标进行横向对比；还可以将有关指标如销售、成本、利润之间的相应变动程度进行对比。通过对比，从中发现异常情况，据以查明变动因素。运用对比分析法，要注意指标的可比性，对比口径的一致性，否则，比较的结果是不能说明问题的。还要注意，对比分析的结果只能是为检查提供线索，而并不意味着经济活动的分析可以替代实际检查，更不能以对比分析的结果作为定案的依据。

2. 推理分析法

推理分析法又称推理判断法，是根据已掌握的事实，运用逻辑学原理去推想事物形成的原因或可能产生的结果及可能有类似事实的一种分析方法。在进行推理时，应注意以事实为依据，按照事物发展的规律，合乎逻辑，不能脱离实际凭空臆想，也要注意避免钻牛角尖，把事情复杂化，不利于快速得出检查结论。

3. 控制计算法

控制计算法又称逻辑审查法，是指根据有关数据之间相互制约的关系，用某一可靠的或科学测定的数据来验证另一核算资料或申报资料是否正确，或以某一经济事项的核算资料来审定另一经济事项的核算资料的一种检查分析方法。在税务检查工作中经常采用的控制计算法有：材料检查中的定额控耗，产品检查中的以耗控产，销售检查中的以产控销、以支控销，以及计算企业的偿债能力及缴税能力等。

（三）税务检查的调查方法

在税务检查工作中，不能只局限于就账查账，还必须运用辅助的检查方法来发现问题与证实问题。查账为调查提供线索，调查则为查账证实问题，两者互为补充，方能查得深透。常用的调查方法有观察法、询问法和外调法三种。

1．观察法

观察法是指到纳税人生产经营的车间、仓库、工地等现场，实地观察企业的产、供、销各环节的运行情况及内部管理控制情况，从中发现薄弱环节及存在问题的一种调查方法。运用观察法，可以核对账证资料所反映的情况是否真实、准确，有无账外经营，经济活动是否合法等，从这个意义上说，观察法是账务检查的延续与补充。在进行实地观察时，可由被查单位有关部门的负责人陪同，对被观察对象一般不事先通知。观察时要结合询问法，观察的情况要形成书面记录，请有关人员签章证明，或进行录像或摄影。

2．询问法

询问法是指根据查账所提供的线索和群众举报的情况，通过向被查单位内外有关人员调查询问，取得一些可靠的资料来证实某些问题的一种调查方法。《税收征管法》规定：税务机关有权询问纳税人、扣缴义务人与纳税或代扣代缴、代收代缴税款有关的问题及情况。采用这种方法，事前要明确该询问哪些问题，做到有的放矢。询问法又包括面询和函询两种形式。

(1)面询：

即当面口头询问。面询要做到有计划、通盘安排，确定时间、地点、当事人，并拟订提纲，以免遗漏重要问题。在面询时，一般要有两名税务检查人员参加，要注意说明谈话目的，消除当事人的顾虑或抵触情绪，严禁逼供、套供等。在同时约几个当事人面询时，应注意把他们分开，分别询问，防止串供。

谈话内容应有记录，并请当事人审阅签名和押印。如有必要，谈话时可以录音或请当事人写出书面材料，谈话记录和书面材料也可请当事单位签署意见并盖章，同时应严格保密。

(2)函询：

即发函查询。函询可分为默认式函询和答复式函询两种。函询时应注意以下几点：函询的目的要明确，文字要简洁易懂；函询内容要详细，数字要准确、清晰；函件上应写明回信的详细地址和邮政编码、单位名称、收信人姓名等，并作登记。对答复式函询，如遇逾期不复的单位，应再次催问；对退回信件应引起重视，查明原因，因单位撤并，更应进一步查核。

3. 外调法

外调法是指对发生怀疑的外来凭证或外地往来款项，通过到发生地外调以取得证明的一种调查方法。外调法又可分为函查和派员异地调查两种形式。采用外调法往往需要对方所在地税务部门协查，才能快速有效地取得证据。函查与函询在要求上有相通的地方，但两者也有区别。函询是直接发往被询问对象，函查则通常发往对方所在税务部门，请当地税务部门协助调查有关问题。如增值税专用发票的核查就经常使用此法。函查可以最快的速度取得证明，能节省人力及办案开支，但对有些案情较复杂的案件，采取派员异地调查的形式效果往往更好。采用外调法应注意以下几点：

(1)外调的目的要明确，函件文字要简练规范，内容要准确全面；

(2) 对发票的检查，应按照统一的发票核对卡的栏次，依次填清核对单位名称、发票填开日期、发票字轨、号码、商品名称和金额（若是增值税专用发票，金额栏应分开价款和税款金额）及有关应列明的项目；

(3)派员异地调查要求外调人员熟悉案情，应变能力强，办案经验丰富；

(4) 外调提供的证据材料要注意印章齐全，内容具体详细。

(四) 税务检查的盘存方法

盘存法是指通过对货币资金、存货、固定资产和其他物资进行盘点及清查，并与账面记录相对照来确定有无盈余、亏损和损坏的一种检查方法。

采用盘存法由于盘点工作量大，可结合企业季末或年末盘点工作一并进行。在盘点时，着重盘产成品、库存商品和贵重物资。对品种繁多、量大的原材料等物资，可只就可疑部分进行抽查。对必须进行重点检查的大宗货物或者需要进行全面盘存时，需组织得力的盘点班子，采用适当的盘点方法，以加速盘点进度，保证盘点质量。盘存法又可分为直接盘点法和监督盘点法两种。

1. 直接盘点法

直接盘点法是由税务检查人员亲自到现场对实物进行盘点的一种盘存方法。采用这种方法的要点是：

(1)盘点时要停止收发；

(2)如有几个仓库，应尽可能同时盘点，以防拆东墙补西墙；

(3)盘点时原实物经管人员和主管人员应自始至终在场，不得离开。特别是盘点现金和贵重物品时，如经管人员中途离开，应停止盘点，暂时封存，等经管人员回来后再继续盘点；

(4)盘点时一般要结合审查物品的质量和所有权；

(5)盘点得到的数量、质量情况应当场进行记录，并由被检查单位的原经管人员、主管人员和税务检查人员签字盖章，以明确责任；

(6)货币资金和贵重物资一般用突击盘点的方法。

2．监督盘点法：

监督盘点法又称观察盘点法、共同盘点法，是指税务检查人员虽到现场，但不亲自动手盘点，而是在旁边观察盘点的一种盘存方法。其要点是：

(1) 要求被检查单位制定盘点计划，税务检查人员可对盘点计划和方法提出建议；

(2) 盘点前一般事先发出通知，盘点时要停止收发，税务检查人员要能控制待盘点的物资；

(3) 盘点时除了观察物资数量外，还可结合检查物资的规格、质量及所有权；

(4) 对大宗物资如不便逐一过磅计量，可抽样检验；

(5) 尽可能不由原经管人员进行具体点数，而由第三者点数；

(6) 盘点结果应当场记入盘点清单，并由原经管人员、主管人员和税务检查人员共同签字盖章；

(7)对物资出现溢余、短缺的，应进一步查明原因。

以上介绍的仅是税务检查的几种基本方法，它们各有所长，各有特点，而且是彼此联系、相互补充的。在实际工作中该如何运用，关键在于税务检查人员如何去审时度势，因时、因地、因事而宜，灵活运用，绝不能生搬硬套，影响检查的效果。

(五)人工和计算机技术结合运用的税务检查方法

上述各种税务检查的基本方法主要是靠手工方法完成的。面对越来越多的企业实现财会电算化的情况，税务检查人员仅靠传统的手工检查方法是难以完成任务的，应该逐步适用以人工和计算机技术相结合的税务检查方法，提高税务检查的效率及质量。因此，税务检查人员应加强计算机审计技术知识的学习培训，尽力将丰富有效的传统税务检查思维和方法与现代高效率的计算机审计技术及方法巧妙地结合起来，针对各种具体情况运用多种方法进行检查。根据实践经验，较有成效的方法一般包括对财会电算化指标资料的分析比较、对财会电算化应用系统、内部控制系统和会计电子数据等几方面的审查分析，并在此基础上确定检查对象。

1. 财会电算化指标资料的分析比较

税务机关如果已经实现税收征管信息化管理，就应逐步建立税务检查资料数据库。数据库的内容主要包括企业历年的销售、成本、费用、利润、主要产品的单位价格、单位成本、单位利润以及企业与关联企业之间的业务往来等详细资料。税务检查人员应充分运用计算机将这些资料按行业、主要收入项目或主要产品分类计算比较，建立各行业历年各主要收入项目或各主要产品的销售利润率、销售成本率、销售费用率、投资利润率等指标体系，作为以后各行业、各收入项目或主要产品的盈利水平的对照参数标准。然后，税务检查人员应运用计算机将管辖区内企业的上述各项指标计算分类，并结合各类指标的税务控制参数建立一些数学分析模型，通过这些模型将具有下列情况之一的企业挑选出来，供税务检查人员确定检查对象时重点参考：

(1)企业的销售利润率、销售成本率或销售费用率在同行业的合理水平范围之外的；

(2)企业的主要收入项目利润率、主要产品的单位利润率、单位销售成本率、单位销售费用率在同行业、同类项目的合理水平范围之外的；

(3)企业的近期销售额、利润率或应缴税款有较大幅度升降或增减变化的；

(4)企业连年亏损，但投资额、营业额却逐步增加的；

(5)企业与关联企业业务联系密切的；

(6)企业的经营期将要结束或处于清算期间的。

税务检查人员运用计算机对上述企业的各类经济指标做出比较分析后，再根据具体情况确定检查对象，选用相应的检查方法。

2. 财会电算化应用系统的审查分析

税务检查人员对财会电算化应用系统的检查，应着重于对应用程序进行检查。财会电算化系统的应用程序一般相当于传统会计系统的会计处理人工业务流程。通过检查应用程序，使检查人员掌握该系统是怎样进行业务处理的，计算机对各项业务的处理是否符合会计准则、制度的有关规定，是否按税法有关规定进行税务调整。具体工作步骤如下：

(1)向被检查单位财会人员了解各项应用程序的处理原则

这些原则应包括：

① 收入的归集，销货退回和折扣折让的处理；

②费用的归集，交际应酬费、工资总额、捐赠支出等税务限制支出调整，固定资产折旧提取，无形资产的摊销；

③ 销售成本计算，库存存货、发出存货的计价核算方法；

④ 往来账户的处理，账龄分析控制，坏账损失处理；

⑤修改会计数据的方式及控制。

(2)向被检查企业的计算机管理部门取得上述有关被检查程序的计算机文档资料内容包括：程序说明书、程序流程图、各类会计数据的编码表以及在使用过程中对应用程序进行个性化的控制管理制度；同时，应向该部门的技术管理人员了解有关应用程序的处理功能及控制方法，了解会计数据个性以及业务流程个性的控制管理，以便与财会部门所了解的同类情况进行核对。

(3) 对被检查企业的财会电算化的应用系统进行可靠性分析。税务检查人员应和计算机技术人员一起，将了解与取得的资料情况对照有关税收、财会法规进行分析，评估其合法性及可靠性。特别要注意将财会人员和企业计算机技术人员所反映的对税务处理影响比较敏感的情况进行对照比较分析。有可能的话，参加税务检查的计算机技术人员可运用自己所掌握的编程技术及知识，根据被检查程序的源程序画出逻辑流程图，然后核对企业提供的原有逻辑流程图，看是否一致，这样可能会发现一些会计数据的特殊处理程序。

(4) 对财会电算化系统的应用系统进行测试

税务检查人员可以运用自己设计的符合税收、财会法规的监控程序及模拟检测数据，输入企业被检查的应用系统，将其得出的结果与模拟数据的设计结果进行比较，找出差异及其产生的原因来。

3．财会电算化内部控制系统的审查分析

企业财会电算化系统即使拥有了合格的应用程序，但如果没有一个合格的内部控制系统或者内部控制系统欠妥、失灵，也会影响到企业纳税的及时性与正确性。所以，税务检查人员也应当对企业的财会电算化内部控制系统的有效性进行审查分析。

(1) 对财会电算化应用程序的内部控制检查

财会电算化的应用程序相当于会计的手工处理业务过程，手工记账时重复出现同一错误或者前一环节错误未被检查出来而引起以后环节连续出错的情形是比较少见的，但如果计算机的应用程序由于各种原因而出错，而没有足够的内部控制检查出来，则使用该财会电算化系统可能会使错误重复出现，并由计算机的自动连续处理使以后的环节连续出错。因此，对一些重要、敏感的部分，例如收入处理、固定资产折旧计提、无形资产摊销、交际应酬费用的税务调整处理的应用程序的内部控制能力应该注意审查分析，从中发现检查线索，从而确定对某些控制不力的方面深入检查。

(2)对财会电算化系统岗位责任的内部控制检查

财会电算化系统对会计处理的各环节及全过程一般都有适当的岗位责任分离，以有效地限制并及时发现错误或不法行为。税务检查人员应特别注意企业财会电算化过程中需要对会计数据进行调整的环节，尤其是对会计数据进行税务调整的关键点，如发现这些关键点上没有适当的控制措施，就有必要进一步进行审查，分析其中原因，究竟是企业觉得该环节不重要而忽略了，还是有意留一个可以灵活处理的接口。例如，计算机对销售收入做删除或更改时，无论程序或操作均须有严格的控制，主要防止收入被有关人员非法侵吞。如果税务检查人员发现这方面的岗位责任制没有认真落实而使内部控制有异常情况，则应深入检查其具体原因，除了有企业员工贪污收入的可能性外，还有可能是企业运用这个环节非法转移收入数据，以达到不留痕迹地隐瞒收入及偷税的目的。

4. 财会电算化会计数据资料的审查分析

在整个财会电算化系统的税务检查工作中，电算化会计数据资料的检查是最重要的一环，同时也是最复杂、最困难的一环。在这一环节，税务检查人员需要拿出数据结果来做出检查结论，即要充分运用对应用系统及内部控制等方面审查分析的一切线索，运用手工及计算机技术等各种有效手段来对企业财会电算化的数据进行审查，以达到最佳效果。这一环节的检查，主要注意以下几个方面：

(1)数据完整性的检验

税务检查人员应非常重视企业的收入项目数据归集是否完整，防止因数据的完整性受破坏而影响税金的正确计缴，对企业某些关键月份或某些特殊收入项目的数据完整性要进行计算检验，注意企业有无下列可能会破坏会计数据完整性的情况：

①数据归集的错误输入；

②故意不按规定对归集的数据作出调整；

③用不符合法规设计的数据归集应用程序输出汇总数据。

(2)凭证顺序号的检验

在会计业务中，特别是在财会电算化系统中，不少业务如收入的记录是按其发生的时间先后自动给予顺序编号记录的。税务检查人员可设计让计算机检查汇总收入业务编号顺序，如果发现有缺号，则应进一步检查缺号的原因。如果是会计人员检验出错误业务记录而做了删除处理，税务检查人员就要进一步检查计算机操作的删除处理记录。缺号的原因也可能是财会人员有意将某些业务收入做减少调整，税务检查人员若查出不属删除错误处理，则应要求企业财会人员对此做出合理的解释。

（3）大笔整数业务的检验

税务检查人员应注重对企业的费用开支数据进行稽核，因为不少企业为了达到转移利润、少缴企业所得税的目的，会采用与关联企业安排一些不实的业务往来，甚至直接虚列费用的办法。

这些费用额往往以较大的整数出现。所以，税务检查人员应注意设计计算机程序将企业千元位或万元位以上整数的有关购货业务、劳务支出、利息支出、管理费支出等费用项目排列出来，加以稽核，从中发现企业进行偷税或避税的故意安排。

另外，税务检查人员还可以运用通用审计软件或专用检查程序来检验会计电子数据，将检查结果与企业原申报数据进行比较，判断其差异的合理性，从而确定其纳税的正确性。

第三节　应对税务部门查账终极技巧解秘

税务稽查是从税收征收管理检查中分离出来的特殊性质的检查活动。2002 年 10 月 15 日颁布实施的《中华人民共和国税收征收管理法实施细则》明确规定了税务稽查局是独立的税务行政执法主体，专司对涉嫌偷税、逃避追缴欠税、骗税、抗税的纳税人、扣缴义务人涉税违法活动的查处。实践证明，稽查人员的业务素质及查账技巧是决定稽查成果的重要因素，下面就税务稽查查账技巧进行系统阐述。孙子兵法云：知己知彼，百战不殆！让我们真正了解一下税务稽查部门查账到底查的是什么。

一、捕捉异常现象，从中发现涉税问题

税务稽查人员在查阅会计资料、账簿时，要特别注意反映在会计资料中的有关数字、时间、地点、往来单位、业务内容或科目对应关系等，查找异常现象，并从中发现涉税线索。

（一）异常数字

现实中，数字本身所代表的涵义只是一个量的概念，只有将其与特定的业务内容相互联系，才能确定是否为异常数字。一般从以下四个方面进行查找：

1. **数字的大小。**某个数字在特定的经济业务中和特定的时期里，其大小

是否正常是可以加以判断的。如某商品单价 3000 元，对于小型企业来说，如属“固定资产”账中的记录是正常的，而若是在“低值易耗品”账中的记录便是异常数字，应进一步查实其进项税金是否抵扣，是否应记入“固定资产”而未按规定记入。

2. 数字的变化趋势或范围。经济活动的某些量化指标有其特定的变化趋势或范围。某个数字若超出了特定经济活动的变化趋势或范围，应视为异常数字。如某企业 1-11 月各月产品销售收入一直都在 50 万元-55 万元之间上下变化，而 12 月为 105 万元，这个 105 万元的数字大大超出了企业月营业收入的正常范围，应进一步核查是否有销售滞后入账或虚转收入的问题。

3. 数值的正负。会计资料中的数字，表现为正数或负数，都是正常的现象。只有当多方面证据表明“利润总额”不应也不会出现负数（亏损）的情况下，若表现为负数（亏损），那么，此处负数（亏损）就应被看作是异常数字。如某企业“利润总额”数额为“0”时，人员、业务等情况未发生变化，特别是企业收入在连续两年中分别为 1500 万元、2460 万元，其“利润总额”数额均显示的数字“0”，就应被看作是异常数字，需要进一步查实是否存在隐瞒收入或多报成本费用的问题了。

4. 数字的精确程度。会计资料中的数字应根据其反映的具体经济业务内容决定其精确程度。该精确却没有精确到适当的程度，或不该精确而精确到了不正常的程度，都应当视为数字异常。如某商业企业每个月的销售收入均是整数值，且较为接近；那么，这些数字就属异常数字，应检查是否如实反映销售收入。某企业销售收入计划的数字若有角有分则是不正常的，而这些数字就是异常数字，因为它精确到了反常的程度。这些数字，在查账时都要引起高度重视。

（二）异常时间

所谓异常时间，就是反映在会计资料中的不正常或不符合实际情况的有关时间。一般从以下两个方面查找：

1. 会计资料中反映的经济业务发生或记录的时间是否符合特定的时间。如对于季节性发生的经济业务，其设备的大修理等会计资料上反映的经济业务发生的时间必须要符合特定的季节，否则就应该视为异常时间。

2. 根据会计资料中反映时间的长短是否超越了一个适当的时间界限。如对企业应付账款超过两年（甚至更长）的记录金额，其时间上已超过正常的时间界限，应视同异常时间进行检查分析，看其是否属截留收入或虚开发票。

（三）异常地点

所谓异常地点，是指反映在会计资料中的不符合正常情况的地点。一般从以下两个方面查找：

1. 根据有关距离的远近确定其是否合理。经济活动发生后所涉及到的有关单位或地点，可根据经济业务的具体内容确定其距离的远近。如有些材料采购只能到外埠进行，而有的则不必舍近求远，否则就表现为采购地点上的异常现象，应进一步核查是否有虚开发票的行为。

2. 根据物资运动的流向确定其是否合理。经济业务发生的地点与经济业务的具体内容有着密切联系。物资运动的合理流向决定了经济活动所涉及的地点具有一定的规律性。如果经济业务所涉及的地点与经济业务内容无关，甚至相互矛盾，即违背了物质运动的合理流向，应将其视为异常地点，应进一步核查是否有虚开发票的行为。

（四）异常往来单位

所谓异常往来单位，是指在经济活动中不应发生或一般不发生而实际却发生了业务往来的两个或两个以上的单位。一般从以下两个方面进行查找：

1. 根据往来单位的各自业务范围。 每一个经营实体，其正常生产或经营范围都是相对稳定的，如果会计资料中反映的经济活动超出了单位正常业务范围和对方单位的正常业务范围，则可将其视为异常往来单位，应进一步检查是否有虚开发票的行为。

2. 根据经济业务发生后是否构成复杂的多角关系。 一般情况下，有些经济业务只涉及两个单位，如购销业务涉及到购货单位与销货单位，即付款单位和收款单位；有些经济业务只涉及本单位，或者说只涉及本单位的有关部门或人员，而不涉及其他单位。在查账过程中，若发现应只涉及两个单位或只涉及本单位的经济业务发生后，记账中却涉及到多个单位，应将其视为异常往来单位。如在购销业务中，销货单位若不是收款单位，购货单位若不是付款单位，即构成复杂的购销业务的往来单位。应进一步检查该项经济业务的背后有无不正当的交易或是否存在虚开发票的行为。

（五）异常业务内容或科目对应关系

所谓异常业务内容或科目对应关系，是指记录或反映在特定账户中的不正常的经济业务或某项经济业务发生后所涉及的科目（账户）形成不正常的对应关系。如记录或反映在“管理费用”账户中的广告费支出业务、罚款支出业务、分配福利部门人员的工资、奖金费用业务等；反映在“营业外收入”账户中产品或商品销售业务，接受捐赠收入业务等；反映在“其他应付款”账户中的有关营业外收入业务等。由此，使上述账户与其对应账户形成了不正常的对应关系，要进一步检查是否涉及税收问题。一般从以下三个方面进行查找：

1. 检查记账凭证，根据所列的会计科目及所反映的具体经济业务内容，对照会计制度，分析其是否构成异常科目对应关系。如某工业企业对本企业行政管理部门耗用的自产产品业务，编制如下记账凭证：借记“管理费用”科目，贷记“产成品”科目。此处的两账户便构成了异常对应关系。因为耗用自产的产品，属于销售业务，应按所耗用产品的销售价格记入“产品销售收入”科目，即：借记“管理费用”科目，贷记“产品销售收入”科目。同时，按耗用产品的生产成本价格结转销售成本，即：借记“产品销售成本”科目，贷记“产成品”科目。被查单位的错误账务处理少列了此项销售收入，进而偷逃了有关税款及其他款项。

2. 检查应收应付款的明细账户，将发生时间较长、金额较大的经济业务的会计凭证调出，根据具体的经济业务内容分析其是否构成异常的科目对应关系。如在检查某商业企业“应收账款”明细账户时，发现 12 月末在某不经常发生往来业务的客户账上借记了 300 万元，调出会计凭证，了解到会计分录是借记“应收账款”科目，贷记“商品销售收入”科目，而记账凭证却未附有任何原始凭证。据此，可以认为被查单位此项账务是虚增商品销售收入的舞弊行为，此处的“应收账款”与“商品销售收入”两科目便构成了异常的对应关系。

3.检查能够反映经济业务来龙去脉的账簿记录，根据所反映的具体经济业务分析其是否存在异常的科目对应关系。采用日记总账核算形式下的总账记录以及设有“对方科目”栏次的账簿记录能够反映出经济业务发生后所运用的会计科目。根据账户摘要所说明的经济业务内容，分析所运用的会计科目是否构成异常的科目对应关系。如审阅日记总账时发现一笔与某企业以物易物业务的账务处理是，借记“低值易耗品”科目，贷记“产成品”科目。可以断定，此处两科目构成了异常对应关系。因为以其产成品换回对方的某种物品作低值易耗品，既应看作是购进业务，又应看作是销售业务，最根本的是应通过“产品销售收入”与“产品销售成本”账户进行核算，未做如此处理，便少列了此项销售收入，进而偷逃了有关税款及其他款项的缴纳或分配。

二、捕捉账外信息，从中发现涉税问题

大部分涉税违法行为在会计资料中只能间接地反映出来，具有很大的隐秘性。因此，只有跳出会计资料，从账外发现线索，捕捉信息，才能及时准确地发现涉税违法行为。利用账外信息捕捉涉税线索没有固定的方式方法。稽查人员应随时随地搜集信息，分析各方面的有关情况，以判断是否构成涉税违法问题。一般从以下三个方面进行捕捉：

1.根据座谈、参观过程中发现的异常现象和调查了解到的被查单位有关线索。如为了“上市”或“开拓市场”大量需要灰色支出等，就可作为追查是否截留收入或变向增加成本的线索。

2. 根据调查、了解查找被查单位内部控制制度的薄弱环节，如报表反映亏损严重，而职工反映福利待遇比较高，以此可判断并查找该单位是否有截留收入与设小钱柜的问题。

3. 根据无意观察到的有关异常现象或表现，进行联系与联想，捕捉有关涉税违法问题。如稽查人员在工作之余无意间观察了解到被查的工业企业设有销售自产产品门市部，联想在查账过程中未发现账务中设有销售自产产品门市部，同时在查账过程中也未见其有销售自产产品销售业务的账务处理。以此为线索，查明被查单位以行政部门耗用自产产成品形式，将部分产成品移到本企业门市部，截留收入用于其他灰色支出。

第四节 解析税务稽查如何深查“账外账”

“账外账“顾名思义就是除应付税务检查的账外还有一套企业进行真实核算的账目。“账外账”常见于中小企业中，中小企业中的家族企业尤为多见。这是因为中小企业业务量太小，容易做“账外账”，业务量大了后做“账外账”的难度便会增大，企业会计出错的可能性将会增大，很容易露出马脚。其中的家族企业纳税意识薄弱些，偷漏税的动机更强些。加上财务核算线上的一系列人员都是“自己人”，具有串通做“账外账”的条件。现代财务软件的推广使用，为一些企业做“账外账”提供了工具支持，一些企业的“账外账“更加隐蔽，能够躲过税务局多项数据指标的监控，而且做“账外账”的效率也提高了。

一、“账外账”一般制作过程：

一些企业主要是隐瞒未开票的收入，将已开票的收入记账，再将做相应的主营业务成本、库存商品、生产成本，接着根据生产成本做出产品耗用的料工费来。工就是指工人的工资，费用就是生产中发生的辅助费用，例如电费、水费等。如果还要核算所得税的话，企业还要将销售费用、管理费用、财务费用做进去。处于初级水平的企业会将企业所有的材料与支出全部做进外账。而一些精明的企业则会考虑保持企业的税负平衡，不至于被税务机关监控指标发现。当然也有可能从成本出发做“账外账”，但是非常少见。

二、“账外账”的一般特征

尽管企业可以利用软件将“外帐”做得“不显山不露水”，但假的就是假的，真实是掩盖不住的。“账外账”会表现出以下特征：

一是毛利率和物耗比表现异常。尽管税负表现正常，但毛利率比其他企业要低，而物耗又比其他企业大。

二是企业的资金流存在问题。资金流容易断裂，经常会有向相关人员借款，虚构一些不合理的利息费用的情况。有的客户往来会出现长期挂账现象。

三是不可避免会虚列相关费用。有的直接采用白纸条列支费用，有的则是通过购买假发票或是第三方发票来虚构费用入账。

四是原材料领用存会出现异常。由于部分收入不入账，如果企业控制物耗比的话，必然会出现大量库存，而且企业的库存会越积累越多。

四是工资表会出现异常。生产工人的生产效率表现不符常理，甚至显得有些“癫狂”。有些会表现为工人的出勤率不正常。

五是存在应抵扣而未抵扣的增值税专用发票。这是指企业为了控制物耗比而将一些专用发票不认证，以免税务机关通过“以产定销”方式发现其隐瞒收入的情况。

三、税务机关如何发现和查处企业的“账外账”

针对以上“账外账”表现的特征，税务机关可以采取以下措施去发现并查处企业的“账外账”：

如果是采用财务软件的，可以查看企业的序时账，看企业是否不按照真实的业务逻辑做账。

如果违反真实发生逻辑制作凭证，可以断定其为“账外账”中的“外账”。还可以留意查看记账状态。一般来说，企业的凭证要经过制单、审核、记账三个状态。如果企业在检查年度的凭证仍然处于“未记账”状态，说明企业很有可能存在“账外账”。

配套适用综合指标法。用税负、毛利率、物耗比、管理费用率等指标综合去检测企业的经营情况。

可以对企业取得的大金额发票进行真伪识别，如果使用了大量的假发票或者是第三方发票，说明该企业虚列费用，或者是虚增成本。还可以审核企业有无未进行抵扣的发票。如果有的话，就存在“账外账”隐瞒收入的可能性。

如果已经发现了企业存在账外账，我们要充分发挥社会数据共享的作用，加强外部调查的力度，去还原企业真实的经营情况。

一定要采取查询企业或相关人的银行账号，与企业的收入一一对应，核查其有无收入未入账的情况。

对一些涉嫌虚构的经营业务要采取外部调查方式，搞清楚业务的来龙去脉，理顺业务的资金流、票流以及物流。

对库存原材料和库存商品进行实地盘存，核实是否账表一致、账物一致等。

第五节 汇算清缴的那些事儿！让汇算清缴变得如此简单

对于汇算清缴这个词汇，尤其是针对刚刚从事财务的职场小白来说，可能会让人感觉既陌生又神秘，面对税务局的各项要求有一种无从下手、手足无措的感觉！那么，在这一个章节里我们就要解开“汇算清缴”这神秘的面纱，让我们不再惧怕汇算清缴，从今往后可以很自豪地对外怒吼道：“让汇算清缴来得更猛烈些吧！”

一、什么是汇算清缴？

汇算清缴是指纳税人在纳税年度终了后的规定时期内，依照法律法规，自行计算全年应纳税所得额和应纳所得税额，根据月度或季度预缴的所得税数额确定该年度应补或者应退税额，并填写年度企业所得税纳税申报表，向主管税务机关办理年度企业所得税纳税申报、提供税务机关要求提供的有关资料、结清全年企业所得税税款的行为。

二、企业所得税汇缴期限

1、企业所得税按纳税年度计算。纳税年度自公历 1 月 1 日起至 12 月 31 日止。企业应当自年度终了之日起五个月内，向税务机关报送年度企业所得税纳税申报表，并汇算清缴，结清应缴应退税款。（《中华人民共和国企业所得税法》第五十四条）

2、企业在一个纳税年度中间开业，或者终止经营活动，使该纳税年度的实际经营期不足十二个月的，应当以其实际经营期为一个纳税年度。

3、企业依法清算时，应当以清算期间作为一个独立的纳税年度（《企业所得税法》第五十三条）。纳税人在年度中间发生解散、破产、撤销等终止生产经营的情形，需进行企业所得税清算的，应在清算前报告主管税务机关，并自实际经营终止之日起 60 日内进行汇算清缴，结清应缴应退企业所得税款；

4、纳税人有其他情形依法终止纳税义务的，应当自停止生产、经营之日起 60 日内，向主管税务机关办理当期企业所得税汇算清缴。

三、企业所得税汇缴范围

凡在纳税年度内从事生产、经营（包括试生产、试经营），或在纳税年度中间终止经营活动的纳税人，无论是否在减税、免税期间，也无论盈利还是亏损，均应按照企业所得税法及其实施条例和企业所得税汇算清缴管理办法的有关规定进行企业所得税汇算清缴。

范围包括：1、实行查账征收的居民纳税人

2、实行企业所得税核定应税所得率征收方式纳税人

3、按《公司法》、《企业破产法》等规定需要进行清算的企业

4、企业重组中需要按清算处理的企业。

注：实行核定定额征收企业所得税的纳税人，不进行汇算清缴。

四、汇总、合并纳税企业的汇缴规定

汇总企业

1、政策规定：

居民企业在中国境内设立不具有法人资格的营业机构的，应当汇总计算并缴纳企业所得税。（《企业所得税法》第五十条）

汇总纳税企业实行“统一计算、分级管理、就地预缴、汇总清算、财政调库”的企业所得税征收管理办法。（国税发[2008]28号《汇总纳税企业所得税管理暂行规定》第三条）

汇总清算，是指在年度终了后，总机构负责进行企业所得税的年度汇算清缴，统一计算企业的年度应纳所得税额，抵减总机构、分支机构当年已就地分期预缴的企业所得税款后，多退少补税款。

2、清算要求：

（1）总机构：实行跨地区经营汇总缴纳企业所得税的纳税人，由统一计算应纳税所得额和应纳所得税额的总机构，在汇算清缴期内向所在地主管税务机关办理企业所得税年度纳税申报，进行汇算清缴。

总机构在汇缴申报资料报送上除正常申报资料外，具体还应报送：

A《中华人民共和国企业所得税汇总纳税分支机构分配表》

B 各地分支机构已预缴企业所得税税票复印件

C 汇缴年度的企业财务会计决算报告

D 总机构及各分支机构职工工资总额情况说明（含职工人数、职工工资总额构成及相关证明、工资发放情况，如企业职工工资与上年相比有重大调整的，应单独说明情况）等相关资料。

（2）分支机构：分支机构不进行汇算清缴，但应将分支机构的营业收支等情况在报总机构统一汇算清缴前报送分支机构所在地主管税务机关申核。

这里所说的分支机构是指各地的二级分支机构。因为总机构和具有主体生产经营职能的二级分支机构，就地分期预缴企业所得税（国税发[2008]28 号《汇总纳税企业所得税管理暂行规定》第九条）。

二级机构的判定标准：二级分支机构是指总机构对其财务、业务、人员等直接进行统一核算及管理的领取非法人营业执照的分支机构。（国税函〔2009〕221《国家税务总局关于跨地区经营汇总纳税企业所得税征收管理若干问题的通知》第一条）

（3）总机构应将分支机构及其所属机构的营业收支纳入总机构汇算清缴等情况报送各分支机构所在地主管税务机关。

合并企业：

除国务院另有规定外，企业之间不得合并缴纳企业所得税。（《企业所得税法》第五十二条）

1、国务院允许合并企业：经批准实行合并缴纳企业所得税的企业集团，由集团母公司（以下简称汇缴企业）在汇算清缴期内，向汇缴企业所在地主管税务机关报送汇缴企业及各个成员企业合并计算填写的企业所得税年度纳税申报表，以及本办法第八条规定的有关资料及各个成员企业的企业所得税年度纳税申报表，统一办理汇缴企业及其成员企业的企业所得税汇算清缴。

汇缴企业应根据汇算清缴的期限要求，自行确定其成员企业向汇缴企业报送有关资料的期限。成员企业向汇缴企业报送的上述资料，应经成员企业所在地的主管税务机关审核。

2、取消合并纳税企业：取消合并纳税后以前年度尚未弥补亏损有关企业所得税问题：

企业集团取消了合并申报缴纳企业所得税后，截至2008年底，企业集团合并计算的累计亏损，属于符合《中华人民共和国企业所得税法》第十八条规定5年结转期限内的，可分配给其合并成员企业（包括企业集团总部）在剩余结转期限内，结转弥补。（国税总局公告2010（7）号）

企业集团应根据各成员企业截至2008年底的年度所得税申报表中的盈亏情况，凡单独计算是亏损的各成员企业，参与分配第一条所指的可继续弥补的亏损；而盈利企业不参与分配。（国税总局公告2010（7）号）

五、企业所得税汇缴项目审批及资料报送的相关规定

基本规定：

企业在纳税年度内无论盈利或者亏损，都应当依照企业所得税法第五十四条规定的期限，向税务机关报送预缴企业所得税纳税申报表、年度企业所得税纳税申报表、财务会计报告和税务机关规定应当报送的其他有关资料。（《中华人民共和国企业所得税法实施条例》第一百二十九条）

1、 企业所得税年度纳税申报表及其附表；

纳税申报表类型：

（1）适用于查账征收的居民企业填报的：《中华人民共和国企业所得税年度纳税申报表（A类）》。

报送时间：年度终了之日起5个月内。

（2）适用于核定应税所得率征收的纳税人填报的：《中华人民共和国企业所得税月（季）度预缴纳税申报表（B类）》

报送时间：年度终了之日起5个月内。

（3）适用于清算所得的纳税人填报的：《中华人民共和国企业清算所得税申报表》

报送时间：实际经营终止之日起六十日内。

纳税申报表“税款所属期间”的规定：

“税款所属期间”：

（1）正常经营的纳税人，填报公历当年1月1日至12月31日；

（2）纳税人年度中间开业的，填报实际生产经营之日的当月1日至同年12月31日；

（3）纳税人年度中间发生合并、分立、破产、停业等情况的，填报公历当

年1月1日至实际停业或法院裁定并宣告破产之日的当月月末;

（4）纳税人年度中间开业且年度中间又发生合并、分立、破产、停业等情况的，填报实际生产经营之日的当月1日至实际停业或法院裁定并宣告破产之日的当月月末。

纳税申报表的审核:

主管税务机关应结合纳税人企业所得税预缴情况及日常征管情况，对纳税人报送的企业所得税年度纳税申报表及其附表和其他有关资料进行初步审核后，按规定程序及时办理企业所得税补、退税或抵缴其下一年度应纳所得税款等事项。（国税发[2009]79号《企业所得税汇算清缴管理办法》）

注：纳税人应在企业所得税年度纳税申报前，到税务机关报送相关纸质资料，经税务机关审核后，进行企业所得税的网上年度纳税申报。

2、财务报表;

为了加强对纳税人财务会计报表报送工作的管理，省局在税收管理信息系统中设置了“财务会计报表报送种类核定”模块和“财务报表接收”模块。

（1）财务报表报送范围:

已经办理单位纳税人税务登记，实行独立核算的内资企业、港澳台商投资企业、外商投资企业和外国企业、非企业单位纳税人，应当报送财务会计报表。

办理个体经营税务登记的纳税人以及个人独资企业，实行查账征收方式的，应当报送财务会计报表。

（2）财务会计报表报送种类:

适用企业会计制度的纳税人，报送资产负债表、利润表、利润分配表、现金流量表。

适用小企业会计制度的纳税人，报送资产负债表、利润表。

适用金融企业会计制度的纳税人，报送资产负债表、利润表。

适用行政事业单位会计制度的纳税人，报送事业单位资产负债表、收入支出表。

适用民间非盈利组织会计制度的纳税人，报送民间非盈利组织资产负债表、业务活动表。

适用村集体经济组织会计制度的纳税人，报送资产负债表、盈余及盈余分配表。

（3）财务会计报表的报送时间：

实行按月或按季报送财务会计报表的纳税人，其报表报送期限为月份或季度终了之日起 15 日内；

实行按年度报送的，其报表报送期限为年度终了之日起 15 日内。

按规定应报送财务会计报表的纳税人，均应于年度终了之日起 5 个月内报送年度财务会计决算报告。

规定：网上报税及重点税源企业纳税人财务报表为按月报送

3、备案事项相关资料；

纳税人需要报经税务机关审批、审核或备案的事项，应按有关程序、时限和要求报送材料等有关规定，在办理企业所得税年度纳税申报前及时办理。

（1）企业所得税税收优惠项目分为审批类、备案类。

A 审批类

列入审批管理的企业所得税优惠，纳税人应提交相应资料，提出申请，经具有审批权限的税务机关审批确认后执行。未按规定申请或虽申请但未经有权税务机关审批确认的，纳税人不得享受企业所得税优惠。

目前实行审批项目管理的有：

（1）下岗失业人员再就业税收优惠；

（2）转制科研机构税收优惠；

（3）转制文化体制改革企业；

（4）广播电视村村通税收政策；

（5）延长生产和装配伤残人员专门用品所得税政策；

B 备案类：事前备案类、事后备案类

事前备案类

列入事前备案管理的企业所得税优惠，纳税人应于纳税申报之前，在规定的时间内向税务机关报送相关资料，提请备案，经税务机关登记备案后执行。对需要事先向税务机关备案而未按规定备案的，或者经税务机关审核后不予备案的，纳税人不得享受企业所得税优惠。

事前备案类包括：

1、符合条件的非营利组织的收入免税；

2、综合利用资源生产符合国家产业政策规定的产品所取得的收入，减按

90%计入收入总额；

3、开发新技术、新产品、新工艺发生的研究开发费用加计扣除；

4、安置残疾人员及国家鼓励安置的其他就业人员所支付的工资加计扣除；

5、从事农林牧渔业项目的所得，免征、减征企业所得税；

6、从事国家重点扶持的公共基础设施项目投资经营的所得免征、减征企业所得税；

7、从事符合条件的环境保护、节能节水项目的所得免征、减征所得税；

8、符合条件的技术转让所得免征、减征所得税；

9、小型微利企业20%税率；

10、国家重点扶持的高新技术企业；

11、创业投资企业抵扣应纳税所得额

12、购置环境保护、节能节水、安全生产等专用设备投资额抵免所得额；

13、固定资产加速折旧；

14、其他减免税（含软件生产、集成电路设计企业、集成电路设计企业、集成电路生产企业、动漫企业、技术先进型服务企业）；

15、清洁发展机制项目实施所得税政策。

16、其他需要事前备案的优惠项目。

事后备案类

列入事后备案管理的企业所得税优惠，纳税人可按照《中华人民共和国企业所得税法》及其实施条例和其他有关税收的规定，自行享受税收优惠，在年度纳税申报时将相关资料报主管税务机关备案。

1、国债利息收入；

2、符合条件的居民企业之间的股息、红利等权益性投资收益；

3、证券投资基金从证券市场取得的收入，证券投资基金管理人运用基金买卖股票、债券的差价收入；

4、投资者从证券投资基金分配中取得的收入；

5、中国证券投资者保护基金税收优惠政策；

6、股权分置试点改革税收优惠政策；

7、中国清洁发展机制基金取得的收入。

（2）企业发生的资产损失税前扣除规定

企业实际发生的资产损失按税务管理方式可分为自行计算扣除的资产损失和须经税务机关审批后才能扣除的资产损失。

A，企业自行计算扣除的资产损失：

1、企业在正常经营管理活动中因销售、转让、变卖固定资产、生产性生物资产、存货所发生的资产损失；

2、企业各项存货发生的正常损耗；

3、企业固定资产达到或超过使用年限而正常报废清理的损失；

4、企业生产性生物资产达到或超过使用年限而正常死亡发生的资产损失；

5、企业按照有关规定通过证券交易场所、银行间市场买卖债券、股票、基金以及金融衍生产品等发生的损失；

6、其他经国家税务总局确认不需经税务机关审批的其他资产损失。

B，上述以外的资产损失，属于需经税务机关审批后才能扣除的资产损失。

企业发生的资产损失，凡无法准确辨别是否属于自行计算扣除的资产损失，可向税务机关提出审批申请。

C，税务机关受理企业当年的资产损失审批申请的截止日为本年度终了后第45日。企业因特殊原因不能按时申请审批的，经负责审批的税务机关同意后可适当延期申请。

D，企业以前年度未扣除的资产损失处理：

企业以前年度（包括2008年度新企业所得税法实施以前年度）发生，按当时企业所得税有关规定符合资产损失确认条件的损失，在当年因为各种原因未能扣除的，不能结转在以后年度扣除；可以按照《中华人民共和国企业所得税法》和《中华人民共和国税收征收管理法》的有关规定，追补确认在该项资产损失发生的年度扣除，而不能改变该项资产损失发生的所属年度。（国税函[2009]772号）

E，股权投资损失的所得税处理：

（1）企业对外进行权益性（以下简称股权）投资所发生的损失，在经确认的损失发生年度，作为企业损失在计算企业应纳税所得额时一次性扣除。

（2）本规定自2010年1月1日起执行。本规定发布以前，企业发生的尚未处理的股权投资损失，按照本规定，准予在2010年度一次性扣除。（国税总局公告（2010）6号）

4、总机构及分支机构基本情况、分支机构征税方式、分支机构的预缴税情况；

总机构在汇缴申报资料报送上除正常申报资料外，具体还应报送：

A，《中华人民共和国企业所得税汇总纳税分支机构分配表》

B，各地分支机构已预缴企业所得税税票复印件

C，汇缴年度的企业财务会计决算报告

D，总机构及各分支机构职工工资总额情况说明（含职工人数、职工工资总额构成及相关证明、工资发放情况，如企业职工工资与上年相比有重大调整的，应单独说明情况）等相关资料。

5、委托中介机构代理纳税申报的，应出具双方签订的代理合同，并附送中介机构出具的包括纳税调整的项目、原因、依据、计算过程、调整金额等内容的报告；

6、涉及关联方业务往来的，同时报送《中华人民共和国企业年度关联业务往来报告表》；

7、主管税务机关要求报送的其他有关资料。

房地产企业实际毛利额与预计毛利额差异调整报告

（1）企业销售未完工开发产品取得的收入，应先按预计计税毛利率分季（或月）计算出预计毛利额，计入当期应纳税所得额。（企业年度所得税汇缴呢？表怎么填？）开发产品完工后，企业应及时结算其计税成本并计算此前销售收入的实际毛利额，同时将其实际毛利额与其对应的预计毛利额之间的差

额，计入当年度企业本项目与其他项目合并计算的应纳税所得额。

在年度纳税申报时，企业须出具对该项开发产品实际毛利额与预计毛利额之间差异调整情况的报告以及税务机关需要的其他相关资料。

（2）开发产品完工以后，企业可在完工年度企业所得税汇算清缴前选择确定计税成本核算的终止日，不得滞后。凡已完工开发产品在完工年度未按规定结算计税成本的，主管税务机关有权确定或核定其计税成本，据此进行纳税调整，并按照《中华人民共和国税收征收管理法》的有关规定对其进行处理。

开发产品完工的认定标准：

房地产开发企业建造、开发的开发产品，无论工程质量是否通过验收合格，或是否办理完工（竣工）备案手续以及会计决算手续，当企业开始办理开发产品交付手续（包括入住手续）、或已开始实际投入使用时，为开发产品开始投入使用，应视为开发产品已经完工。房地产开发企业应按规定及时结算开发产品计税成本，并计算企业当年度应纳税所得额。（国税函[2010]201 号）

六、企业汇缴申报的相关注意事项：

1、国税发 2009(79）号《企业所得税汇算清缴管理办法》规定：

（1）纳税人因不可抗力，不能在汇算清缴期内办理企业所得税年度纳税申报或备齐企业所得税年度纳税申报资料的，应按照税收征管法及其实施细则的规定，申请办理延期纳税申报。

（2）纳税人在汇算清缴期内发现当年企业所得税申报有误的，可在汇算清缴期内重新办理企业所得税年度纳税申报。

（3）纳税人在纳税年度内预缴企业所得税税款少于应缴企业所得税税款的，应在汇算清缴期内结清应补缴的企业所得税税款；预缴税款超过应纳税款的，主管税务机关应及时按照有关规定办理退税，或者经纳税人同意后抵缴其下一年度应缴企业所得税税款。

（4）纳税人因有特殊困难，不能在汇算清缴期内补缴企业所得税款的，应按照税收征管法及其实施细则的有关规定，办理申请延期缴纳税款手续。

（5）纳税人未按规定期限进行汇算清缴，或者未报送本办法第八条所列资料的，按照税收征管法及其实施细则的有关规定处理。

2、国税函[2010]148号《国家税务总局关于做好2009年度企业所得税汇算清缴工作的通知》有关企业所得税纳税申报口径：

根据企业所得税法精神，在计算应纳税所得额及应纳所得税时，企业财务、会计处理办法与税法规定不一致的，应按照企业所得税法规定计算。

（一）准备金税前扣除的填报口径。根据《财政部、国家税务总局关于证券行业准备金支出企业所得税税前扣除有关问题的通知》（财税[2009]33号）、《财政部、国家税务总局关于保险公司准备金支出企业所得税税前扣除有关问题的通知》（财税[2009]48号）、《财政部、国家税务总局关于中小企业信用担保机构有关准备金税前扣除问题的通知》（财税[2009]62号）、《财政部、国家税务总局关于金融企业贷款损失准备金企业所得税税前扣除有关问题的通知》（财税[2009]64号）、《财政部、国家税务总局关于金融企业涉农贷款和中小企业贷款损失准备金税前扣除政策的通知》（财税[2009]99号）、

《财政部、国家税务总局关于保险公司提取农业巨灾风险准备金企业所得税税前扣除问题的通知》（财税[2009]110号）的规定，允许在企业所得税税前扣除的各类准备金，填报在企业所得税年度纳税申报表附表三“纳税调整项目明细表”第40行“20、其他”第4列“调减金额”。企业所得税年度纳税申报表附表十“资产减值准备项目调整明细表”填报口径不变。

（二）资产损失税前扣除填报口径。根据《国家税务总局关于以前年度未扣除的资产损失企业所得税处理问题的通知》（国税函[2009]772号）规定，企业资产损失发生年度扣除追补确认的损失后如出现亏损，应调整资产损失发生年度的亏损额，并填报企业所得税年度纳税申报表附表四“弥补亏损明细表”对应亏损年度的相应行次。

（三）不征税收入的填报口径。根据《财政部、国家税务总局关于财政性资金、行政事业性收费、政府性基金有关企业所得税政策问题的通知》（财税[2008]151号）、《财政部、国家税务总局关于全国社会保障基金有关企业所得税问题的通知》（财税[2008]136号）、《财政部、国家税务总局关于专项用途财政性资金有关企业所得税处理问题的通知》（财税[2009]87号）规定，企业符合上述文件规定的不征税收入，填报企业所得税年度纳税申报表附表三“纳税调整明细表”“一、收入类调整项目”第14行“13、不征税收入”对应列次。上述不征税收入用于支出形成的费用和资产，不得税前扣除或折旧、摊销，做相应纳税调整，其中，用于支出形成的费用，填报该表第38行“不征税收入用于所支出形成的费用：其用于支出形成的资产，填报该表第41行项目下对应的行次。

（四）免税收入的填报口径。根据《财政部、国家税务总局关于期货投资者保障基金有关税收问题的通知》（财税[2009]68 号）规定，确认为免税收入的期货保障基金公司取得的相关收入，填报企业所得税年度纳税申报表附表五“税收优惠明细表”“一、免税收入”第 5 行“4、其他”。

（五）投资损失扣除填报口径。根据《国家税务总局关于印发〈企业资产损失税前扣除管理办法〉的通知》（国税发[2009]88 号）规定，企业发生的投资（转让）损失应按实际确认或发生的当期扣除，填报企业所得税年度纳税申报表附表三“纳税调整明细表”的相关行次。对于长期股权投资发生的损失，企业所得税年度纳税申报表附表十一“长期股权投资所得损失”“投资损失补充资料”的相关内容不再填报。

（六）税收优惠填报口径。对企业取得的免税收入、减计收入以及减征、免征所得额项目，不得弥补当期及以前年度应税项目亏损；当期形成亏损的减征、免征所得额项目，也不得用当期和以后纳税年度应税项目所得抵补。

（七）弥补亏损填报口径。根据《国家税务总局关于印发〈跨地区经营汇总纳税企业所得税征收管理暂行办法〉的通知》（国税发[2008]28 号）规定，总机构弥补分支机构 2007 年及以前年度尚未弥补完的亏损时，填报企业所得税年度纳税申报表附表四“弥补亏损明细表”第三列“合并分立企业转入可弥补亏损额”对应行次。

（八）企业处置资产确认问题。《国家税务总局关于企业处置资产所得税处理问题的通知》（国税函[2008]828 号）第三条规定，企业处置外购资产按购入时的价格确定销售收入，是指企业处置该项资产不是以销售为目的，而是具有替代职工福利等费用支出性质，且购买后一般在一个纳税年度内处置。

（九）汇算清缴汇总口径。《国家税务总局关于印发〈企业所得税核定征收管理办法〉（试行）的通知》（国税发[2008]30号）规定，核定定额征收企业所得税的纳税人不进行汇算清缴。为全面反映企业所得税税源状况、所得税收入等情况，从2009年开始，各地税务机关在企业所得税汇算清缴汇总、分析、报告时，应包括核定定额征收企业所得税的纳税人相关数据资料。

七、年底所得税汇算清缴项目及比例

费用类别	扣除标准/限额比例	说明事项（标准、限额比例的计算基数等）	政策依据
以前年度实际发生的、应扣而未扣或者少扣的支出		专项申报及说明后，准予追补至该项目发生年度计算扣除，但期限不得超过5年。	《国家税务总局关于企业所得税应纳税所得额若干税务处理问题的公告》（国家税务总局公告2012年第15号）第六条

当年度实际发生的相关成本、费用		未能及时取得该成本、费用的有效凭证的，预缴季度所得税时，可暂按账面发生金额进行核算；在汇算清缴时，应补充提供该成本、费用的有效凭证。	《国家税务总局关于企业所得税若干问题的公告》（国家税务总局公告2011年第34号）第六条
职工工资	据实扣除	任职或受雇，合理	《企业所得税法实施条例》第34条
	加计100%扣除	支付残疾人员的工资	《企业所得税法》第30条 《企业所得税法实施条例》第96条 《财政部国家税务总局关于安置残疾人员就业有关企业所得税优惠政策问题的通知》（财税[2009]70号）
职工福利费	14%	工资薪金总额	《企业所得税法实施条例》第40条 《国家税务总局关于企业工资薪金及职工福利费扣除问题的通知》（国税函[2009]3号）
职工教育经费	2.5%	工资薪金总额；超过部分，准予在以后纳税年度结转扣除	《企业所得税法实施条例》第42条

	8%	经认定的技术先进型服务企业	《财政部国家税务总局商务部科技部国家发展改革委关于技术先进型服务企业有关企业所得税政策问题的通知》（财税[2010]65号）
	全额扣除	软件生产企业的职工培训费用	《财政部国家税务总局关于企业所得税若干优惠政策的通知》（财税〔2008〕1号）
职工工会经费	2%	工资薪金总额；凭工会组织开具的《工会经费收入专用收据》和税务机关代收工会经费凭据扣除	《企业所得税法实施条例》第41条 《关于工会经费企业所得税税前扣除凭据问题的公告》（国家税务总局公告2010年第24号） 《关于税务机关代收工会经费企业所得税税前扣除凭据问题的公告》（国家税务总局公告2011年第30号）
雇用季节工、临时工、实习生、返聘离退休人员以及接受外部劳务派遣用工所实际发生的费用	据实扣除	应区分为工资薪金支出和职工福利费支出，属于工资薪金支出的，准予计入企业工资薪金总额的基数，作为计算其他各项相关费用扣除的依据。	《企业所得税法实施条例》第34条 《国家税务总局关于企业所得税应纳税所得额若干税务处理问题的公告》（国家税务总局公告2012年第15号）第一条
业务招待费	（60%，5‰）	发生额的60%，且不超过销售或营业收入的5‰；股权投资业务企业分回的股息、红利及股权转让收入可作为收入计算基数	《企业所得税法实施条例》第43条 《关于贯彻落实企业所得税法若干税收问题的通知》（国税函〔2010〕79号）

广告费和业务宣传费	15%	当年销售（营业）收入，超过部分向以后结转	《企业所得税法实施条例》第 44 条
	30%	当年销售（营业）收入；化妆品制作、医药制造、饮料制造（不含酒类制造）企业。签订分摊协议一方发生的不超过当年销售（营业）收入税前扣除限额比例内的广告费和业务宣传费支出可以在本企业扣除，也可以将其中的部分或全部按照分摊协议归集至另一方扣除	《财政部 国家税务总局关于广告费和业务宣传费支出税前扣除政策的通知》（财税〔2012〕48 号）（注：该文自 2011 年 1 月 1 日起至 2015 年 12 月 31 日止执行）
	不得扣除	烟草企业的烟草广告费	（同上）
捐赠支出	12%	年度利润（会计利润）总额；公益性捐赠；有捐赠票据，名单内所属年度内可扣，会计利润≤0 不能算限额	《企业所得税法》第 9 条《企业所得税法实施条例》第 53 条 《关于公益性捐赠税前扣除有关问题的通知》（财税〔2008〕160 号）、《关于公益性捐赠税前扣除有关问题的补充通知》（财税〔2010〕45 号）、《国家税务总局关于企业所得税执行中若干税务处理问题的通知》（国税函〔2009〕202 号）、《财政部海关总署国家税务总局关于支持玉树地震灾后恢复重建有关税收政策问题的通知》（财税〔2010〕59 号）和《财政部海关总署国家税务总局关于支持舟曲灾后恢复重建有关税收政策问题的通知》（财税〔2010〕107 号）。到目前为止，

			企业只有发生为汶川地震灾后重建、举办北京奥运会、上海世博会和玉树地震、甘肃舟曲特大泥石流灾后重建等五项特定事项的捐赠，可以据实在当年企业所得税前全额扣除（对玉树、舟曲分别是从 2010 年 4 月 14 日起、2010 年 8 月 8 日起执行至 2012 年 12 月 31 日止，下同）。其他公益性捐赠一律按照规定计算扣除。
利息支出（向企业借款）	据实（非关联企业向金融企业借款）	非金融向金融借款的利息支出、金融企业的各项存款利息支出和同业拆借利息支出、企业经批准发行债券的利息支出	《企业所得税法实施条例》第 38 条第（一）项 《国家税务总局关于企业所得税若干问题的公告》（国家税务总局公告[2011]34 号）
	同期同类范围内可扣（非关联企业间借款）	非金融向非金融，不超过按照金融企业同期同类贷款利率计算的数额可扣除。并提供“金融企业的同期同类贷款利率情况说明”（本省任何一家金融企业提供同期同类贷款利率情况）；利率，既可以是金融企业公布的同期同类平均利率，也可以是金融企业对某些企业提供的实际贷款利率。	《企业所得税法实施条例》第 38 条第（二）项 《国家税务总局关于企业向自然人借款的利息支出企业所得税税前扣除问题的通知》（国税函[2009]777 号） 《国家税务总局关于企业所得税若干问题的公告》（国家税务总局公告 2011 年第 34 号）第一条
	权益性投资 5 倍或 2 倍内可扣（关	金融企业债权性投资不超过权益性投资的 5 倍内，其他行业 2 倍内	《企业所得税法》第 46 条 《企业所得税法实施条例》第 119 条 《财政部国家税务总局关于企业关联

	联企业借款）		方利息支出税前扣除标准有关税收政策问题的通知》（财税[2008]121号） 《特别纳税调整实施办法（试行）》（国税发〔2009〕2号）
	据实扣（关联企业付给境内关联方的利息）	提供资料证明交易符合独立交易原则或企业实际税负不高于境内关联方	《企业所得税法》第46条 《企业所得税法实施条例》第119条 《财政部国家税务总局关于企业关联方利息支出税前扣除标准有关税收政策问题的通知》（财税[2008]121号） 《特别纳税调整实施办法（试行）》（国税发〔2009〕2号）
利息支出（向自然人借款）	同期同类范围内可扣（无关联关系）	同期同类可扣并签订借款合同	《企业所得税法实施条例》第38条 《国家税务总局关于企业向自然人借款的利息支出企业所得税税前扣除问题的通知》（国税函[2009]777号）
	权益性投资5倍或2倍内可扣（有关联关系自然人）		《企业所得税法》第46条 《企业所得税法实施条例》第119条 《财政部国家税务总局关于企业关联方利息支出税前扣除标准有关税收政策问题的通知》（财税[2008]121号） 《特别纳税调整实施办法（试行）》（国税发〔2009〕2号）
	据实扣（有关联关系自然人）	能证明关联交易符合独立交易原则	（同上）

利息支出（规定期限内未缴足应缴资本额的）	部分不得扣除	不得扣除的借款利息＝该期间借款利息额×该期间未缴足注册资本额÷该期间借款额	《国家税务总局关于企业投资者投资未到位而发生的利息支出企业所得税前扣除问题的批复》（国税函[2009]312号）
非银行企业内营业机构间支付利息	不得扣除		《企业所得税法实施条例》第49条
住房公积金	据实	规定范围内	《企业所得税法实施条例》第35条
罚款、罚金和被没收财物损失	不得扣除		《企业所得税法实施条例》第10条
税收滞纳金	不得扣除		《企业所得税法实施条例》第10条
赞助支出	不得扣除		《企业所得税法实施条例》第10条
各类基本社会保障性缴款	据实	规定范围内（“五费一金”：基本养老保险费、基本医疗保险费、失业保险费、工伤保险费、生育保险费等基本社会保险费和住房公积金）	《企业所得税法实施条例》第35条
补充养老保险	5%	工资总额	《企业所得税法实施条例》第35条《财政部国家税务总局关于补充养老保险费、补充医疗保险费有关企业所得税政策问题的通知》（财税[2009]27号）

补充医疗保险	5%	工资总额	（同上）
与取得收入无关支出	不得扣除		《企业所得税法实施条例》第 10 条
不征税收入用于支出所形成费用	不得扣除	包括不征税收入用于支出所形成的财产，不得计算对应的折旧、摊销扣除	《企业所得税法实施条例》第 28 条
环境保护、生态保护等专项资金	据实	按规提取；改变用途的不得扣除	《企业所得税法实施条例》第 45 条
财产保险	据实		《企业所得税法实施条例》第 46 条
特殊工种职工的人身安全险	可以扣除		《企业所得税法实施条例》第 36 条
其他商业保险	不得扣除	国务院财政、税务主管部门规定可以扣除的除外	《企业所得税法实施条例》第 36 条
租入固定资产的租赁费	按租赁期均匀扣除	经营租赁租入	《企业所得税法实施条例》第 47 条
	分期扣除	融资租入构成融资租入固定资产价值的部分可提折旧	《企业所得税法实施条例》第 47 条
劳动保护支出	据实	合理	《企业所得税法实施条例》第 48 条

企业间支付的管理费（如上缴总机构管理费）	不得扣除		《企业所得税法实施条例》第49条
企业内营业机构间支付的租金	不得扣除		《企业所得税法实施条例》第49条
企业内营业机构间支付的特许权使用费	不得扣除		《企业所得税法实施条例》第49条
向投资者支付的股息、红利等权益性投资收益	不得扣除		《企业所得税法实施条例》第10条
所得税税款	不得扣除		《企业所得税法实施条例》第10条
未经核定提取的准备金	不得扣除		《企业所得税法实施条例》第10条 《财政部、国家税务总局关于证券行业准备金支出企业所得税税前扣除有关问题的通知》（财税〔2009〕33号） 《财政部、国家税务总局关于保险公司准备金支出企业所得税税前扣除有关问题的通知》（财税[2009]48号） 《财政部国家税务总局关于中国银联

			股份有限公司特别风险准备金税前扣除问题的通知》（财税[2010]25号） 《关于金融企业贷款损失准备金企业所得税税前扣除政策的通知》（财税[2012] 5号） 《关于证券行业准备金支出企业所得税税前扣除有关政策问题的通知》（财税[2011] 11号） （注：以上文件执行至2010年12月31日止，目前尚无新的政策规定）
固定资产折旧	规定范围内可扣	不超过最低折旧年限	《企业所得税法》第11条 《企业所得税法实施条例》第57-60条
生产性生物资产折旧	规定范围内可扣	林木类10年，畜类3年	《企业所得税法实施条例》第62-64条
无形资产摊销	不低于10年分摊	一般无形资产	《企业所得税法》第12条 《企业所得税法实施条例》第65-67条
	法律或合同约定年限分摊	投资或受让的无形资产	《企业所得税法实施条例》第67条
	不可扣除	自创商誉；外购商誉的支出，在企业整体转让或清算时扣除	《企业所得税法》第12条 《企业所得税法实施条例》第67条
	不可扣除	与经营活动无关的无形资产	《企业所得税法》第12条
长期待摊费用	限额内可扣	1、已足额提取折旧的房屋建筑物改建支出，按预计尚可使用年限分摊	《企业所得税法》第13条 《企业所得税法实施条例》第68条

		2、租入房屋建筑物的改建支出，按合同约定的剩余租赁期分摊	《企业所得税法》第 13 条 《企业所得税法实施条例》第 68 条
		3、固定资产大修理支出，按固定资产尚可使用年限分摊	《企业所得税法》第 13 条 《企业所得税法实施条例》第 69 条
		4、其他长期待摊费用，摊销年限不低于 3 年	《企业所得税法》第 13 条 《企业所得税法实施条例》第 70 条
资产损失	实际资产损失 法定资产损失	清单申报和专项申报两种申报形式申报扣除	《企业所得税法》第 8 条 《企业所得税法实施条例》第 32 条 《财政部、国家税务总局关于企业资产损失税前扣除政策的通知》（财税[2009]57 号） 《国家税务总局关于发布〈企业资产损失所得税税前扣除管理办法〉的公告》（国家税务总局公告 2011 年第 25 号）
开办费	可以扣除	开始经营当年一次性扣除或作为长期待摊费用摊销	《国家税务总局关于企业所得税若干税务事项衔接问题的通知》（国税函[2009]98 号）
筹建期间，发生的与筹办活动有关的业务招待费支出，广告费和业务宣传费		招待费按实际发生额的 60%计入企业筹办费；广告费和业务宣传费，按实际发生额计入企业筹办费。并按有关规定在税前扣除	《国家税务总局关于企业所得税应纳税所得额若干税务处理问题的公告》（国家税务总局公告 2012 年第 15 号）第五条
低值易耗品摊销	据实		

股权投资发生的损失	一次性	在经确认的损失发生年度，作为企业的损失一次性扣除。	《国家税务总局关于企业股权投资损失所得税处理问题的公告》（国家税务总局公告 2010 年第 6 号）
审计及公证费	据实		
研究开发费用	加计扣除（未形成无形资产的，据被扣附后基础上按研发费用的 50%加计扣除；形成无形资产的，按成本的 150%摊销）	从事国家规定项目的研发活动发生的研发费，年度汇算时向税局申请加扣	《企业所得税法》第 30 条 《企业所得税法实施条例》第 95 条 《企业研究开发费用税前扣除管理办法（试行）》（国税发[2008]116 号）
税金	可以扣除	所得税和增值税不得扣除	
咨询、诉讼费	据实		
差旅费	据实		
会议费	据实	会议纪要等证明真实的材料	
工作服饰费用	据实	根据工作性质和特点，企业统一制作并要求员工工作时统一着装所发生的工作服饰费用可扣除。	《企业所得税法实施条例》第 27 条 《国家税务总局关于企业所得税若干问题的公告》（国家税务总局公告 2011 年第 34 号）第二条

运输、装卸、包装费等费用	据实		
印刷费	据实		
咨询费	据实		
诉讼费	据实		
邮电费	据实		
租赁费	据实		
水电费	据实		
取暖费/防暑降温费	并入福利费算限额	属职工福利费范畴，福利费超标需调增	
公杂费	据实		
车船燃料费	据实		
交通补贴及员工交通费用	2008年以前并入工资，2008年以后的并入福利费算限额	2008年以前计入工资总额同时缴纳个税；2008年以后的则作为职工福利费列支	
电子设备转运费	据实		
修理费	据实		

安全防卫费	据实		
董事会费	据实		
绿化费	据实		
证券、期货、保险代理等企业向经纪人、代办商支付手续费及佣金	据实	为取得该类收入而实际发生的手续费及佣金支出等营业成本.	《国家税务总局关于企业所得税应纳税所得额若干税务处理问题的公告》（国家税务总局公告 2012年第 15号）第三条
电信企业向经纪人、代办商支付的手续费、佣金	据实	不超过企业当年收入总额 5%的部分	《国家税务总局关于企业所得税应纳税所得额若干税务处理问题的公告》（国家税务总局公告 2012年第 15号）第四条
手续费和佣金支出	5%（一般企业）	按服务协议或合同确认的收入金额的 5%算限额，企业须转账支付，否则不可扣	《财政部国家税务总局关于企业手续费及佣金支出税前扣除政策的通知》（财税[2009]29号）
	15%（财产保险企业）	按当年全部保费收入扣除退保金等后余额的 15%算限额	（同上）
	10%（人身保险企业）	按当年全部保费收入扣除退保金等后余额的 10%算限额	（同上）
	不得扣除	为发行权益性证券支付给有关证券承销机构的手续费及佣金	（同上）

证券投资者保护基金	0.5%～5%	营业收入的 0.5%～5%	《财政部国家税务总局关于证券行业准备金支出企业所得税税前扣除有关问题的通知》（财税〔2009〕33 号）（该文执行至 2010 年 12 月） 《财政部国家税务总局关于证券行业准备金支出企业所得税税前扣除有关政策问题的通知》（财税〔2012〕11 号）（2011 年 1 月 1 日起至 2015 年 12 月 31 日止执行）
期货投资者保障基金	0.5%～1%	收取的交易手续费中按代理交易额	《财政部国家税务总局关于证券行业准备金支出企业所得税税前扣除有关政策问题的通知》（财税〔2012〕11 号）（注：2011 年 1 月 1 日起至 2015 年 12 月 31 日止执行）
期货公司风险准备金	5%	收取的交易手续费收入减去应付期货交易所手续费后的净收入	
贷款损失准备金（金融企业）	1%	贷款资产余额的 1%；允许从事贷款业务，按规定范围提取	《财政部国家税务总局关于金融企业贷款损失准备金企业所得税税前扣除有关问题的通知》（财税[2009]64 号）（注：该文执行至 2010 年 12 月 31 日止，目前尚无新的政策规定）
	不得扣除	委托贷款等不承担风险和损失的资产不得提取贷款损失准备在税前扣除	（同上）

	按比例扣除 ——关注类贷款 2% ——次级类贷款 25% ——可疑类贷款 50% —损失类贷款 100%	涉农贷款和中小企业(年销售额和资产总额均不超过 2 亿元)贷款	《财政部国家税务总局关于金融企业涉农贷款和中小企业贷款损失准备金税前扣除政策的通知》(财税[2009]99号) 《财政部国家税务总局关于延长金融企业涉农贷款和中小企业贷款损失准备金税前扣除政策执行期限的通知》(财税[2011]104号)(注:该文将财税[2009]99号规定的执行期限至2013年12月31日止) 《财政部国家税务总局关于金融企业贷款损失准备金企业所得税税前扣除政策的通知》(财税〔2012〕5号)(注:2011年1月1日起至2013年12月31日止执行)
保险保障基金	据实	1.非投资型财产保险,不超过保费收入 0.8%投资型财产保险,有保证收益,不得超过业务收入 0.08%,无保证收益,不得超过业务收入的 0.05% 2.人寿保险业务,有保证收益,不超过业务收入的 0.15%;无保证收益,不超过业务收入的 0.05% 3.短期健康保险业务,不超过保费收入的 0.8%;长期健康保险业务,不超过保费收入的 0.15%	《财政部、国家税务总局关于保险公司准备金支出企业所得税税前扣除有关政策问题的通知》(财税〔2012〕45号)(注:本通知自 2011年1月1日至 2015年12月31日执行)

		4.非投资型意外伤害保险，不超过保费收入的 0.8%；投资型意外伤害保险，有保证收益的，不超过业务收入的 0.08%，无保证收益的，不超过业务收入的 0.05%	
农业巨灾风险准备金（保险公司）	25%	财政给予保费补贴的种植业险种，不超过本年补贴险种保费收入的 25%	《财政部国家税务总局关于保险公司提取农业巨灾风险准备金企业所得税税前扣除问题的通知》（财税〔2009〕110 号）（注：该文执行至 2010 年 12 月 31 日止） 《财政部国家税务总局关于保险公司农业巨灾风险准备金企业所得税税前扣除政策的通知》（财税〔2012〕23 号）（注：2011 年 1 月 1 日起至 2015 年 12 月 31 日止执行）
担保赔偿准备（中小企业信用担保机构）	1%	当年年末担保责任余额； 同时将上年度计提的担保赔偿准备余额转为当期收入	《财政部、国家税务总局关于中小企业信用担保机构有关准备金税前扣除问题的通知》（财税[2009]62 号）（注：该文执行至 2010 年 12 月 31 日止）
未到期责任准备（中小企业信用担保机构）	50%	当年担保费收入；同时将上年度计提的担保赔偿准备余额转为当期收入	《财政部国家税务总局关于中小企业信用担保机构有关准备金企业所得税税前扣除政策的通知》（财税〔2012〕25 号）（注：本通知自 2011 年 1 月 1 日起至 2015 年 12 月 31 日止执行）

煤矿企业维简费支出 高危行业企业安全生产费用支出	实际发生扣除； 预提不得在税前扣除	属于收益性支出的，可直接作为当期费用在税前扣除；属于资本性支出的，应计入有关资产成本，并按企业所得税法规定计提折旧或摊销费用在税前扣除	《国家税务总局关于煤矿企业维简费和高危行业企业安全生产费用企业所得税税前扣除问题的公告》（国家税务总局公告[2011]第26号）
交易所会员年费	据实	票据	
交易席位费摊销	按10年分摊		
同业公会会费	据实	票据	
信息披露费	据实		
公告费	据实		
其他	视情况而定		

八、汇算清缴申报中的两个易错点：

1、易错点一

《企业基础信息表》的人数与资产

观点：

104从业人数以及105资产总额（万元） 按照月平均来计算或者直接填

列2016年最后一个月的人数、资产数，这是错误的。

正确的计算方法：

从业人数以及资产总额指标，按企业全年季度平均值确定，具体计算公式如下：

季度平均值=（季初值+季末值）÷2

全年季度平均值=全年各季度平均值之和÷4

2、易错点二

工资支出不需要填报《职工薪酬纳税调整明细表》

观点：

A105050《职工薪酬纳税调整明细表》主要是用来调整超过税前扣除标准的职工福利、职工教育费、工会经费、社会保险、补充保险等，工资由于可以全部扣除，不需要填报《职工薪酬纳税调整明细表》，这是错误的。

正确的做法：

对企业发生有工资薪金支出的，应该遵循发生即填报的要求。即使没有纳税调整，企业也要如实填报A105050《职工薪酬纳税调整明细表》。

也就是在该表的第一行——工资薪金支出的账载金额和税收金额列填列相同的金额即可，纳税调整金额列自动为0。

做自己的报表，让别人审去吧！

——刘毅

第七章 具备自我包装能力（一）

简历撰写，原来得到一个高薪的 OFFER 是如此的简单

Chapter 7

第一节 如何撰写一份专业财务类型简历

前面几个章节重点从财务自身应该具备分析和优化各项财务报表的能力、税务筹划、合理节税能力、成本控制、资金把控能力、税务风险管控能力、应对税务稽查及处理紧急公关能力等诸多能力进行了讲解。以上内容均为财务人员的内在能力，但很多人都会遇到的一个问题是，纵使你有百般的能耐，但不会表达、不会包装，你也拿不到一个高薪 offer。

求职和面试其实就相当于上战场，在这个所谓的战场里你必须要有相当高的生存能力，同时如果你想在这个战场上成为一名英雄，其实也是有其中的相应法则的。在日常的求职中，求职的过程更像是销售的过程，只不过其销售的不是商品，而是求职者本身。如何把自己尽快推销出去，如何让老板愿意付出高薪聘用你，其实就需要我们“销售”自己的能力了。

首先，如果我们要想完美地推销自己，第一步就是要有一份非常成功、完美的简历。简历就是一面镜子，简历是块敲门砖，简历更是打开成功之门的一把钥匙，而同时简历也是一家企业的 HR 或者说猎头认识你的第一途径。因此，一份成功的简历是得到高薪机会的首要因素。除了真实反映出自己的水平外，一份成功的简历还需要富有创意，做到零错误，如果你应聘的是一家合资企业或外资独资企业，当然最好是中英文版本都要准备好。

众所周知，当下的世界是个“看脸”的世界，判断你是否符合公司招聘财务要求及标准，是否能让人事看完你的简历后有给你打电话，预约你初试的机会？顺利地迈出第一步完全取要决于你的简历，因为首次认知你的好坏唯一的判断依据就是这份简历，那么问题就来了——如何能够写出一份与众不同，让人事爱不释手的简历呢？接下来就让我们揭晓此秘密。

一、 简历撰写的基本原则：

赵本山的一个小品里说：猫走不走直线取决于耗子。一个求职者的简历好不好，完全取决于招聘者。有些人觉得自己的简历做得不错，为什么一投出去就石沉大海，杳无音信？很大的原因是你的简历并没有吸引住招聘者的眼球。没有吸引住招聘者的眼球，又在很大程度上是因为你只从自己的眼光来看自己的简历，而没有从招聘者的立场看待自己的简历。无论你的简历做得多么精美，你都要清楚一点——招聘者在筛选简历时根本就没时间把你的简历看个遍。我们每次出去招聘，一般就四五个人甚至只有一两个人，时间多则一周，少则四五天。这其间有很多事情要做：如果是参加大型招聘会，你至少得提前布置一下展台，如果搞专场，会场布置就更复杂了；招聘、筛选简历、面试、通知面试结果……可以说，我们用在筛选简历上的时间很少。而且每场招聘会下来，都会收到几百上千份简历，想让我们把你简历上的每一个字都看到，那是不可能的事情。你要记住，我们在整个招聘的过程中，顶多会拿出一天时间筛选简历，很多时候就是用半天。

筛选简历就两个过程：先是初选。这个过程很快，每份简历人事只看几个关键词，10 至 20 秒就会看完一份简历，有时候简历看完了，连这个人是男是女都不知道，你别怪人事对大家的诚心诚意不负责任，人事也没办法。初选大概会选出 20%左右的人进行复选。复选阶段，我们对每份简历都看得很细，主要是为了更进一步了解每名求职者，在简历中寻找几个有针对性的面试问题。这个阶段的淘汰率不是很高，基本上都会得到面试的机会。

所以说，对于人事这行来说，如果一个应聘者能过得了初选关，那么离面试也就不远了。在众多的简历中，人事为什么会选择这份而不是选择那份呢？除了这个人符合人事的各项硬件要求外，一个很重要的理由是：这份简历符合人事的口味。那么，我们喜欢什么样的简历呢？当然是清晰明了，看上一眼就能够抓住关键词。“简历”这个词突出的是个“简”字，所以简历不是写论文，不能过于冗长，人事也没有时间在你的长篇大论中帮你总结归纳人事所需要的信息。“简历”的“简”也不能理解成简单，人事的理解是突出重点，在短短的一两页纸中要把你的亮点展现出来，人事留下某份简历，多半是因为看到了简历中的某个词或某句话，最不喜欢看那些太过于雷同的简历。有时候看了很多简历，格式、内容基本一样，这种千人一面的简历，看多了真有想吐的感觉。我毕业那会儿也犯过这样的毛病，把别人的简历拿过来，套个格式，改改内容就搞定了。这样的简历多了，让招聘者很是为难，看不出大家有什么不同，该怎么选择呢？结果往往是被批量淘汰。不过，对于毕业生来说，简历雷同也是在所难免的，大家的经历相似，简历当然也就差不多了。但是有些毕业生却能把一样的事，用不一样的方式写出来，这就是水平。温馨提醒大家：别怕麻烦，应站在招聘者的角度，用心做一份与众不同的简历同时特别提示大家：简历不需要做封面。

二、简历撰写的基本内容要求：

(一)个人基本信息

个人信息主要的目的是让HR拿到简历时，知道这份简历属于谁；怎样可以联系到该求职者。因此，个人信息最重要的内容就是姓名与联系方式。同时，还应该注意写上多种联系方式，除了手机外，还要写上固定电话、电子邮箱等，确保HR能够马上联系到你。另外，个人信息中还可以写上性别、出生年月、籍贯、学历、政治面貌等。假如应聘的是外企，那么建议你的某些信息，例如政治面貌等，能免就免。

在个人基本信息填写学历时特别要提醒，尤其是财务招聘的简历，由于属于技术类的求职简历，专业性要求比企业类别的简历要高，故而很多人事比较在意是否为科班毕业。这可能是许多非财务专业毕业的求职人员的一个死穴，那么该如何解开此死穴呢？我们采取的方法就是“欲盖弥彰”。例如，你如果是非财务专业毕业的求职者，在基本信息一栏只需写本科或专科即可。我们撰写高质量的简历其实要注意的首要原则就是避重就轻，尤其还要考虑一个问题，许多求职者都有过见光者死的尴尬情况出现，为何见光者死呢？就是因为简历中有诸多人事觉得不符合公司招聘标准的内容出现。其实这种做法我认为是比较偏激的，只是单单凭纸面上的文字就否定人的价值，这本身就比较武断。如上文提到的，由于现在人事要每天面对大量简历，同时也要在尽量短的时间内筛选出他们认为的合格简历，那么就不得不如此的武断地判断一个人。而对于求职者的简历在此包装上就应该尽量避免与人事正面冲突，简历的目的只有一个，那就是尽快的绕开初次筛选的简历过程而得到初试的机会，以便顺利拿下这次offer。换言之，如果人事真想知道求职者是什么专业，那只有一种可能性，就是要求求职者来公司参加初试。这样很高兴地恭喜你，你已经距离一次成功的面试不远了。

（二）求职意向

为什么要写上求职意向？一方面，明确了求职意向，就能够指导简历的写作。简历中的工作经历与个能技能就能围绕求职意向来写作，将那些符合职位的信息作为重点。另一方面，明确了求职意向，能让HR一目了然，知道你想从事哪一方面的工作。三则是写求职意向应尽可能明确和集中，并与自己的专长、兴趣相一致。最后要注意求职意向要写得简洁、单一，最多不要超过两个，许多求职者都抱有一种求职意向写得多，面试就几机率高的错觉！例如在求职意向中会写道上出纳、会计、会计助理、行政助理、市场助理等等。这种思想其实只是求职者的一厢情愿，往往求职者这么写得越多，人事越会觉得你不专业。因为人事认为人不是万能的，假如你自己认为自己是万能的，那恰恰你却是万万不能的。

（三）教育背景

教育背景的写作原则是由近到远，逆顺序写作。如果你是本科学历，则从先写本科，再到高中，小学与初中一般都不用写。一般来说，在应届生的简历中，教育背景所包含的信息包括学校、时间段、专业、学历、主修课程等。

在教育背景一处的书写是要注意尽量少写自己的主修课程，往往此种情况更多出现在大学生的应届毕业生简历中，这些应届毕业生由于缺乏工作经验，故而就用自己大学期间的主修课程来填充，这是极其错误的想法。人事在看到大量的主修课程时的第一个反应就是你没有相应的工作经验，你只是个应届毕业大学生而已。第二个反应则是遭到人事的反感，因为企业招聘员工的原则是让人入职到企业创造价值，企业要的是你的经验及其他的综合素质，但如果此时企业的人事在你的简历中只看到你大量的主修课程，人事会有丝毫无用的感觉。

（四）工作或实习经历

工作实习经历可以说是简历最重要的内容，如果已有的工作实习经历与应聘的职位或者公司业务需求相关的话，那么简历通过筛选的几率会大很多。因为相关的工作实习经历最能够体现与职位要求的技能。写作工作实习经历时要注意的是与职位相关的信息应重点写，与职位无关的则不用写。即使工作实习经验十分丰富，但与职位无关，HR 也不会花心思去看，毕竟等着 HR 浏览的简历数不胜数。

（五）财务项目经历

简历中的财务项目经历的内容及意义，与工作经历、社会实践略有不同。一般来说，财务项目经历往往反映的是求职者某个方面的实际动手能力、对某个领域或某种技能的掌握程度。尤其是在财务求职类的招聘中，财务所罗列的岗位种类繁多，由于行业、负责内容、所分工作岗位性质不同，财务项目反映的领域能力也不同，同时由于企业较为关注复合型财务人才，故而财务项目经历的丰富就可极大拉升企业对你的好奇感。财务项目经历的描述是比较重要的。在财务项目经历中，要突出你所取得的成绩、为企业带来了怎样的收益、怎样的改变等等。

（六）财务技能、英语及其他专业技能

财务技能一栏是整个简历较为重要的组成部分，尤其是针对经验较少的求职者来说，在此项内容中可以充分地给求职者加分，增加人事对你的好奇度。财务技能书写应较为具体，应详细写出你在财务领域中具体的技能掌握能力，比如：熟练操作电子报税系统，网上报个人所得税，金碟财务软件，防伪税控开票，网上抄报税，清卡，以及网上认证发票，网上核销发票，去税所购买发票等。熟悉国家会计法、企业财务会计准则和相关政策法规。熟悉国家税收征管法，增值税和企业所得税法规、管理规定。从事增值税一般纳税人会计工作7年以上；熟悉银行业务和工商、社保法规及工作流程；有多年的工商、办税经验。掌握计算机基础知识和办公软件，能熟练运用到会计工作上（制表及分析）；并具有较好的计算机网络知识与技能。掌握财务软件的使用与维护（用友、金蝶），熟练操作用友通财务软件（网络版）和管家婆、锐智进销存软件。有较强的专业技术能力，熟悉会计基本业务及税务流程，熟悉并熟练操作各类财务软件（如用友，金蝶等）及办公软件（Word，Excel,Power Point）等等内容。特别提示：财务技能最好要针对求职者所要面对企业的招聘要求相对应来写，这样更有针对性，更容易得到人事的认可，更方便进入到初试环节。

而如果你应聘的是外企，你的英语水平就不能以通过大学英语四级、六级敷衍了事。你需要使用一些具有说服力的词语，比如能给国外客户做陪同翻译等等。要写出实际表现能力来。由于现代财务伴随着互联网+时代的到来，各种办公设备及相应的辅助设备也是给应聘者加分的项目，比如说办公软件及一些与职位相关的软件，熟练驾驶汽车等等。

（七）其他个人信息

其他个人信息主要是指兴趣爱好、自我评价。兴趣爱好不是简历中的必要信息，但是某些企业招聘时会强调需要在某方面有特长的求职者。因此，在简历制作时要考虑到企业的需求。与兴趣爱好一样，自我评价亦不是简历中必要的信息。因为大部分求职者在自我评价中都是主观地赞扬自己，空话连篇。如果非写自我评价不可，建议求职者要结合应聘职位的特点，用一句话来总结各项素质，如应聘销售就要强调自己的沟通能力、抗压能力，然后用一句概括性的话对各项素质做例证等。为了让大家更好地写好自我评价一项，下面给大家准备了一些范例作为参考！

●个人自我评价范例一：

熟悉国家财经制度和相关政策法规，能够熟练使用财务软件，头脑灵活，善于分析，具有现代财务管理理念。

本人工作认真负责，实事求是，注重团队合作精神，性格开朗，个人适应能力强，能够承受挫折并从中吸取教训，不断提高自身能力。与此同时，有较好的自学能力及掌握新知识新技术的能力。乐观、自信、责任心强；乐于与人相处，与身边的人相处融洽，具有团队协作精神；为人正直，工作认真负责，能吃苦耐劳，做事严谨；缺点是有时做事太急；理想是成为一名合格的会计人员。对待所做每件事的态度是：想做、敢做、能做、做好……

我的座右铭是：志存高远，脚踏实地，埋头苦干

●个人评价范例二：

几年的大学生涯，有渴望、有追求，有成功也有失败，我孜孜不倦，执着追求、百般锤炼，使自己成为一名独立、坚韧、热情、自信的青年。

在思想道德修养方面，我热爱祖国，拥护党的领导，拥护党的方针政策，思想积极上进，光荣地成为了中共党员。在生活上我严于律己，宽以待人，并以优良的作风赢得了师友的信任及赞誉。

在学习上，刻苦努力，态度端正，目标明确，凭着对知识的强烈追求，勤于思考，不仅掌握了一名大学生所应具备的基础知识和专业知识，做到了理论联系实际，而且还通过阅读大量的书籍与实践操作，获得了多方面的知识，使自己的知识更为全面、更为丰富。在工作上，连续几年担任班干部，工作踏实，任劳任怨，能及时完成各项工作，发挥自己的特长，成为学校和老师的得力助手，工作表现出色，多次被评为"优秀学生班干部"。

此外，我还积极地参加各种社会活动，抓住每一次机会锻炼自己。曾在快餐厅当服务生；在《南方都市报》当促销员；在中国电信公司当促销小灵员；在易初莲花超市当市场调查员……这些都使我更早地踏入社会，锻炼了我的人际交往能力、社会应变能力，以及注重团队合作的精神与集体观念。

以上是自我评价，希望贵公司能给您多一个选择，也能给我一个机会，若

能得到您处的面试机会，我将不胜感激；若能成为贵公司中的一员，我将竭尽我之所能，听从上级的领导，为贵公司创造最高的效益。您给我一次选择，我还您一个奇迹！

●财务管理个人评价范例三：

我是一名活泼开朗，性情温顺随和，热情大方，脸上总是洋溢着微笑的女孩。3年来，学习积极努力，在完成学习任务的同时还参加了校内组织的各项活动，因此团队精神和集体荣誉感较强。我还能够很好地配合老师的工作并协助老师及班委完成任务。这个过程中既锻炼了我的能力，又融洽了我们之间的人际关系。

在生活中，我酷爱球类运动，热爱旅游，更喜欢了解各地的名胜古迹以及善良淳朴的人们。在思想上我要求进步，向党组织递交了入党申请并参加了初级党课班的学习，加深了对党的了解，也坚定了我加入党组织的决心。在今后的工作中，我将努力按照党员的标准严格要求自己，使自己全身心地投入到工作中去 ，把我的一切奉献给我的单位及岗位。

●财务管理个人评价范例四：

作为一名会计人员，我有着扎实的专业知识，通过实习工作经验我了解到了基本的财务规程以及财务制度，同时能够给辅助公司的会计人员进行工资核算并进行会计电算化的操作，其中包括凭证的录入、审核、出纳日记账的登记、各种明细账的登记。而实际工作远比书本上的知识要丰富、复杂，但我有较强的责任心、适应能力与学习能力，而且比较勤奋，所以在实习中圆满地完成了各项工作。

另外，强烈的事业心以及求知欲是我生存的信念与武器，我觉得没有创新就没有长久的生存，大胆的尝试是我的风格。在团体工作中，始终会能以集体的利益为重，有着强烈的集体荣誉感，先集体后个人，是我对公司忠诚的执念。希望成为公司财务部的一员，优秀地完成各项会计工作岗位的要求。

●财务管理个人评价范例五：

我是南京审计学院会计学院财务管理专业的本科毕业生。现诚挚向贵公司提出请求，希望加入你们的行列，共同开拓事业的辉煌！

我即将走完 4 年的求知之旅，4 年充实的大学生活培养了我科学严谨的思维方法，更造就了我积极乐观的生活态度与开拓进取的创新意识。课堂内外拓展的广博的社会实践、扎实的基础知识与开阔的视野，使我掌握了扎实的财会专业知识。在所热爱的学生社团工作中养成的热心奉献、以集体为重、团结协作的优秀品质，使我深信在岗位上同样可以为之倾洒自己的真诚，做到爱业、守业、敬业！我竭诚希望我的才能可以为贵单位欣欣向荣的事业尽绵薄之力！

作为应届大学生，我还很稚嫩，但我明白：一个青年人，可以通过不断的学习来完善自己，在实践中证明自己。我相信，良好的自学能力及不懈的钻研精神一定能使我很快胜任自己的工作。如果我能喜获您的赏识，一定会尽职尽责地用实际行动向您证明：您的过去，我来不及参与；但您的未来，我愿奉献我毕生的心血和汗水！再次致以我最诚挚的谢意！

●财务管理个人评价范例六：

我是一个对外界事物充满了好奇心的人，凡事都喜欢探个究竟，我不喜欢凭空去接受人云亦云的解释，对各种事情我都希望能够用自己的眼睛去观察，然后用自己的mental software 来分析，这种周而复始的学习过程让我知道一个人的认知及掌握的分析工具总是有限的，因此，我也很喜欢和来自不同的地方以及不同文化背景的人打交道。与不同的人交谈会会启发我用更多不同的角度与方法去观察事物、分析事物，并且在这个过程中我学会了根据不同人的性格来调整自己与人沟通的方式。更重要的是，我觉得，这是我在人际交往中所学到的最宝贵东西。

我觉得人生就是一个不断学习与进步的过程，虽然我没有非常多的社团活动以及社会实践经验，但是在欧洲半年的交换生活让我成长了不少，我可以熟练地运用英语来与别人交流，并且在书写方面也能够得心应手。在英文的听力方面我相信自己还是胜人一筹的，因为欧洲的每个国家居民说英文的口音都非常不同，但是我却能够很快地适应。对于要做的事情，我是个能够投入全部的努力与热情的人。我有很好的执行力，但是对于完美的追求又使得我在执行的同时不忘记take initiatives，让任务完成得更接近完满。

希望我能够加入贵公司并与公司一同成长，共同进步！

●财务管理个人评价范例七：

强烈的事业心以及求知欲是我生存的信念与武器。大学不仅让我懂得了如何去学习，同时还让我学会了怎样去做人，这是我最大的收获。没有创新就没有长久的生存，大胆的尝试是我的风格。本人在校学习期间思想积极上进，观念不断求新求变，生活朴素，学习刻苦认真，不仅积极向党组织靠拢，还多次获得了奖学金。

我有着扎实的专业知识，从大三起就开始准备注册会计师的复习及考试，这更进一步加深了我对专业知识的了解与掌握。作为应届毕业生，在工作经验方面会有所欠缺，因此在读书期间我便一直利用各种机会在会计行业里实习并兼职。我也发现，实际工作远比书本知识丰富、复杂，但我有较强的责任心、适应能力与学习能力，而且比较勤奋，所以在实习中均能圆满地完成各项工作，从中获取的经验也让我受益匪浅。请贵公司放心，学校所学及实习、兼职的工作经验使我定能胜任此职位。

社会活动积极，有良好的交际能力，具有一定的组织能力和思维。在团体中，始终能以集体的利益为重，有着强烈的集体荣誉感，先集体后个人，是我对公司忠诚的执念。

第二节 财务简历如何写出“财务味”

三百六十行，行行要财会。财务类专业的就业面非常广泛，大致可以分为以下几类：

1. 规模较大的国企或者外企；2. 自营中小企业；3. 四大等专业服务公司；

4.政府部门、非盈利性组织、医院、社团、各类学校等NGO；5.银行、证券或财务公司等金融企业的财务业务。

这些机构的财务工作各有各的特点，比如大企业看重的素质可能是“规范操作”型人才，小企业要求的是“创新挑战”类人才，而四大要求的是“专业可塑”的人才。但不管如何细分，在财务方面，对人才的要求有一些共性，这些共同的素质需求是什么？

奥妙就在一个“T”字里。

财务T型素养要求

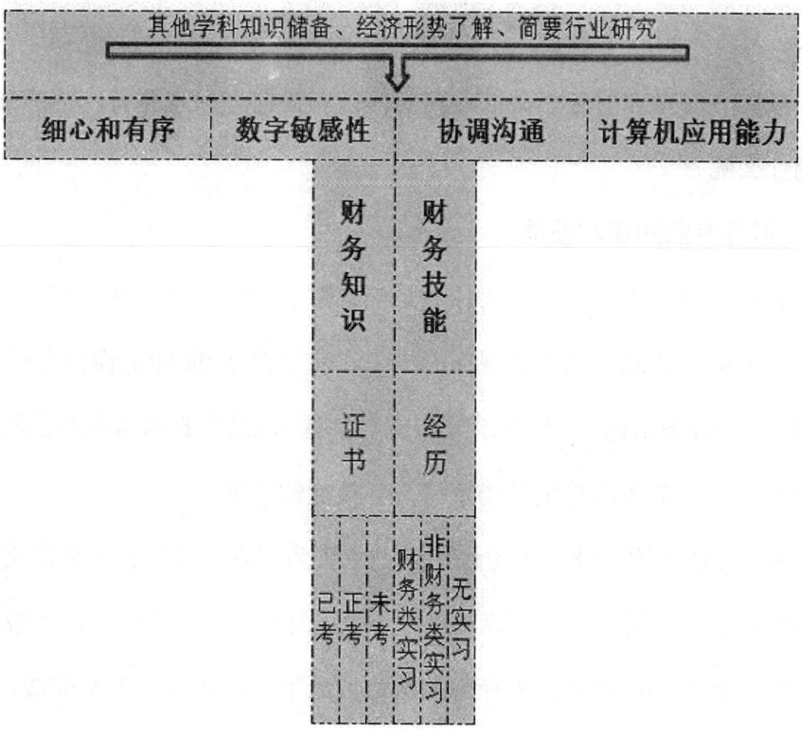

我们知道，在财务处理中，有经典的“T”字记账法。同样的，财务人也要求有“T”字型的素养要求。具体体现在简历中，就是要在纵向方面，利用证书和经历体现财务知识与技能。同时，在横向方面，将其他学科知识、经济形势和行业背景的储备及研究融入到“细心有序、数字敏感、协调沟通、计算机应用”等财会素养中。

具体详情，且听乔小编道来——

1.“T”型知识和技能

财务工作既是一门专业的技术活儿，也是需要广泛涉猎的综合性工作（特别是在往高层逐步晋升的过程中）。在财务处理中，有经典的“T”字记账法。同样的，财务人也要求有“T”型知识结构储备。所谓“T”型知识结构，是指不仅在纵向方面要有财务相关的专门学问，在横向方面也要有广博的知识面。其包括什么呢？

1）财务专业知识和技能

要想从事财会类工作，首要任务是拥有财会知识基础，在“T”型知识结构的纵向上奠定基础。因此体现在简历中，就是要让HR知道你拥有财务相关的知识（如对财务指标、会计分录等知识的掌握）以及掌握财务初步的技能（如对凭证整理、发票印制甚至是物资清点等技能的了解）。

首先，要在简历中体现你考过的证书或者为积累财务知识所做的努力。会计从业资格证、初级会计职称等都难度不大，而且可以在本科阶段考取，如果拥有了这些证书，可以直接列在你的教育背景下。如果证书没有完成，比如

CPA只考了两科，那也必须要在简历中列出。如果你只是在准备阶段，财务证书压根儿就没开始考，那不妨在简历或者求职信中写上“本学期正参加会计从业资格证培训班，于今年六月考试”（不能造假，要你真的有去备考或者看书，不然面试会被识破的）。如果你看文章的时候还没有到求职的季节，建议你可以早点儿把证书准备起来，关于财务证书的进一步分析，《应届生相关主流财务证书比较(国内证书)》。

2013.09 - 至今　　中国乔布堂大学　　财务管理　　研究生

- 已取得会计从业资格证、初级会计职称
- CPA已通过会计、审计和财务成本管理三门
- 本学期参加CPA剩余两门的培训班，于今年年底考试

其次，要在简历中体现你和财务有关的经历。

如果你在大一时就目标明确，非财务不干，积累了一些财务类的工作经验，那么恭喜你，你的简历内容将会非常充实。你需要注意的，是把这些相关的财务经历提前，而把营销、文秘等其他的实习放在靠后的位置，因为HR只有极短的时间浏览你的简历（是浏览，不是阅读），你必须把和财务最相关的东西放在最显眼的位置上。另外，你还需要把自己的财务实习写得有血有肉，把在实习中的具体实操写得真实可感。

如果你大学期间想体验不同行业而尝试了多份与财务无关的实习，但现在又要应聘财务类工作，没有关系，稍微润色一下，你的简历同样会出彩。你需要做的，是把你在其他行业的实习内容往财务的工作上靠。比如，你做过地产的营销，在案场帮财务做过台账，比如你做过漂亮的前台MM，经历过相关的

报销工作……那么不要犹豫，都把它们华丽丽地写进你的 bullet point 吧。

2013.03-2013.06 **绿地集团房地产事业一部** **营销岗实习生**

- 负责案场5次活动的策划；日均常规接待30位客户
- 协助客户完成合规、收银等程序，初步了解法规和财务相关知识和流程

2012.06-2012.11 **美国通用医疗集团（GE health care）** **综合岗实习生**

- 负责培训活动（包括5次财务培训）的材料准备，以及公司档案文件的整理
- 负责日常报销的登记和整理，并与财务部对接，完成报销流程

如果你大学 4 年因为种种原因没有参加过实习，那也没有关系，回想一下在学生会、社团或者其他社会实践中有哪些工作可以跟财务沾边，比如你在当社团部干事期间处理过学校几大社团的经费（会计核算），比如你在当事业部干事期间拉过几个赞助（融资），甚至比如你是你们班或者你们寝室管钱的（出纳），都可以在简历上展现你在财务“T”

型知识结构纵向上的积累（财务模板里的经历库可以帮助你唤起你与财务有关的记忆，赶紧试试吧）。

2012.09-2013.02 **乔布堂大学学生会社团部** **副部长**

- 负责学校80个社团的经费预算、决算审核以及调配
- 负责社团节、社团招新等大型活动的经费统筹

2012.02-2013.08 **乔布堂大学学生会事业部** **干事**

- 协助获取十大歌手赛、校级辩论赛等活动的资金支持，共计拉取10万元赞助

2011.09-2012.09 **乔布堂大学乔布班** **生活委员**

- 负责班级班费管理，在任一年班费收支精确无误

如果以上说的你啥都没有，那也不用担心，我们在下面会说到该怎么办。

2）相关学科知识和其他学科的知识

财务相关学科的内容主要包括财政、国际贸易、企业管理、市场营销、统计、法学、经济等，而其他学科知识包括哲学、语言学、数学、政治学等，这些都构成了“T”型知识结构的横向储备。所以说筒子们，大学的课不管是必修还是选修，都要好好学，在某些方面培养自己的兴趣，能在必要的时候说出个一二三来。

体现在简历中，就是把你横向方面的一些储备体现出来，比如参加过一些统计、营销、演讲的比赛。像上文说的啥实习和实践都没有，那至少可以把写过的课程论文的研究过程，或者做过的形势政策课的调研细节列出来，尽量往财务操作或者财务素养（数据处理、快速学习等）上靠。

除此之外，你需要对我国和全球的经济略知一二，对你所要应聘的行业有所了解。比如要去地产财务，就一定要去了解一下整个地产市场的发展趋势、市场容量、有几个大佬在捣腾、去化率容积率土增税房产税等名词。如果你刚好在相关方面有过研究，或者混迹于业内著名的一些论坛，那就果断写入简历吧。如果没有，这些知识储备也将令你在面试中游刃有余，甚至完成未来从会计到CFO的转化。

2. 细心和有序

最简单的财务记账过程，就是一个对单据进行整理、归纳、分类、定性的过程。有序整理繁杂量大的会计凭证以及准确无误的会计记录，是财务人员需要谙熟的基本功。特别在一开始，可能需要你把一叠叠杂乱的原始凭证整理成一本本有序可查的会计凭证；可能需要你打印大量的发票，印错一张就需要很麻烦地去红冲或者核销；可能需要你把很多的报销款、工程款或者社保金通过网银转账出去……财务说到细处就是细节性及系统性的问题，这就要求财务人员要有细心及有序的生活习惯。

体现在简历上，其一，就是要求简历整齐有序，条目分类上条理清晰。每个条目下的每个项目，或者按照时间倒序排序，或者按照重要性及相关性排序，切忌杂乱无章。

其二，认真检查你的简历，尽量把语句处理通顺，用短句表达扼要明了，千万不能出现错别字。

其三，列举能够表现你细心有序的事迹。比如：

2012.09-2013.02 **乔布堂大学学生会文秘部** **干事**

- 用三个月的时间整理了学生会文件档案，使所有共享的电子文档和纸质文档都能按照一定的检索逻辑在三分钟内找出

2011.09-2013.09 **乔布堂大学乔布班** **党支部组织委员**

- 在任期4次发展党员的工作中，确保了党员发展材料99.5%的准确性，提高了组织的工作效率

以此三点向HR传达你细心及有序的专业素养，增加你简历的软实力，让HR第一眼就能留下良好的印象。

3. 数字敏感性

财务人员日常就是和数字打交道，所以你需要让HR知道你对数字有比较高的敏感度，至少让HR知道你对数字比较感兴趣而不会觉得枯燥。

体现在简历上，其一，让你的经历用数据说话。先比较一下下面两个内容相同而表述不同的经历。

2013.5-2013.8 乔小布有限公司 财务部 实习生

- 学习发票打印、填写日记账等会计实务。负责通过网络完成纳税申报。
- 分类整理记账凭证材料，并补充完整，备份原始凭证，重新装订。

2013.5-2013.8 乔小布有限公司 财务部 实习生

- 负责发票打印和所在项目的纳税申报工作，三个月实习期间，准确无误地印制了150张发票，精确计算并完成了100万的纳税申报额。
- 学习凭证分类和制作，将近350份原始凭证装订成册，对会计档案有进一步的认识。

一眼就可看出，后一份简历比前一份简历更让人感觉到沉甸甸的“数据感”，而这也是HR在挑选财务人员时所看重的。

其二，想想你在实习中跟数据打交道的经历，把这些经历表达出来。比如

乔布堂有限公司 财务岗实习生 *2013.09-2014.01*

- 通过数字特征，帮助一起实习的同事发现账目不平的原因

乔布杯调研大赛 团队组长 *2013.05-2013.06*

- 对321份有效问卷进行统计学分析，发现80%用户有使用乔布简历的经历

乔小布模拟炒股大赛 *2013.01-2013.05*

- 通过技术面的统计分析，在1年时间内用1万元的自有资金赚到1234元

乔小布杯记忆力挑战大赛 *2012.11-2012.12*

- 在1分钟内对50个无序数字进行记忆，取得冠军

4. 协调沟通

财务不仅仅是一个技术活儿，还需要与他人协调沟通。一是对内组织、协调、沟通的能力，在实际工作中，例如一些生产数据、库存数据或者技术数据都需要找相应的部门索取，特别体现在由财务部主导的一些比如政府补贴申

报、财报编制等工作里，部门协调沟通更加明显。二是外部协调和沟通的能力，如处理企业与工商、税务、金融等部门之间的关系。因此，你也可以在简历上体现你的这方面能力。举个例子：

2010.7-2011.4　　乔小布大学学生会　　社团部部长

- 统筹协调学校100个社团的工作，保证社团有序运作
- 组织筹办社团节、百团大战等活动，在财务预决算、活动安排等方面进行协调

纵使你活动的财务预决算全部交给了一个副部长，压根儿没有亲力亲为，但你也是在统筹协调，这样写既能体现你的协调沟通能力，又让你往财务工作上靠近了一步。

5. 计算机应用能力

财务数据多，要提高效率必须充分借助于计算机这个工具。如果你有熟练的软件，不管是能跟财会沾边的还是不沾边，比如与多媒体相关的，都简要地写上去，以体现你的计算机能力。如果有计算机二级证等证书，就更不要犹豫，果断写进去。

Excel 是必须要掌握的，基本的公式（加和、平均、条件等）、快捷键、图表制作、透视表分析等都是很容易上手的，而且对以后的工作有百利而无一害。如果哪一块还不熟悉，赶紧上网找些视频学一学，很快就能熟悉了。

有时间再学一学基本的 Assess、SPSS、Eviews 等软件（没有让你去学 SQL、VB 语言等比较高级的地方，掌握一下基本原理与基本操作就好），这不仅对找工作，对写论文也很有帮助。

然后再抽点时间，下载一些会计软件（金小蝶、用小友等）摸索一下，再不济买个会计从业资格证的电算化的书看一看，其实都不会神秘，也不会很难，可以很容易就掌握。这个时候你就可以在简历最后写上以下内容，让你的简历更加“财务化”，使你在HR心里的分数更高了——

计算机技能：　熟练掌握MS Office软件，特别是Excel表格处理
初步掌握Assess、Eviews等统计软件
初步掌握金小蝶、用小友等财会相关软件

第三节 财务简历撰写黄金七大法则

1. 简历撰写的七大黄金法则（一）——Business-like professional

在写作简历时，要时刻记住你是在一个商业环境中推销自己。如果你是个初出校园的毕业生，就应该通过简历让 HR 感到你对未来职业生涯的充分准备；而如果你是个在职场已拼杀多年的应聘者，就应该通过简历传达出你的职业精神与成熟干练。有针对性的内容与规范专业的格式都是你的简历所必须要做到的。

在形式上，一份专业的简历应当符合以下几点：

♦要疏密有致、主次分明

♦控制在一页到两页的范围内

♦各种级别的字体要选择适当

♦不要使用框格

♦不要出现 Resume 字样

♦不要以学校的 Logo 和名称作为页眉

♦不要贴照片（公司要求除外）

♦使用时间逆序

打印你的简历时，应该注意：

♦要使用 80g 左右的白色或奶白色纸张

♦不要选择彩色打印

♦不要选择喷墨打印

♦不要用复印的简历

案例：黄倩原来的中文简历犯了学生简历不够专业的通病。在大街网简历专家的帮助下，一份专业、规范的简历便诞生了：

中文简历，修改前：

北京大学 PEKING UNIVERSITY

! !NONBUSINESS-LIKE
PROFESSIONAL-
寻人启示的个人信息！

照片

黄倩

Email: huangqian@dajie.com　　手机：132********
地址：　北京市海淀区北京大学学生宿舍48楼3单元3层1113　　电话：010-82600749
出生日期：1980年12月24日　　邮编：100083
籍贯：　内蒙古呼和浩特市　　身高：165CM
政治面貌：党员　　外语：英语专八，国家日语四级

教育背景

1998年9月——2010年1月　内蒙古大学外国语学院英语语言文学系本科生
2001年2月——2002年7月　就读北京大学外国语学院英语语言文学系（作为内大优秀学生被送北大培养学习）
2002年9月——现在　北京大学外国语学院英语语言文学系硕士研

工作经验

任教

本科阶段曾给内蒙电力万家寨水电站等多家企事业单位主讲过商务英语，徐国璋英语，新概念英语，走遍美国及实用英语口语等课程。
2002-2003年曾在北大学园任教，主讲大学英语听力，精读。
2003年曾在外语教学中心教授新概念班。
2003年曾在北京大学昌平校区成教部任教，主讲二年级一至四班的大学英语精读。
2003年曾在北京大学吉利大学法学院任兼职英语教师，主讲大学英语精读。
2002-2003年在北京大学任助教，教授英语听力。
2004年9月至今　在戴尔国际英语任兼职英语老师，主讲英语视听说。

口、笔译

本科阶段做过多次教育类口译工作。（如2002年内蒙古教育厅与英国大学出国留学合作现场发布会口译及全程陪同口译等）
2002-2003年曾多次给没过中央城大学与北大教学部合办的MBA外教课程作口译。
较多的笔译经验：译过小说，科技著作，各类文章，学位论文，个人简历，PS，外经贸部2001-2002年一些整理和翻译英文有声资料（如科技及动物世界类音像的字幕英文笔录及翻译）的工作等。
为北大公共英语部做助教期间做过初中教材词汇编辑工作。
为上海新东方做过词汇编辑工作。
并作为暑期实践做过英语导游，陪同翻译。
多次担任较大型会务口译员（担任如2003年天正公司与英国一媒体公司的合作项目的全程口译；2004年六月南非ESKOM集团与中国电力部，华北电网合作会议口译，04年6月南非COALTECH2020集团六家公司与中国媒体

中文简历，修改后：

黄倩
北京大学学生宿舍48楼3单元3层1113，100083
86－138****** 86－10－－82600749 resume@hiall.com.cn

!! 专业简洁的个人信息

目标工作 行政助理

教育背景

北京大学　外国语学院　英语语言文学系 2002-2005
· 将于2005年7月获英语语言文学硕士学位 CPA：3.0/4.0 北京

内蒙古大学　外国语学院　英语语言文学系 1998-2002
· 作为内大优秀生被送往北京大学培养学习一年半 排名：48/1 呼和浩特
· 以优异的成绩保送北京大学外国语学院攻读硕士研究生

工作经验

戴尔国际英语学习　英语听力　主讲教师 2004.9—至今
· 戴尔国际英语是国内最大的英语培训机构之一 北京
· 为该国际学校最年轻的英语教师之一
· 在此之前曾在北京大学昌平校区成教部、北京吉利大学法学院任教
· 主讲过英语听力、大学英语精读、新概念英语、许国璋英语等
· 与学生的人际关系处理的非常融洽，给教研组长留下良好的印象
· 学习到了大量有关教育的知识、极大地锻炼、并发挥了自己的口头表达能力、与人有效沟通的能力

北京大学外国语学院　助教 2002—2003
· 负责教授《英语听力》课程，英语听力是该院课时最多 北京
· 学生最多、教学压力最大的课程之一
· 为导师和校方的联系工作、日程安排工作做出了较多的工作
· 在备课的过程当中，经常使用到MS Word、powerpoint等软件
· 获得了做好一名教员的丰富经验以及一颗爱心、耐心对待
· 每一个人，同时锻炼了自己在高压力环境下的工作能力

北京大学教学部　兼职口译 2001—2002
· 多次给美国中央城大学和北大教学部合办的 北京
· MBA外教课程作口译员 呼和浩特
· 期间在南非COALTECH2020集团六家公司与中国煤炭部，
· 中国外专局等大型会务多次担任口译员
· 使自己获得了大量中、英文商业信函、文书写作的知识，
· 同时还使自己的团队协作能力得到了极大的提高

外语及 IT 技能

- 英语：专业八级考试（TEM8） 良 好
- 英语：听、说、读、写各项能力的水平 接近母语
- 日语：国家四级 初级水平
- 办公自动化软件 MS Word、powerpoint 熟练掌握

素质技能

- 口头表达能力、与人沟通技巧熟练掌握
- 能够与他人在短时间内建立良好的关系
- 具有团队协作精神
- 在高压力环境下工作的能力强
- 擅长各种中、英文商业信函和文书的撰写

越是针对性强的简历越容易受到认可。每个求职者，都必须为特定企业、特定职位“量职打造”简历，一份简历打天下的时代已不存在。也就是说，在写简历之前你要先决定自己的求职方向，分析出自己的优势及弱点，然后再选择目标企业及职位，并且要对目标企业及职位需求情况有所了解。一份合格的求职简历应该是“求职意向”清晰明确，所有内容都应有利于你的应聘职位，无关的甚至妨碍应聘的内容不要做叙述。

案例：张扬同学欲申请软件工程师的职位，我们的简历专家对他的简历进行了修改。量职打造后的简历特别强调了与计算机相关的背景，如英语能力以及与计算机能力有关的工作经历，另外还突出了他在人际沟通、合作方面的特长。

张扬

天津市南开区卫津路92号天津大学电信学院××××信箱，300072

+86-135-××××××××

zhangyang@dajie.com

!! 具体公司职位具体简历！

目标工作 软件工程师

教育背景

天津大学 计算机科学与技术 学士学位 2001-2005

- 在校期间曾任团支书，分组实习进行任务分配协调验收等动作，沟通交流能力优秀
- 计算机知识丰富，04年初破解某网络游戏外挂加密算法，自写软件解除其使用期限
- 目前研究课题为网络游戏服务器开发，导师为天津大学IBM技术中心副主任。系统用IBM系统JAVA平台，数据库为IBM DB2

工作经验

北京纽哈斯国际教育咨询有限公司 主要技术负责人 2005.3-至今 北京

- 阅读大量因为资料，整理网站内容
- 研究vault、微软等公司因为网站结构，策划公司网站，招聘、管理人员建设网站

美国来津志愿者教师团 接待员 2005.2

- 进行接待、翻译工作，英语沟通，与教师们建立了良好的友谊
- 安排教师们在津的部分活动

北京维度动力信息技术有限公司 CDMA手机系统设计与程序开发 2004.4-2004.8 天津

- 2周内通过研读大量因为技术材料迅速熟悉Brew平台，并与各部门配合
- 开发期间因技术需要，大量阅读英文文档，进行学习研究
- 独立完成2个游戏项目，创造性的解决了动画显示方面的技术问题

美国加特纳咨询公司天津分公司 技术助理 2003.10-2004.3 天津

- 美国TOP10咨询公司
- 在php英文官方站点研读大量文档，突破了1个网站久待解决的技术问题
- 该突破为公司一项业务提供了合理的解决方案
- 了解了咨询公司的业务范围运营方式，开阔了作为理工科学生在此类行业方面的视野

www.conanren.com 网站主创人 2002.1

- 网站描述：著名漫画《名侦探柯南》相关网站，拥有注册迎合4000多人的论坛
- 发布基于网络的文档，规章，交流清楚而又条理
- 经常阅读英文网站上的资料，研究其运营方式
- 擅长css+jsp+php+mysql，3年期间全面负责网站的前台美工界面制作、后台程序的开发、已有程序的维护及站点的网络安全问题
- 通过详细的客户需求分析，用网络投票进行市场调查，根据结果指定发展计划，组织各种活动吸引人气调动论坛气氛。与同内容网站进行交流，网站内容方面与Sohu合作。深刻理解了该类型网站运作
- 进行财务管理，分配会员捐款购买空间或相应设备服务。
- 先后物色选拔几十名人才，按其特长分配以各方面工作并协调他们合作

个人技能

专业技能：	2005.6	熟练使用MS office系列办公软件和程序开发的相关软件
	2004.6	IBM认证数据库管理员-DB2通用数据库V8.1系列
	2004.6	IBM认证p系列AIX系统管理员-e服务器认证专家
英语技能：	2004.1	CET6通过，优秀的通说读写能力

兴趣爱好

心理学，音乐，电子竞技等

中文简历，修改后:

张扬

天津市南开区卫津路92号天津大学电信学院****信箱，30072

+86-135-*********

resttme@hiall.com.cn

!! 一篇简历走天下!

教育背景

天津大学 计算机科学与技术 本科 2005 应届毕业生

- 在校期间曾任团支书。分组实习进行任务分配协调验收等工作，沟通、交流能力优秀。
- 计算机知识丰富。04年初破解某网络游戏外挂加密算法，自写软件解除其使用期限。
- 目前毕业设计课题网络游戏服务器开发，导师为天津IBM技术中心副主任。系统使用IBM AIX 系统，java平台数据库为IBM DB2.

工作经验

北京纽哈斯国际教育咨询有限公司

- 主要技术负责人
- 策划公司网站架构，招聘相关人员予以实施
- 阅读大量英文材料，整理网站内存

北京维度动力信息技术有限公司

- 2周内通过阅读大量英文材料迅速熟悉Brew平台，并与熟知的VC结合。开发期间因技术需要，阅读大量英文存档。
- 与项目各模块负责人保持着良好的沟通与合作，保证项目包含了最优意见
- CDMA手机游戏系统设计与程序开发。Brew+VC6。独立完成2个项目上交公司。创造性的解决了1个项目面临的主要技术问题。CDMA手机游戏系统设计与程序开发。Brew+VC6。独立完成2个项目上交公司

美国加特纳咨询公司天津分公司

- 在 php 英文官方站点阅读大量文档，解决了 1 个网站久待解决的技术问题
- 了解了一些咨询公司的业务范围、运营方式、解决方案。开阔了作为理工科学生在此类行业方面的视野

www.conanren.com

- 熟练发布基于网络的文档、规章，熟知如何清楚、有条理的进行交流
- 自学 html、php、网络安全，经常阅读英文网站上的资料获取信息。3 年间全面负责网站的前台美工界面制作、后台程序的开发、已有程序的维护及站点的网络安全问题
- 深刻理解了论坛型网站运作，懂得如何吸引维持人气、处理团队会员关系
- 自己购买空间简历论坛，同时在 sodm 同内容版块任职。先后物色选拔几十名人才，根据其特长分配以各方面工作并协调他们合作。分析论坛主要群体的年龄层次和需求，组织各种活动吸引人气调动论坛讨论气氛。考察相关领域情况制定发展计划；同其他同内容的网站交流

专业技能：

2005.6 熟练使用 MSoffice 系列办公软件和程序开发的相关软件

2004.6 IBM Certified Database Associate-DB2Universal DatabaseV8.1Family

2004.6 IBM pSeries AIX System Admiristration-Eserver Certified Specialist

2005.2 接待美国来津志愿者教师团，英语沟通，负责日常生活交流问题，建立了良好的友谊。

英语技能：

2004.1　CET6通过

兴趣爱好：心理学、音乐，电子竞技游戏等

3. 简历撰写的七大黄金法则(三)——充分表达自己的 USP(Unique Selling Points)

一群苹果，中间一只香蕉，香蕉说：I’m different！

简历是你的广告，而广告最重要的目的就是拿你的 USP 去吸引别人的目光。而如何在资源有限的约束下，用最有效的信息展现出 UNIQUE 的自我就需要发挥你的智慧了，还应遵从以下四个“说话”原则：

关键词说话（ Key Words）：关键词是描述你专业活动与成就的表示技能的名词或动词词组。前面提到 HR 们对每份简历的审查不是“阅读”而是“扫描”。而扫描的对象是什么呢？是关键词！HR 们从简历中挑出所希望见到的关键字，并最终挑出合格的候选者来。（参见附表，并请随时关注我们网站上对关键词库的不断更新。）

案例：显然王震已经对求职市场做过深入的调查研究，但他没有将关键字一一植入进简历里面，这预示着他将被无情地淘汰。关键词的加入，则将给王震带来进入下一轮选拔的机会。

中文版简历，修改前：

王震

!!HR评价：我看不到我想要的素质！

北京市海淀区清华东路 17 号中国农业大学 00**#

+8610-82600749　　+86-138********

resume@hiall.com.cn

求职意向

康家食品原料公司销售经理

教育背景

2001.9-2005.6　**学校名称：**中国农业大学　**院系名称：**食品科学与营养工程学院

学位名称：学士　RANK：3/33　GPA：83.5/100

主修课程：农产品加工工艺学，果蔬贮运学，食品营养与卫生学，食品分析等

选修课程：市场营销，逻辑学等

!!缺少相关的KEYWORDS！

实践活动

2004.12-现在　**公司名字：**八佰拜　**职位名称：**校园代理　**地点：**农大

公司描述：全国最大的电子购物网站之一

职位描述：负责将校园行会员号发放给有电子购物意愿的同学，或让有意在 800buy 购物的同学把商品编号告诉我来下订单，使用校园行会员号可以享受会员低价。

!!大忌：叙述式表达！

工作内容：1、在校园张贴大幅公司宣传广告

2、在网上寻找喜欢电子购物的潜在客户

3、制作电子购物傻瓜化教程演示文稿发送给潜在客户并挂在网上

4、发放会员号的同学我都备有记录，以后经常深入联系

5、多次扮演公司与同学沟通的桥梁，用诚实和责任心打动客户

工具成果：1、发展会员近 40 人

2、每月顺利完成额定销售业绩

3、在全国校园代理中销售排名第 26 名

从工作中得到的经验和锻炼：1、学会了逆向思维，迎合市场取向，增强了做事的

目的性

2、协调同学与公司的分歧，锻炼了沟通能力

2004.7-2004.8 **实验室名称：**农产品加工与贮藏实验室 **职位名称：**研究助理 **地点：**农大

实验室描述：农业部重点实验室

职位描述：协助博士完成国家重大攻美课题，着手安排实验所需仪器与试剂

工作内容：1、安排实验前后所需仪器与试剂

2、采样并测定鸭梨果肉与种子不同处理的酶指标

3、输入电脑处理数据并分析变化趋势

工作成果：1、完成了国家“863”计划鸭梨采后黑心项目酶指标变化测定工作

2、初步判断早采收急降温为防止黑心的有效方案

3、提出微波处理钝化酶活的方法得到教授和博士的认可

从工作中得到的经验和锻炼：1、增强了做事的计划性

2、学会在压力下工作

3、能更好的与人协同合作去完成一个项目

2002.7-2002.8 **单位名称：**农大 **职位名称：**调查员 **地点：**内蒙古

职位描述：暑期社会实践调查员，深入县级以下调查三农问题自选调查题目

工作内容：1、选题在退耕还草时如何保证农民的收入不减少

2、设计问卷，亲自调查

3、去政府找到相关资料结合分析

工作成果：1、得知退耕国家给补贴还草农民可放收两方面切实提高了农民收入

2、完成长达20页的报告，荣获优秀社会实践报告

从工作中得到的经验和锻炼：1、能诚实客观的评价国家政策的得失

2、能适应艰苦的工作环境

2002.2-2002.7 **单位名称：**农大食品科学系 **职位名称：**班长 **地点：**农大

职位描述：协助班主任管理班级日常事务，组织班委服务同学

工作内容：1、增进全班同学团结度

2、提高我班在学院的声誉与地位

工作成果：1、提升我班学分积由最后爬到第一

2、组织春游划船赛增进同学的友谊

3、策划运动会服务小组赢得学院的肯定

从工作中得到的经验和锻炼：1、在有限的时间内合理安排需要处理的事务

2、用沟通的方式是解决困难的切入点

3、与五个班委合作发挥各人长处远比五个自己要强

获奖情况

2004年 二等奖学金（奖励全校前 20%学生）

2003年 二等奖学金（奖励全校前 20%学生）

学习进步奖（奖励 GPA 排名一次提升 1/3 的学生）

校级三好学生（奖励全校前 10%学生）运动会 5000 米第四名 4x100 米第五名

2002年 三等奖学金（奖励全校前 45%学生）运动会 400米第四名 4x100米第五名

2001年参加 TERRY FOX（加拿大）马拉松比赛，加入学院合唱团并于“一二九”合唱比赛中获得三等奖

职业技能

国家质量技术监督局认证的食品检验员高级证书

国家英语六级证书

熟练掌握 WORD,POWER POINT,EXCEL 等办公软件

补充资料

个人爱好：足球，购物

修改后简历:

王震

北京市海淀区清华东路17号中国农业大学00**#

+86-010-82600749　+86-138*******

resime@hiall.com.cn

求职目标

康家食品原料公司销售代表

教育背景

2001.9-2005.6 中国农业大学 食品科学与营养工程学院 学士学位

GPA：85/100 排名：3/33

自修课程：市场营销 分数：90/100

工作经历

2004.12-现在 八佰拜电子购物商城　校园代理

!! 销售技能反映在 KEY Werds!

· 全国最大的电子购物网站之一

· 结合线上线下市场调查，创办校园会员制，企划八佰拜校园行商业宣传方案

· 创作电子购物傻瓜化教程演示文稿发送给潜在客户并挂在网上

· 深入联系客户，多次扮演公司与同学沟通的桥梁，用诚实和责任心打动客户

· 发展会员近40人，在全国校园代理中销售排名第26名

2004.7-2004.8 中国农业部重点农产品加工与贮藏实验室　研究助理　北京

· 负责协助博士完成国家国家“863”计划的鸭梨采后黑心重大攻关项目

· 制定工作计划进度表并依次安排人手和实验前后所需仪器与测试

· 亲自参与采样测定鸭梨果肉和种子经过不同处理的各种酶指标

· 输入电脑处理数据并分析变化趋势

- 初步判断早采收急降温为防止黑心的有效方案
- 创造性得提出微波处理钝化酶活的方法得到教授和博士的认可
- 增强了做事的计划性
- 学会在团队中上下协调同心合作去完成一个共同的项目

2002.7-2002.8 中国农业大学暑期实践团 暑期社会实践调查员 内蒙古

- 深入内蒙古农村调查在国家退耕还草的政策下如何保证农民的收入不减少
- 针对农民设计简单易懂的问卷并亲自走访调查
- 与当地政府合作，相关会议记录和政策资料结合分析
- 完成长达 20 页的汇报，荣获优秀社会实践报告
- 学会诚实客观的评价国家政策的得失
- 能适应艰苦的工作环境

2001.11-2002.4 中国农业大学羽毛球协会 创立着同时担任组织部长 北京

- 了羽毛球协会，调补球类协会一项空白
- 负责管理会员收取会费筹办比赛
- 在无会费无是内球场的情况下组织了第一次混双比赛
- 现羽毛球协会已经连续两年被评为大学生优秀社团

其他技能

专业技能 国家质量技术监督局认证的食品检验员高级证书

IT 技能　熟练掌握 WORD，POWER POINT，EXCEL 等办公软件

个人爱好 足球、购物

作为求职者，你需要通过简历告诉公司你过去所取得的成就。但是，仅仅罗列成就并不足以吸引 HR 的目光。比如，如果你仅仅说“负责实施公司的销售计划，使公司的销售额得到增长”，这样空泛的叙述并不足以让招聘公司相信你会成为一名出色的销售人员。要用动词说话、数字说话、结果说话，这些点睛之笔将吸引简历阅读者的目光，让他们记住你的故事，让他们相信：“我就是你们要找的人”。

在你自己的简历中，综合运用上面提到的四种方法：关键词说话，动词说话，数字说话和结果说话。一方面，在形式上，条理清晰，重点突出；另一方面，在功能上，通过这样的简历你和 HR 沟通的成本将会大为降低，加大你在 8-10 秒之内吸引 HR 眼球的竞争能力。

4. 简历撰写的七大黄金法则（四）——裁剪你的简历：PRI 原则

全球知名的 PDA 生产商的经营禅宗中有一个著名的 RIDDLE——“ How To Put A Mountain Into A Teacup?”

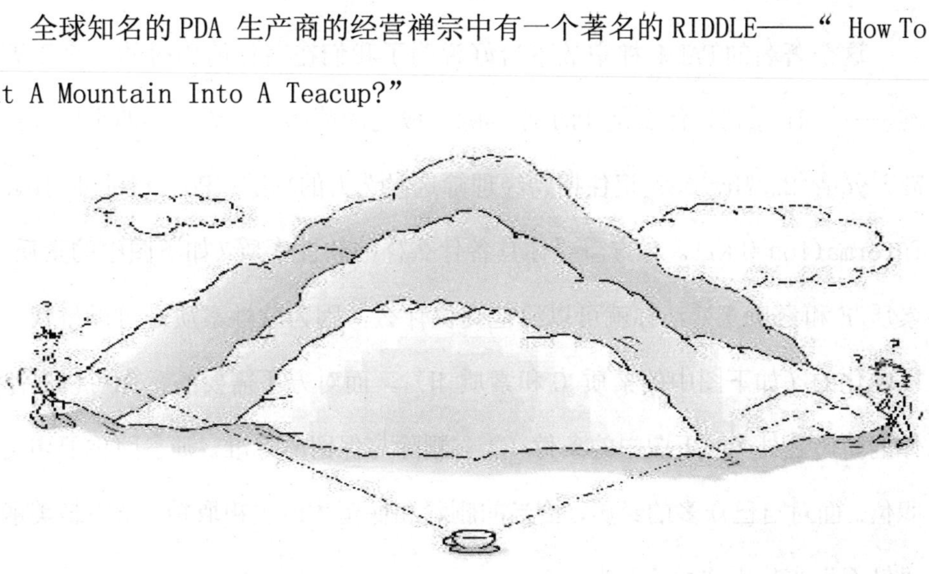

面对这个古怪的题目，其实首先应该提出的就是—— “ Why we have to put a mountain into a teacup?”而答案其实充满着中国参禅的感觉——“No one need dirty rocks. And only diamonds need to be left!”

这个著名的 PALM 禅宗故事恰好说明了我们在写作简历时的一个重要标准—— PRI 原则！什么是 PRI 原则呢？成功的简历无非说明了两个问题：1. Why you? 2. Why me? 记住招聘经理筛选候选人的标准：Position-Relevant Information (PRI)。对方需要你具备什么样的软性素质（如下图中的素质 D、素质 E 和素质 F），你就可以给他提供什么，因为软性素质是可以替代，可以转化的（如下图中的素质 G 和素质 H）。而对方不需要的，你可以删除于你的简历之外（如下图中的条件 C）。删除与保留的标准，则参照你要申请的职位。面对自己众多的经历，恰当的删除和保留才能去粗取精，留下最美丽的“钻石”来抱得“美人”归。

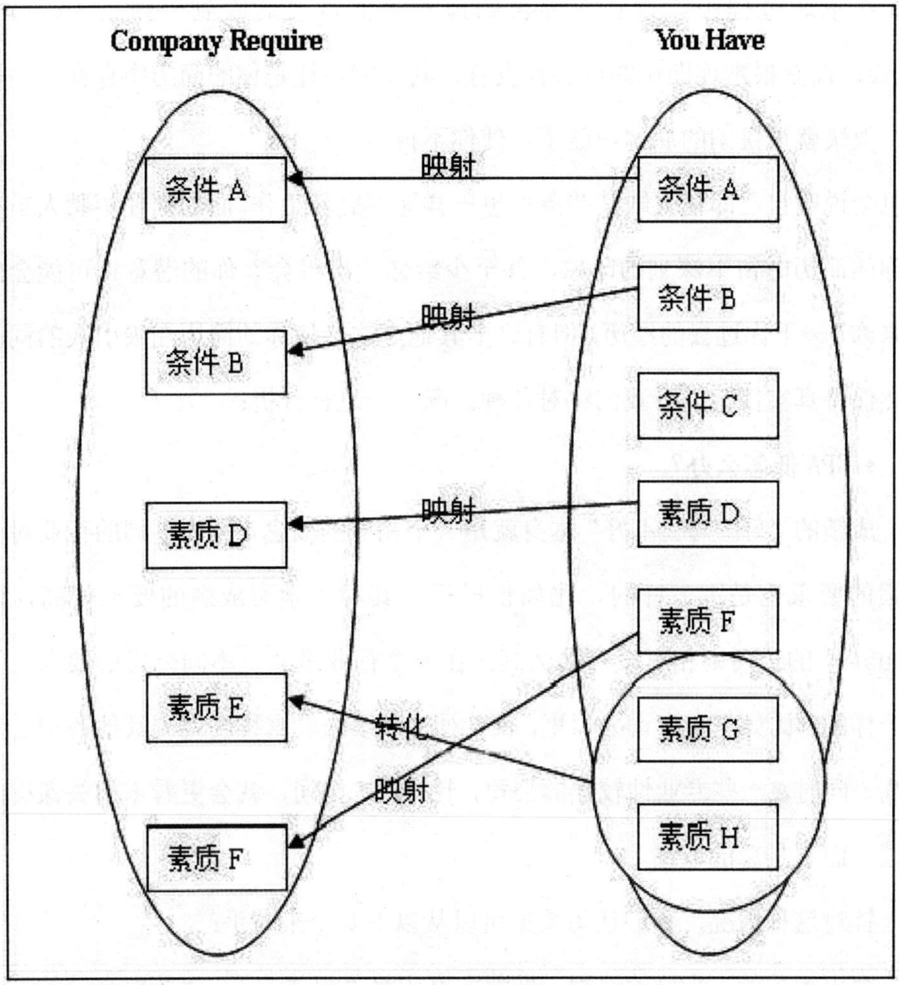

而在剪裁你自己的简历时除了明确按照职位要求（ Job Describtion）来选择相关的经历外,另一方面还要注意的是尽可能多地了解行业或者是你应聘职位中的某种“规则”，在你的简历中通过各种经历来暗合上这些“规则”。

5. 简历撰写的七大黄金法则（五）——东边日出西边雨

在求职过程中，最让人痛苦的还不是面试之后收到一封 rejection letter,而是根本连面试的机会都没有，其原因往往是你的简历中存在一些硬伤，很快就被挑剔的雇主识破了，使你不再

有机会说明自己即使欠缺某些条件也一样能够胜任工作。而如何使招聘人员在看你的简历时留下深刻的印象，并至少给你一次机会？你的潜意识可能会想“修饰”一下你过去的经历，但有许多其他方法会使你的简历在吸引人的同时依然保持真实性。以下我们将对各种情况一一进行分析：

♦ **GPA 低怎么办？**

成绩的“好”与“不好”本身就是一个相对的概念，因为不同的行业对于成绩的要求也是不一样的，比如说投行，其对于学习成绩的要求较高，而 Industry 的公司则相对没有那么高；在一个行业里面，不同公司的要求也是不一样的，比如是在咨询公司里，BCG 对于成绩的看重程度就比其他咨询公司要高。同时，一些专业性较强的公司，比如 IT 公司，就会更看重相关课程的成绩，而不是总的成绩。

针对这种情况，我们认为大家可以从以下几个来着手：

突出相关的、高分的课程。推荐大家应将“相关的”、“相对高分的”课程写到你的简历里面去，而“不相关”、“相对低分的”的课程则可以从简历中删除。成绩不高的同学可以采用这种方法来从一定程度上弥补这个硬伤。

突出工作、实习、社团经历。“理论”与“实践”不可能总是“两全其美”。当你的“理论”知识基础不扎实、学习成绩不高的理由是因为你更多关注了“相

关实践活动”的积累的话，那么一般情况下，HR他（她）会选择原谅这位应聘者的。

♦英语缺证怎么办？

这时我们又要求助于最重要的 Professional Experience 部分了，应借工作经验让 HR们推断出你的相关能力。比如，你想说自己英语口语能力强，如果在工作经历里面的某项中有一句话叫“工作语言为英语”，结论就很明白了，而且说服力也会很强。

♦毕业学校不好怎么办？

你的毕业学校不好，但你可以展示你参加过学校范围外的学术活动，或者参加过这样那样的培训计划；

如果你没有足够高的学历，但是却从事过通常意义上高学历者负责的工作；

如果工作经验非常丰富，你的简历甚至可以根本不包括教育经历这一部分。

这样，基本上可以避免你在第一轮时就被不明不白地淘汰了。或许，还可以给你带来一个意料之外的面试机会。

♦工作历史中有空缺该怎么办？

对于一些短期的空缺，例如几个月的待业，你无需给予说明。你可以在简历中跳过那些空缺的月份。例如，你可以仅仅提供工作过的年份——“1993年至 1994年”。

6. 简历撰写的七大黄金法则——（六）借力打力

地球人都知道：缺乏相关工作经验是很难找工作，但通过我们中国太极中的一招：借力打力便充分展示你的优势，说明你具备相关的专业经验或者素质，工作经历上的劣势将被冲淡，聪明的雇主通过利弊权衡之后很可能会对你网开一面，使你得到获取工作的机会。

♦工作经验少怎么办？

大街网在调查过程中发现，不少“初涉职场”的求职者为给自己的求职材料加重砝码，纷纷花钱到那些五花八门、大大小小的“人才评估机构”中进行“人才评估”，其目的就是为了得到一份能够证明自己能力的测评报告，使自己增添几许竞争力。但是，我们要告诫大家的是，目前社会上（包括一些学校开展的）一些所谓“评估机构”把评估当成了“算命”，根本不具备科学性，也不可能达到用人单位对你的“另眼相看”。而你要做的只能是下面几点：

突出实习。实际上，实习工作的性质或内容同许多工作相似，它们都需要自律以完成多项任务。你也有可能早已学习过许多与你应聘工作有直接关联的事物。这些事物必须要在技术栏目中体现出来，就如你在工作经历栏目中所体现出的相关工作经历。

突出社团。比方说，在社团中曾经担任过社长（或是创立社团）有时就代表着领导能力，独立或经由团队合作安排跨校联谊、建教合作等活动可能代表着协调力、谈判力、团队重视程度、或是开发市场的能力，利用社团经验的填写方式，可以有效帮助主管猜测到你的个人特质与个性，也是另类彰显能力与评估发展性的指针。不过，在这里要注意的是，并不是每项社团经历对求职者都有帮助，也不是每一次的校内活动都有正面意义，我会建议毕业生们在处理这个部分的时候要稍微做一番整理与选择。

学习至上。你应该强调自己的极强的学习能力能够有效弥补你所欠缺的工作经验，同时辅以大量真实、详细的例子作为补充。你要在简历中简单地陈述自己熟悉的最新的趋势与技术，并且能够使其运用到新工作中。而且，既然你有学习、研究新事物的能力，你有能力更好更快地学习新工作所要求的技术标准简历也就同样允许你有效地陈述那些你其他行业的工作技巧。尽管这看上去与你应聘的工作没有直接的关系，那些工作经验同样提供可适用、可转移运用技术来支持你应聘的工作。

勤能补“拙”。你应该在简历中的工作技能部分强调“勤奋苦干”、“可适应的技术来弥补你所欠缺的工作经验”等等，这样就可以给你未来的雇主留下较深印象了。同时，你也必须考虑表达接受困难条件的意愿以实现转行及增加工作经验的目的，例如 “愿意在周末和晚上加班”或“能够出差或外派”，也许这样就能为你获取工作的机会了。

♦跨专业求职应该注意些什么问题？

一般来说，科技类、财务类对于专业技能的要求很高，通常要求专业对口的人才。而外企会有较多职位对专业的要求不是很高，很多行业都有渐渐放宽专业限制的趋势。如四大会计师事务所，以前只招经济管理类人才，但现在法律、物理、数学系的毕业生都有。而国企也出现了这样的趋势。比如上汽，现在也开始要求管理类人才加入了。而且，很多企业对招聘的新人都有培训，毕竟学校中学习的东西还只是纸上谈兵，知识需要经过实践才能得以熟练应用。那么，在跨专业的工作选择中如何展示自己的实力，在竞争中寻得一席之地呢？在此给广大求职者总结了大量跨专业求职的案例，我们向大家推介以下几种：

突出外语能力。这一点的重要性不言而喻。留在北京、上海等大城市工作，英语四级甚至是六级证书都是必备的，另外，中高级口译证书和托福成绩也是大热门，成为了很多企业衡量求职者实际英语能力的标准之一。

突出辅修专业。而学生专业课程以外的知识及能力也颇为重要。虽然有些职业对专业性的要求不强，但如果学生具有一定的相关专业背景，自然会在求职中更胜一筹。我们在采访****公司的HR总监***先生时，他就反复提道，现在很多大学像北京大学、北京邮电大学、复旦大学都开设了辅修专业课程，这对跨专业的学生应聘是很有帮助的。所以说，准备跨专业求职的学生，有必要尽早规划就业取向，在专业课以外选修或辅修相关课程。

善于展示自己。在跨专业求职中既然专业优势无存，工作能力就成为了最重要的考量标准，这通常表现为沟通表达能力及组织协调能力。在具备了外语、电脑、辅修专业等综合素质之后，在短短的面试中该如何体现自己的工作才能呢？沉默是最大的失败，清楚、自信地侃侃而谈，善于表达自己、展示自己才是制胜的关键。所以说在平时，性格内向的求职者有必要加强这方面的锻炼。

7. 简历撰写的七大黄金法则（七）——Deliver your resume，Deliver your life

亲手将简历提送到 HR 手中的机会毕竟不多，更多的时候我们需要：

♦网络申请：网上填写申请表格

选择网速快的时间和地点上网，注意阅读填写指南

线下事先写好，保证填写的质量

可以在大街网上查找名企的网申攻略

尽早提交，有些公司在截止日前就已经启动简历筛选计划了

♦电邮大行其道：用 Email 发送简历

用 Email 发送简历时，你应注意：

按公司的要求选择 word、txt 或 pdf 等格式

按照公司要求选择通过附件或正文发送

主题注明应聘职位

确认你的简历已被接收

♦传统老字号：邮寄简历

邮寄简历时，你应注意：使用牛皮纸大号标准信封，不要折叠简历，在信封上注明应聘字样以及应聘职位，使用比较别致的邮票确认后再提交。

人靠衣装佛靠金装，财务人员要善于包装自己方可驰骋财会职场！

——刘毅

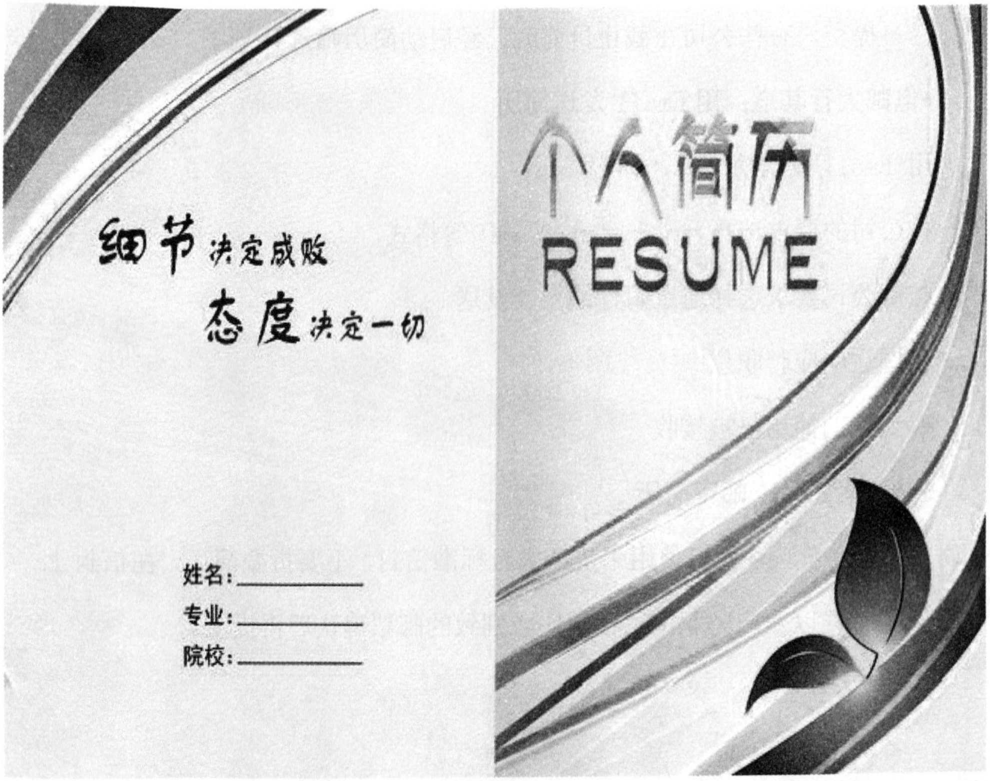

第八章 具备自我包装能力（二）

财务面试技巧，让你的面试官不敢轻视你

Chapter 8

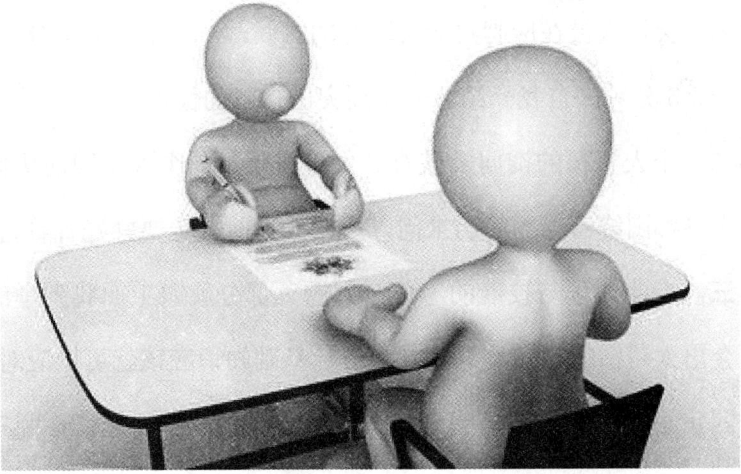

在通过了简历筛选后，如果你成功地取得了面试的机会，那么接下来你将必须具备的就是财务面试的特别技巧。作为财务人员面试者，很多财务人员不善于表达，不懂得面试之道，这样就很容易让自己被动，多则失去这次成功入职的机会，少则为即便是通过了面试，在面试官给求职者定薪资标准的时候也会往往过低。就像上文所讲的一样，面试的过程就是一个博弈的过程——面试者能否征服面试官，能否看穿面试官的面试陷阱，将直接决定着你未来薪水的高低。

一般来说，会计面试涉及到的专业知识问题有：纳税申报的流程是什么？一般纳税人可抵扣的票证有哪些？客户扣款（已开具发票）怎样进行会计处理？公司购买装修材料用来装修办公用房，怎样进行会计处理？费用支出如何处理？公司成本如何核算？等等，此处只是简单列举，除此以外还应该包括尽自己所能“忽悠”住面试官。面试官问你的专业知识一般不会太强，这时你就可以抓住其他问题的机会给予适当的反问，听听他的意见。但是要注意话题范围别太偏。会计人员在应聘财会类职位的时候，一般都有五部分内容：

第一，3 分钟的自我介绍。一定要突出自己的优点。

第二，个人资料的询问及核查。主管会就你的个人求职简历问一些相关问题，大多都围绕着你的简历来问，所以面试前一定要好好看看自己的简历。

第三，专业知识与技能的考核。问题大部分就跟上面我列举的差不多，一般不会出太刁钻的问题，只要具备会计基础知识应该就可以应对。

第四，心理及素质方面的考核。主管会假设一些问题让你回答，还有一些测试心理的问题。

第五，面试结束，他会让你做一个自我评价，评价自己对本次面试是否满意。然后，面试官会指出你本次面试的优缺点，然后告诉你几天内会通知是否通过了面试。

接下来我们就系统地把面试的各个环节进行详细讲解：

1、面试准备

了解你要面试的公司和职位。许多人在面试之前对自己所面试的企业信息茫然不知，这是很危险的行为。企业认为如果求职者对企业的方方面面都很感兴趣，忠诚度就会很高，这样招聘者更会对求职者产生好感。故而，求职者应该在面试之前把所要面试的企业信息全部查清楚并且要把企业文化、招聘要求等企业相关内容烂背于心！

面试，从推开门的那一刻开始——案例：进来就翻包找简历，1 分钟才找出，此时对你的应聘者已经形成了条理不清晰的印象；等待的时间你要做什么？翻阅公司的内刊或杂志，了解公司状况，可以增加对公司的了解，有助于进一步沟通。友好平和的心态——过于紧张或过于放松都不正常，思虑要穿什么、怎么做，后来发现，穿着简洁大方即可，最重要的是将心态调整至自己最合适的状态。你对公司的了解程度能增加面试官对你的好感，也能让你心态更平和。

2、面试技巧

在面试中，滔滔不绝地说，不问问题，或什么都不说，问一句答一句，都不对。认真对待面试者的每一个问题认真倾听，理解问题背后的原因，在回答问题之前，留点时间给自己思考，表现出积极与热情回地答问题，条理要清楚，任何问题都别忘了推销自己的长处——案例：一个做销售的来应聘财务岗位，问销售：为什么要找财务分析的工作？回答说：大学时学过财务，做销售时也作管理，经常与数据打交道，为此又学过 MBA，并给了很多的事例说明。虽然没有财务经验，但突出自己的长处也能弥补不足，扬长避短。

3、常见的面试问题

（1）会计的 6 大基本要素是什么？

资产、负债、所有者权益、收入、费用和利润

（2）会计的 3 大报表是什么？

资产负债表，现金流量表，利润表（也称为损益表）

（3）权益性支出与资本性支出的差异是什么？

资本性支出：是用于购买或生产使用年限在一年以上的耐用品所需的支出，指企业单位发生、其效益及于两个或两个以上会计年度的各项支出，包括构成固定资产、无形资产、递延资产的支出。

收益性支出：也叫期间费用。是指企业单位在经营过程中发生、其效益仅与本会计年度相关、因而由本年收益补偿的各项支出。当这些支出发生时，都应记入当年的有关成本费用科目。

区别：收益性支出不同于资本性支出，前者全部由当年的营业收入补偿，后者先记作资产，通过计提折旧或摊销分年摊入各年成本费用。区分收益性支出和资本性支出，是为了正确计算各年损益及正确反映资产的价值。如把收益

性支出作为资本性支出，结果是少计了当期费用，多计了资产价值，虚增利润；反之，则多计了当期费用，少计了资产价值，虚减利润。

（4）固定资产折旧采用的方法有哪些？

分为两类：直线法和加速折旧法

其中直线法包括：平均年限法和工作量法

加速折旧法包括：双倍余额递减法和年数总和法

（5）固定资产账面价值在什么情况下会出现负值？

什么情况下都不应该出现负值，现在的准则不允许负资产的存在，包括负商誉。

理论上固定资产超龄服役继续计提折旧，或超价值计提减值准备等都可能造成固定资产出现负值，但这样做会使资产负债表上的资产总额减少，而实际上其他资产价值并没有减少，会误导信息的使用者。所以说，当所有资产出现负值时，最多在备查簿上予以记录。

（6）新会计准则出台后，对企业的影响有哪些？

新会计准则实施对企业的影响

(一)新会计准则对企业业绩的影响

(二)有利于提高企业的会计信息质量

(三)有利于提高企业整体管理水平

（7）企业所得税的改革对国内企业的影响是什么？

在企业所得税税率改革前，企业所得税率是33%，新的《中华人民共和国所得税法》规定一般企业所得税的税率为25%，非居民企业在中国境内未设立机构、场所的，或者虽设立机构、场所但取得的所得与其所设机构、场所没有实际联系的，应当就其来源于中国境内的所得缴纳企业所得税，税率为20%。

符合条件的小型微利企业，减按20%的税率征收企业所得税。国家需要重点扶持的高新技术企业，减按15%的税率征收企业所得税。企业所得税率的降低对国内企业来说有一个很好的推动作用，使得企业的竞争环境更加公平与有利。

（8）企业应该如何面对金融危机？

企业应该稳住阵脚，在保住原有市场份额的基础上，用低价策略等营销策略来扩大消费群体，为市场份额的扩大做好准备。另外，也应该努力开发新产品，寻求多元化发展。

一、加大力度，催收货款。

二、减人增效，降低成本，保本经营。

三、稳定市场，站稳脚跟。

四、降低库存，盘活资产。

（9）面对金融风暴，作为一名管理人员，集体减薪和裁员你会选择哪一个？

这个问题主管的因素比较多。我的回答是：我会选择集体减薪，原因是我认为企业是一个集体，只有大家齐心协力，才能渡过难关。企业发展得好，自然可以多得，而既然企业现在处于危机之中，大家更应该团结在一起，待企业渡过难关后，一起分享集体加薪的喜悦也不愧为一种优秀的企业文化。

（10）市场前景，加薪和升职，你更重视哪一个？

我选择职业前景，我始终坚信，在提高了个人的专业素养及技能后，加薪与升职的机会只会多而不会少。

（11）账务核算系统有哪几种？

1，往来核算处理系统

2，出纳账务处理系统

3，进销存处理系统

4，固定资产处理系统

5，成本核算处理系统

6，工资核算处理系统

7，账务处理系统：就是编制分录，试算平衡，结账，登记账薄，编制报表的系统

（12）对于成本控制你怎样看待？

对于专业从事内控管理（内部审计）工作的人员来说，掌握各个层次的成本控制方法，就可以比较透彻地了解企业运营管理中的潜在风险，对于提高内部审计效率也将有重大帮助，亦有助于向管理者提供更多有增值作用的管理建议。

从广义的角度来看，成本控制是企业内部控制的重要组成部分。但是，对于专业从事内控管理或内部审计的人员来说，充分掌握并透彻了解企业成本控制问题是做好内控服务的重要条件。成本控制在企业运营中的重要性无须讨论，可以毫不夸张地说，现代企业管理管的就是成本。

（13）费用与支出的区别是什么？

费用和收入相对应而存在，只有在经济利益很可能流出从而导致企业资产减少或者负债增加，且经济利益的流出额能够可靠计量时才予以确认。以工业企业为例，费用分为生产成本和期间费用两类。它的特征是，会最终减少企业资源及企业所有者权益。

支出是事业单位为开展业务活动和其他活动所发生的各种资金耗费。（另外，费用及成本的区别，成本是按一定对象所归集的对象化了的费用，它与一定种类与数量的产品相联系。）

（14）面对新人遭排挤的问题，你该怎样看待与解决？

新人都这样，首先是对你不了解，其次就是你把他们的工作分割走了。这样，就意味着他们有可能会工作减少。工作减少了，裁员就会成为考虑的对象。新人在工作时都会

受到排挤，因为新手也是以后要代替老手的职场高手，肯定会受到别人的嫉妒，所以只要能够坚持住，就会有一片新天地的，自己就是成功的动力！

（15）你会做假账吗？

“能力上可以做，但是法律和准则不允许我那么做，所以我不会去做。”

（16）怎样理解“坐支”？你认为坐支合理吗？

坐支是指企事业单位和机关团体从本单位的现金收入中直接用于现金支出，当然不合理。但是坐支也不是一律都禁止的，这些个例外大家也不用记住。

（17）用友和金蝶软件，你更倾向于哪一款？

因为我们学习的是用友，我当然倾向于用友。但是主考官告诉我，用友虽然很系统全面，但是难免不够人性化，这点金蝶更易操作及适用。我也没有用过金蝶，这个不予评价。

（18）你认为自己比和你同届毕业的毕业生优在哪里？

说自己的优点就好了。不过别说太多，人家会说你太过自信，不够谦虚。

（19）你认为会计的理论知识重要还是实践重要？

我认为同样重要，但是实践是检验理论的唯一途径，理论是为实践服务的，特别体现在我们会计职业中。

（20）账务处理程序有哪几种？

主要的账务处理程序有：记账凭证账务处理程序，科目汇总表账务处理程序，汇总记账凭证账务处理程序，日记总账账务处理程序，多栏式日记账账务处理程序。

（21）如果我录用你，你认为你在这份工作上会待多久呢？

一份工作至少要做 3 年、5 年，才能体验到所在行业财务精华的部分。

（22）除了我们公司之外，你还应征了其他哪些公司呢？

由于我只对计算机公司感兴趣，因此除了贵公司外，我还应征了××及××公司。（显示出应征者的目标明确，对于自己的下一个工作应该在哪里思考得很清楚。）

（23）为什么要离开目前的公司？

任何原因都可以，但不要说以前公司不好，也不要说负面的消息。

（24）未来几年的规划是什么样？

如果没有清晰的规划，也可以适当反问面试官，在公司自己的规划可能会是什么？

（25）以前工作给你的收获有哪些？

尽量说，让面试官感到你是一个有思想的人。

（26）优势和劣势有哪些？

优势，提前思考你的长处，面试中就能直接说出；说劣势要诚恳，但是要能用优势弥补劣势。

（27）期望的工资是多少？

先谈价值再谈工资；不要让人觉得你加薪的要求突出；可以问公司在这个职位上的平均工资是多少？其次，通过自己的价值贡献争取最高；不要在面试中因工资而拒绝。

4、给你的面试官提问

1）关于职位的信息

这是一个新的职位或是已经存在的职位，你们对这个职位最大的要求是什么？应该达到什么目标？

2）关于组织结构和层级

我能获得的支持和资源有哪些？我应该向谁汇报，需要和哪些部门协调？

3）关于结果，是如何衡量的

4）如果我接受了这份工作，第一件要做的事情是什么？

5）这个职位长远的职业发展方向是什么？

问几个即可，重点是传递你对工作的兴趣，并且这是你为了把工作做好而提出的相关问题。

5、面试官考察财务职能方向

随着经济活动的复杂化，企业面临的风险逐步增加，财务会计人员信息使用者（投资者、债权人、企业内部管理人员等）越来越关注企业的未来发展前景，要求财务会计人员人员提供与未来信息相关的数据资料，促使财务会计人员职能进一步向前发展。在基本职能（核算、监督）之外向事前预测、决策方向延伸，因而对财务会计人员的判断能力提出了较高要求。

A、财务会计人员判断存在的原因

财务会计人员判断的存在是由经济活动自身的模糊性、未来结果的不确定性所决定的，财务会计人员自身理论和技术上的缺陷亦是财务会计人员判断存在的原因。

1．某些财务会计人员交易和事项是模糊的，结果是不确定的。财务会计人员职能向将来预测、决策延伸之后，需要对存在的交易及事项采取恰当的财务会计人员政策进行处理，合理披露财务会计人员处理结果。但交易和事项的实质内容在有些条件下难以认知清楚，很难确定其最后的结果。因为未来交易和事项的结果有多种可能性，依照将来不可能存在的不同条件，结果会有一定差异。比如或有事项，对现存条件的判断及将来风险态度的不同，推断的结果可能会相反。另外，对客观事物的描述有时候具有模糊性，比如说收入的确认，形式上是容易判断的，但就其经济实质而言，则需考虑风险转移、价值实现等诸多方面，在收入准则中也仅仅是给出了一些判断标准，并没有给出数量上的是非界限。这些标准能否正确运用，与财务会计人员人员的判断力紧密相关联。虽然财务会计人员的判断不是绝对正确，但所披露的财务会计人员信息往往会成为不同层次决策的参考依据。在公众的观念里，财务会计人员是企业内部专业人员，具有较强的专业判断能力，在信息拥有量方面也较外界具有优势，因而财务会计人员的判断结果相对准确一些。财务会计人员虽然不能以绝对准确、客观的数字来描述经济活动，但在正确判断之后，能够做到大致符合交易的实质经济内容。

2. 财务会计人员前提是对财务会计人员存在条件的合理假定，便于财务会计人员操作，但有其自身的局限性。（1）财务会计人员主体假设是解决财务会计人员为谁服务的问题，在简单企业形式下，财务会计人员主体之间的界限是明晰的，但企业相互并购、参股、控股之后，财务会计人员主体开始不确定。比如，企业集团在编制合并财务会计人员报表时，财务会计人员主体包容哪些受控制企业并不是唯一的。（2）货币计量前提使财务会计人员以稳定的货币反映企业经济活动，具有综合性强、便于比较的优点。但货币作为计量手段也有其局限。许多财务会计人员信息对相关决定来讲至关重要，却无法以货币计量。像企业的人力资源、存在的外部环境、地理位置、管理人员的管理水平等等。再者，货币计量要求币值稳定，在物价变动幅度比较大的情况下，对外披露的财务会计人员信息难免有失客观，财务会计人员人员必须对原有的财务会计人员信息进行判断、调整。（3）持续经营前提假定企业能够长期持续下去，但在出现终止情况时，与之相关的财务会计人员政策就要中断，影响各财务会计人员要素的变化，如何披露经营状况需财务会计人员人员做出合理判断。（4）财务会计人员分期前提将持续经营企业人为分成不同财务会计人员期间，这种分期使跨期间业务在期末反映时，必须要合理估计。

3．财务会计人员原则是财务会计人员处理过程中应该遵循的规则，但这种规则不同于数学上的定律和公式，其权威性由人们的接受程度而定。即使是广为接受的财务会计人员原则亦存在非客观因素，因为财务会计人员原则对财务会计人员业务处理是指导性的，涉及到具体环节必然依赖财务会计人员的判断。历史成本原则是与货币计量前提相关的财务会计人员原则，其对过去的交易和事项以实际成本来记账，可验证性极强。但以历史成本为基础的财务会计人员方法也不是绝对客观的。以固定资产折旧为例，为了核算固定资产因物理及技术因素而转移、损耗的价值，财务会计人员中规定了多种计提折旧的方法。在影响折旧金额的因素中，只有固定资产原值是账面价值，其余的折旧年限、预计残值都是对将来的判断。更何况企业在确定是采用加速折旧还是直线法折旧政策时，更需专业人员的正确判断。

新财务会计人员观念的出现，对财务会计人员判断提出了更高要求。知识经济的到来已影响到了财务会计人员观念，历史成本原则已受到挑战，公允价值则被人们所关注。在金融领域，历史成本原则所提供的信息已不能适应新的交易和事项的需要。公允价值等新观念出现后，要求财务会计人员在实质上增加财务会计人员信息的相关性，而不是形式上的准确。

B、财务会计人员判断对财务会计人员的要求，如前所述，财务会计人员判断是必然存在的，随着新的交易和事项的出现，对财务会计人员的判断力要求会越来越高。未来的财务会计人员环境将使财务会计人员人员处于两难的境地：一方面，交易和事项越来越复杂，变动越来越频繁，难以充分客观地披露；另一方面，社会公众对财务会计人员责任的认识越来越深刻，要求财务会计人员信息明晰、准确、相关。在这种状态下，财务会计人员必须要提高自身的判断能力，适应复杂经济活动对财务会计人员的要求。

1．提高自身的专业胜任能力及职业道德素质。专业胜任能力要求财务会计人员应具有相应的理论水平，同时还应具有丰富的实际工作经验，对新的交易和事项能够在理论与实践两个方面具有预见力，对公布的财务会计人员范例更应及时掌握。道德素质也十分重要。在财务会计人员判断条件下，财务会计人员的错弊一般不表现为账面上的数字错误，而是体现在财务会计人员政策运用不当方面。由于财务会计人员判断空间越来越广阔，财务会计人员欺诈的隐蔽性就越来越强。财务会计人员的行为取向受其经济利益影响，会做出不当行为，而且这种行为不易被察觉。所以，财务会计人员应具备较高职业道德素质，依照财务会计人员规则规范自己的行为。更何况公众对财务会计人员欺诈行为也会诉诸于法律。

2．尊重客观实际，避免主观臆断。财务会计人员判断的结果能够影响决策者的行为，应尽可能反映经济活动的本质。财务会计人员应以客观存在的因素作为财务会计人员判断依据，避免受自身主观态度的影响。在条件具备时，应采取抽样统计的方法提高判断的准确性。当然，客观性原则不是完全免除差错，只是要求财务会计人员的判断误差在可接受范围内应尽可能小。

3．持谨慎态度。财务会计人员信息的使用者是多层次的，每一层次都在追逐特定的经济利益。在利己主义的支配下，对财务会计人员信息的态度是不完全一致的。内部管理者往往持乐观态度，为了树立良好企业形象，吸收投资，管理者会高估企业未来的收益水平，而低估现金的风险。外部投资者、债权人出于资金安全的考虑，往往会要求财务会计人员判断准确、稳健。显然，盲目乐观忽视了资本的未来风险，从长期来看，会加大企业的财务风险，对企业的影响可能是致命的。财务会计人员判断应持理性的谨慎态度，采取稳健的策略。这种策略是对经济活动的客观反映，而不是盲目悲观。

4、遵循充分揭示与重要性相结合的原则。财务会计人员报表受其格式、编制手段等因素影响，不能反映经济活动的全貌，同时亦不易被普通投资者理解，所以文字报告越来越重要。一方面，文字报告可以增加财务会计人员的信息量，对于无法量化到表内的信息可以用文字形式做出判断与描述；另一方面，表外文字也可对表内数字做出必要的解释。但表外报告亦应分清主次，做到信息的披露详略得当，这样，判断结果便更易于被公众所接受。

3、财务经理的要求

A，工作内容：协助总经理制定公司发展战略；

负责公司资金运作管理、日常财务管理与分析、资本运作、筹资方略、对外合作谈判等；负责项目成本核算与控制； 负责公司财务管理及内部控制，根据公司业务发展的计划完成年度财务预算，并跟踪其执行情况；按时向总经理提供财务报告和必要的财务分析，并确保这些报告可靠、准确；制定、维护、改进公司财务管理程序及政策，以满足控制风险的要求，如：改进应收账款、应付账款、成本费用、现金、银行存款的业务程序等。组织制定财务方面的管理制度及有关规定，并监督执行，制定年度、季度财务计划；监控可能会对公司造成经济损失的重大经济活动，并及时向总经理报告；监控公司重大投资项目，以确保未经批准的项目不实施，批准的项目在预算范围内进行并在控制之中；全面负责财务部的日常管理工作；负责编制及组织实施财务预算报告、月/季/年度财务报告；负责公司全面的奖金调配，成本核算、财务会计人员核算及分析工作；负责资金、资产的管理工作；管理与银行、税务、工商及其他机构的关系，并及时办理公司与其之间的业务往来；完成上级交给的其他日常事务性工作。 权责范围：经总经理授权后，对公司各部门的经费支出有总体控制权；对下属人员有业务指导权和考核权；对各部门财务计划的招待情况有检查与考核权；对违反财经纪律、不符合财务制度的费用开支有权拒付；对公司财务计划的完成监督实施责任；对资产管理、利润成本管理、财务会计人员核算管理等组织责任；对资金筹措及负债管理负直接责任，如因管理不善给公司造成损失，应负相应的经济责任、行政责任直至法律责任。由于以上因素，要求财务经理应具备以下能力：

（1）具有良好的沟通能力。因为你需要经常向上级领导汇报工作，大多数经理是不懂财务会计知识的，而财务会计人员要求和经营需要是有区别的，因此要有良好的表达及沟通能力，让他们明白不能胡来。

（2）具有扎实的财务会计人员知识，当然，具有 CPA 资格是最好的了。这样知识比较全面，工作起来考虑问题也会全面一些，能给人以可靠的感觉。

（3）具有管理人的能力。手下有几名财务人员，你得知道如何分配岗位，如何协调每个人的工作，如何去评价手下人的工作成绩。只有正确地考核手下，才能让大家服你。

（4）具有外部协调能力。财务经理需要融资，需要和各个金融机构打交道，需要为企业发展弄到钱，需要和税务部门打交道，这都需要你去协调。当然，能喝酒工作会比较好开展些。

6、财务面试三大核心法则：

黄金法则：80/20——你要承担起 80%的谈话而面试官只会说 20%。

白金法则：你必须试着控制面试的节奏与话题。

钻石法则：对于没有把握的问题，抛回给面试官。

【例如】:在一分钟内介绍一下你自己

这似乎是必答题。不要以为这很容易。如果你用一分钟来重复你的简历，恭喜你，你的印象加分就没有了！建议你最多用20秒钟介绍自己的姓名、学校、专业。然后话锋一转，引出自己的优势或强项来。一定要在最短时间内激发起面试官对你的好感，或者至少是兴趣。

成功的模式可以是：我叫XXX，英文名字XXX，XX省XX市人，今年6月将从XX学校XX专业本科（专科）毕业。除了简历上您看到的介绍，我愿意特别说一下我在XXX方面的特长/我最大的特点是……（给出事例）。正是基于对自己这方面的自信，使我有勇气来应聘贵公司的XXX这一职位。（看表）一分钟到了，希望我没有超时。（很阳光的微笑）

如果面试官不是EQ太低，你的最后一句话应该会使他放松与微笑。而资历嫩一点的还会接着问：“为什么你会这么认为呢？”如果他真的这么问你，Bingo!你完全有机会操纵这次面试！

人,最宝贵的是生命；它，给予我们只有一次。人的一生，应当这样度过：当他回首往事时，不因虚度年华而悔

恨，也不因碌碌无为而羞耻；这样在他临死的时候，他就能够说：我已经把我的整个生命和全部精力，都献给了这个世界上最壮丽的事业——为了人类的会计工作而斗争。

——刘毅